Peter Grunert · Diana: Der provozierte Tod

Peler Grunert

Diana:
Der provozierte Tod
Akte Diana Spencer

Reihe *Akribisch* · Band 3

Umschlagentwurf und Typographie: **editio de facto**
Abbildung auf dem Umschlag:
(Hintergrund): Unfallwagen (*Sky News*), TV-Sondersendung.
Tunnelwand mit Kratzspuren (CNN-TV)

CIP-Kurztitelaufnahme der Deutschen Bibliothek:
Ein Titelsatz für diese Publikation
ist bei der Deutschen Bibliothek erhältlich.

ISBN: 3-9808561-3-5

editio de facto
Verlag für Analyse und Aufklärung des Zeitgeschehens
Postfach 41 03 49 · D–34065 Kassel
Ruf.-Nr.: 0561 3102545 · Fax-Nr.: 0561 3102544
Verwaltung, Bestellung und Auslieferung:
Königsquellenweg 6a · D–34537 Bad Wildungen
Ruf.-Nr.: 05621 9690410
ePost: editio.defacto@t-online.de · Weltnetz: www.editio-defacto.de

© 2004 by editio de facto

Alle Rechte, insbesondere das der Übersetzung in fremde Sprachen, der
Vertreibung durch Presse, Rundfunk und Fernsehen, Fotokopie, Mikroskopie,
der Aufnahme auf Tonband oder Schallplatte, auch auszugsweise, sowie der
Veröffentlichung in Buchform, vorbehalten.

Das Buch wurde aus der Stempel-Schneider
im Satzstudio des Verlags gesetzt.

„Das einzige, was niemand glauben will, ist die Wahrheit."
George Bernard Shaw (1856-1950), irischer Schriftsteller

Inhaltsverzeichnis

Vorwort	9
Zum Buch	11
Januar 2004 – Kommen wir jetzt der Wahrheit näher?	17
1. August 1997 – Der Jahrhundert-Unfall	21
2. Was machte diesen Autounfall so spektakulär?	37

Von ›Lady Shy‹ zur Prinzessin aller Herzen 37
Dodi der öffentlich Unbekannte 49
Henri Paul der Sündenbock 51
Trevor Rees-Jones der Bodyguard und seine Story 54

2. Vermutungen, Indizien und Beweise	57

Die ersten Ungereimtheiten 57
Verschiedene Zeugen treten auf 59
Weitere Ungereimtheiten direkt nach dem Unfall 68
Rasch werden passende Schuldige
für die fragende Öffentlichkeit präsentiert 71
Erste Zweifel werden geäußert 81
Die Ermittlungsbehörden geraten ins Zwielicht 85
Weitere Unfallbeteiligte werden immer wahrscheinlicher 90
Britische Geheimagenten im Ritz 93
Die Rätsel um die Ritz-Videos 93
Es gibt einen Augenzeugen, was weiß er? 98

4. Die Auswertung der Informationen – ein großer Fragenkatalog	101

Was war vor der Abfahrt geschehen? 102
Plötzliche Änderung der Pläne 104
Besonderheiten rund um den Unfallwagen 105
Zentraler Punkt der Ermittlungen: der alkoholisierte Fahrer 108
Das ominöse Fahrtziel 114
Der dritte Mann am Ausgang 118
Das Rätsel des geparkten Minicoopers 120
Die Fahrt bis zum Tunnel? 122
Der Unfallablauf 125
Die wichtigen ersten Personen am Unfallort 129
Schlampereien bei der Notrufzentrale 130

Wo lag die verletzte Diana im Unfallwagen? 131
Behandlung und Abtransport werden zum Drama 132
Die große Desinformationskampagne 135

5. Die Motivsuche 143
Erster Verdacht – die Queen und ihre Vasallen 144
2003 kommt auch Prinz Charles ins Visier 153
Die internationale Waffen-Mafia wird verdächtigt 155
Gab es noch andere Ziele? 156
Wer ist Mohammed al Fayed wirklich? 157
Eine Hochzeit als Ziel aller Wünsche 161
Großvater Mohammed 164
Fayed-Bedienstete als Schuldige präsentieren 166

6. Auftraggeber, Täter und ihre willigen Helfer 169
Der Official Secrets Act – das geheimste aller Gesetze 170
Die britischen Geheimdienste 174
MI5 – die Spionageabwehr 174
SIS oder MI6 – die Auslandsspionage 175
GCHQ - die Kommunikationszentrale 182
Verbündete Dienste 183
NSA und CIA – die großen amerikanischen Dienste 184
Frankreichs Sicherheits- und Nachrichtendienste 189
Agenten als willige Helfer? 191

7. Der tatsächliche Unfallhergang 195
Der Auftrag – eine halboffizielle Angelegenheit 196
Die Planung gestaltet sich schwieriger als erwartet 198
Die Vorbereitung läuft an 205
Der Anschlag in Paris 209
Die Nachbearbeitung bringt neue Probleme 221
Das Jahr 2004 bringt neue Aufgabe für Ermittler 225

Anhang 228
Lady Diana Frances Spencer – Chronik in Stichworten 233
Liste der Bildzitate 236

Vorwort

Es sind bereits mehrere Bücher veröffentlicht worden, die sich mit dem Unfall des damaligen Traumpaares Diana Spencer und Dodi al Fayed befassen. Es haben sich auch direkt Beteiligte wie etwa der überlebende Leibwächter Trevor Rees-Jones per Buch zu Wort gemeldet. Doch eines unterscheidet die bisherigen Buchveröffentlichungen von allen anderen: Der Autor Peter Grunert, seit 1980 Verfasser zahlreicher Fach- und Sachbücher, hat sich vom Moment des Unfalls an intensiv mit allen Umständen befaßt und hat selbst recherchiert. Er hat also nicht, wie in allen anderen Veröffentlichungen, das wiedergegeben, was ihm andere erzählt haben. Somit liegt hier das erste Buch vor, das auf der Grundlage aller zugänglichen Informationen als Ergebnis logischer Recherchen, Sichtungen und Ermittlungen entstanden ist.

Um so authentisch wie möglich berichten zu können, wurde ausschließlich öffentlich zugängliches Bildmaterial verwendet. Auf Agenturfotos wurde verzichtet, weil dabei die Gefahr besteht, daß man eventuell auch nachbearbeitete Bilder untergeschoben bekommt – sogenannte ›Fakes‹, wie sie jahrelang im Internet verbreitet wurden. Diese Bildzitate wurden vom Autor selbst im Fernsehen und Internet mitgeschnitten. Wir bitten deshalb, die nicht so gestochen scharfe Bildqualität zu entschuldigen. Authentizität war hierbei wichtiger als schöne Optik.

Der Autor ging am Anfang nicht von einem Anschlag, sondern von einem tragischen Unfall aus. Erst die zahlreichen Widersprüche und Merkwürdigkeiten haben ihn dazu bewogen, sich in alle Richtungen offen zu halten und eigene neutrale Recherchen anzustellen.

Das vorliegende Buch gibt nun das Ergebnis seiner Untersuchungen wieder und weist genügend Indizien und Motive nach, die jeden unvoreingenommenen Menschen ebenso von der Durchführung eines Anschlages überzeugen werden wie den Autor selbst.

Der Verlag

Zum Buch

Am letzten Augusttag des Jahres 1997 verstarb die damalige britische Prinzessin Diana Frances Spencer, die alle Welt meist ›Lady Di‹ oder einfach ›Diana‹ nannte, an den Folgen eines Autounfalls im Pariser Krankenhaus *Pitié Salpêtrière*. Mit ihr starben bei diesem Unfall ihr damaliger Lebensgefährte Imameddin ›Dodi‹ al Fayed, den alle Welt nur ›Dodi‹ nannte, und der Fahrer des Unfallwagens, Henri Paul, in den Trümmern einer schwarzen Mercedes-Limousine. Weil eine Vielzahl von Fotografen, sogenannte ›Paparazzi‹, dem Fahrzeug folgten, gingen die ersten Meldungen von diesem spektakulären Unfall bereits wenige Minuten nach dem Geschehen durch die Medien. Als die schwerverletzte Prinzessin im Krankenwagen noch um ihr Leben kämpfte, wurden Fernsehprogramme bereits durch Sondermeldungen unterbrochen.

Für die mysteriösen Umstände des Unfalls boten bereits diese ersten Medienmeldungen die beste Grundlage. Sie widersprachen sich teilweise, und einige wirkten im nachhinein wie gesteuert. Von *„auf Motorrädern hinterher hetzenden Paparazzi"*, verschiedenen Unfallbeteiligten und überhöhter Geschwindigkeit war sofort die Rede. Überraschend schnell wurde auch ein potentieller Schuldiger präsentiert. Der Fahrer Henri Paul soll betrunken gewesen sein und deshalb die Kontrolle über das Fahrzeug verloren haben. Dies wurde bereits berichtet, noch ehe eine Blutprobenuntersuchung korrekt abgeschlossen sein konnte. Diese teilweise wohl gezielt in die Welt gesetzten Meldungen, gepaart mit der raschen Präsentation eines Schuldigen, gaben noch in der Todesnacht ersten Anlaß für genauere Recherchen rund um diesen Unfall. Logisch denkende Menschen erkannten rasch, daß in jenem Pariser Straßentunnel nicht einfach ein tragischer Autounfall geschehen war. Die gesamten Umstände um dieses plötzliche Ende des schillernden Paares Diana und Dodi schrien geradezu nach exakter Aufklärung. Leider zeigte sich bereits am folgenden Tag, daß eine solche Untersuchung von den französischen Behörden eher nicht angestrebt wurde. Was steckte dahinter? Mit jeder Stunde stellten sich neue Fragen, die Beantwortung forderten.

Der Autor dieses Buches hat von der ersten Minute an, also direkt nach dem Unfall, damit begonnen, alle für ihn erreichbaren Details zusammenzuführen und in eine sinnvolle Abfolge zu bringen. Hierbei entdeckte er rasch Dinge, die diesen Unfall in ein völlig anderes Licht stellten. Seine Recherchen faßte er im Herbst 1997 in Buchform zusammen. Leider war das Interesse der Öffentlichkeit seinerzeit durch eine gezielte Mediensteuerung noch nicht an den mysteriösen Todesumständen interessiert. Dennoch gab es aber bereits Bestrebungen, das damals unter einem Pseudonym erschienene Buch nicht in großer Auflagenzahl erscheinen zu lassen. Die gleiche Erfahrung mußte auch der Multimillionär und Vater des toten Dodi, Mohammed al Fayed, jahrelang machen.

Die französischen Ermittlungsbehörden unternahmen alles, um jede aufkeimende Mordtheorie als Unsinn darzustellen. Ihre Partnerorganisationen in Großbritannien und auch in Deutschland unterstützten sie dabei tatkräftig. Alle logisch zusammengestellten Rechercheergebnisse wurden als Spinnerei abgestempelt. Jede offizielle Verlautbarung paßte exakt in das vorgefertigte Schema des betrunkenen Fahrers. So kehrte dann nach wenigen Monaten der öffentlichen Erregung auch wieder eine relative Ruhe in dieser Angelegenheit ein. Andere Ereignisse waren bald medienwirksamer zu vermarkten. Einzig das Internet blieb als Informationsquelle und Austauschbörse von Recherchen aktiv.

Diejenigen Menschen aber, die durch die öffentlichen Medien nicht so leicht zufriedenzustellen sind, ermittelten im Rahmen ihrer Möglichkeiten weiter und bildeten auch kleinere Netzwerke zum Informationsaustausch. So blieb auch der Autor Peter Grunert mit seinen Nachforschungen weiter tätig und entdeckte neue Ungereimtheiten und Widersprüche.

Im Jahre 2003 bekam der Mordverdacht wieder neue Nahrung. Dianas Ex-Butler Paul Burrell veröffentlichte, als PR-Maßnahme für sein kurz darauf erscheinendes Buch *A Royal Duty*, einen handgeschriebenen Brief der toten Diana. Sie hatte ihn bereits zehn Monate vor dem Unfalltag verfaßt. Der Brief ist auf offiziellem Papier des Kensington Palastes geschrieben und als echt eingestuft. Sie äußert in diesen Zeilen den Verdacht, bald Opfer eines geplanten Autounfalls zu werden. Sie gibt auch einen Namen des angeblichen Auftraggebers bekannt, dieser wurde aber in allen Veröffentlichungen geschwärzt und so unkenntlich gemacht. Es ging aber das Gerücht um, es handle sich um eine hohe Persönlichkeit. Da sich seriöse Journalisten an Fakten, und nicht nur an wilden Spekulationen orientieren, legte sich das Medieninteresse nach einigen Wochen wieder. Dem Buchverkauf hat es geholfen.

Pünktlich zu Beginn der ersten offiziellen Untersuchung des Unfalltodes der Lady Di auf britischem Boden wurde eine echte Medienbombe gezündet. Am Morgen des 6. Januar 2004, an dem Richter Michael Burgess in London die Verfahrenseröffnung verkündete, veröffentlichte der *Daily Mirror* den bis dahin geheimgehaltenen Namen aus Dianas Brief: Prinz Charles, ihr Ex-Ehemann und offizieller britischer Thronfolger sei der Planer eines gezielten Autounfalls gewesen!

Diese brisante Veröffentlichung, gepaart mit der eingeleiteten offiziellen Untersuchung, hat nun einen Prozeß in Gang gesetzt, der viele Menschen bis zu seinem endgültigen Abschluß beschäftigen wird. Genau jener Brief klärte auch einige noch unbeantwortete Fragen in der Kette der Recherchen des Autors Grunert. Immer mehr Menschen sind inzwischen nicht mehr von einem zufälligen Unfall überzeugt. Dies war vor sechs Jahren noch ganz anders. Heute werden die Fragen nach dem ›Warum‹ ebenso neu aufgerufen wie die nach dem ›Wer‹ und ›Wie‹.

Die mehr als 6000 Seiten des offiziellen französischen Untersuchungsberichts werden übersetzt und dann neu ausgewertet. Nur so können sich die damit beschäftigten britischen Untersuchungsbeamten unter der Leitung des *Scotland Yard*-Chefs Sir John Stevens einen Überblick über die Ermittlungstätigkeiten ihrer französischen Kollegen in den vergangenen Jahren verschaffen. Natürlich können sich bei solchen Übersetzungen auch Fehler einschleichen, doch damit wird die Ermittlungsbehörde leben müssen.

Nach mehr als sechs Jahren ist es naturgemäß wesentlich schwieriger, bestimmte Situationen und Aussagen ebenso einzuordnen, wie es kurz nach einem Ereignis der Fall ist. Erfahrene Kriminalisten sagen nicht leichtfertig, daß die ersten 48 Stunden nach einem ungeklärten Todesfall die entscheidenden für die weiteren Ermittlungen sind. Dahinter steckt die Erfahrung dieser Menschen. Das wissen auch die britischen Ermittler. Diese Form der Untersuchung ab Januar 2004 ist als eine Form der Zweit- oder Nachuntersuchung zu betrachten, die häufig leider nur die Ergebnisse der ersten Untersuchung bestätigt. Das liegt in der subjektiven menschlichen Einstellung bei solchen Vorgängen.

Wie zahlreiche Fälle von falschen Verurteilungen weltweit zeigen, ist die persönliche Einstellung der ersten Ermittler ein entscheidender Punkt. Haben sich diese durch gewisse Umstände rasch auf einen Hauptverdächtigen eingestellt, versuchen sie dann oft nur, ihren Verdacht zu untermauern. Hier werden dann nicht Beweise generell gesucht und eingeordnet, sondern leider allzuoft nur noch Beweise für die Tatbeteiligung gesucht und neutrale Fakten nur dann einbezogen, wenn sie in das festgelegte Täterschema passen. Diese Gefahr besteht leider auch im vorliegenden Fall, wie dieses Buch noch zeigen wird. Liegen aber nur solche Beweise und Indizien vor, können auch die britischen Untersucher nur schwer zu anderen Ergebnissen kommen. Es sei denn, sie gehen von einem anderen Unfallhergang aus.

Dieses Buch, auf der Basis der Recherchen direkt nach dem Unfall und der weiteren Entwicklungen der vergangenen sechs Jahre geschrieben, will einen Beitrag dazu leisten, zumindest die Leser in völlig neutraler Form über die wirklichen Geschehnisse rund um den Tod der Lady Diana und ihres Lebensgefährten Dodi al Fayed zu informieren. Autor und Verlag sind davon überzeugt, daß kein Mensch das Recht hat, sich eines anderen zu entledigen, nur weil dieser unbequem wird. Leben ist und bleibt das höchste Gut des Menschen, das unbedingt zu schützen ist. Mord ist eine Tat, die strafrechtlich zu ahnden ist, gleich, wer Auftraggeber oder Ausführender ist. In diesem Sinne möchten wir zur Aufklärung des tödlichen Unfalls vom August 1997 beitragen.

Peter Grunert

Januar 2004.
Kommen wir jetzt der Wahrheit näher?

Das Jahr 2004 hatte gerade begonnen, die letzten freien Tage waren vorbei, und das Alltagsleben nahm wieder Einzug in die Haushalte der europäischen Bürger. Es war Dienstag, der 6. Januar, als sich Coroner Michael Burgess an seine nicht gerade einfache Aufgabe machte. Er war dazu berufen worden, das Untersuchungsverfahren im Fall der Lady Diana Spencer, geschiedene Frau des britischen Thronfolgers Prinz Charles, zu eröffnen.

Grund dieser Untersuchung war der plötzliche Unfalltod der Princess of Wales im August 1997. Dieser Vorgang an sich ist in Großbritannien nichts Besonderes. Wenn ein britischer Bürger im Ausland in Folge eines Unfalls zu Tode kommt, findet nach Ende der Ermittlungen vor Ort immer eine abschließende Untersuchung der landeseigenen Behörden auf britischem Boden statt. In diesem Fall aber liegt die Brisanz in der Person des Opfers, in den mysteriösen Umständen des Unfalls und in seinen tödlichen Folgen.

Dies hatte Coroner Burgess wohl auch dazu bewogen, *Scotland Yard* und seinen Chef dazu aufzufordern, die seit Jahren kursierenden Verschwörungstheorien zu überprüfen. Da Burgess auch in der Grafschaft Surrey das Amt des Coroners ausübt, in der Dodi al Fayed einen offiziellen Wohnsitz hatte, ist er auch für die Aufklärung dieses Todesfalles zuständig.

1

Coroner Michael Burgess

Wir wissen nicht, welche Gedanken an jenem Morgen durch den Kopf des Untersuchungsrichters gingen, als er die Morgenzeitung aufschlug. Wir können uns aber unschwer vorstellen, daß er von den Zeilen, die ihm da in die Augen sprangen, zumindest überrascht war. In dicken Lettern konnte jeder Brite lesen, daß Prinz Charles höchstpersönlich der Auftraggeber für den geplanten Unfall gewesen sein soll, bei dem Diana ums Leben kam. Hierbei wurde ein Brief zitiert, den Diana rund zehn Monate vor dem Unfall, im Oktober des Jahres 1996, geschrieben hatte. Ihr Ex-Butler Paul Burrell hatte dieses Schreiben allerdings bereits im Vorjahr veröffentlichen lassen. Die Veröffentlichung erfolgte als PR-Maßnahme zur Verkaufsförderung seines damals kurz vor dem Erscheinen stehenden Buches *A Royal Duty*. Bei der Erstveröffentlichung 2003 war die Person, die von Diana als Auftraggeber schriftlich niedergelegt war, nicht genannt worden. Der Name war mit Tusche geschwärzt und so unleserlich gemacht worden. Nun konnte es aber die gesamte Welt lesen: Diana hatte Angst, von ihrem geschiedenen Mann durch einen Autounfall schwer verletzt oder gar getötet zu werden. Als Grund hierfür gab sie die Beziehung zwischen Prinz Charles und seiner damaligen Geliebten und jetzigen Lebensgefährtin Camilla Parker-Bowles an. Um seine Geliebte heiraten zu können, wäre es für Prinz Charles einfacher gewesen, wenn seine geschiedene Frau nicht mehr auf der Welt wäre. Das klingt zwar auf den ersten Blick einleuchtend, muß aber als Vorwurf im Rahmen weiterer Recherchen genauer hinterfragt werden. Hierzu wird die britische Polizei nicht davor zurückschrecken können, auch den Prinzen von Wales zu verhören.

Als Ende Januar die ersten Veröffentlichungen darüber erschienen, entrüsteten die Medien sich einheitlich über den Verdacht gegen Prinz Charles. Niemand traute dem oft linkisch und eigenbrödlerisch wirkenden Mann eine solche Tat zu. Leider ist es aber im Leben nicht gleich ersichtlich, wer einen Mordplan schmiedet und wer nicht. Wenn wir allen Menschen ihr schlechtes Tun am Gesicht ablesen könnten, wäre die Kriminalpolizei bald arbeitslos. Momentan ist der Prince of Wales ein Tatverdächtiger wie jeder andere auch. Daran sollten sich auch die Medienschaffenden weltweit gewöhnen. Deren Aufgabe ist es eigentlich nicht, vorgefaßte Meinungen zu verbreiten, sondern über Fakten, Ereignisse und deren Hintergründe sachlich zu berichten.

Wie gut die Mediensteuerung im Fall Diana und Dodi auch heute noch funktioniert, erleben wir jede Woche neu. Kaum wird irgendwo auf dieser Welt eine kritische Frage aufgeworfen, etwa nach einer möglichen Schwangerschaft der Prinzessin zum Zeitpunkt ihres Todes, wird umgehend dementiert. Sofort erscheinen offizielle Pressemeldungen, die angeblich genau das Gegenteil beweisen können. Untermauert werden diese Meldungen dann mit gewichtigen Namen von Sachverständigen und Professoren. Welchen Wahrheitsgehalt solche offiziellen Aussagen aus britischen oder US-amerikanischen regierungsnahen Kreisen tatsächlich haben, erleben wir Bürger zu unserem Leidwesen tagtäglich. Ob Irak-Krieg, Bedrohungen, Haushaltslage oder Korruption, die Regierenden dieser Welt belügen ihre Völker schamlos, wenn sie sich daraus einen Vorteil versprechen. In den meisten Demokratien besteht Regieren leider nur noch aus Handlungen und Maßnahmen, die für eine nächste

Wiederwahl der amtierenden Regierung wichtig sind. Da haben unangenehme Wahrheiten leider keinen offiziellen Platz und werden mit allen zur Verfügung stehenden Mitteln unterdrückt. Bürgerrechte, Verfassungen oder Gesetzbücher spielen dabei dann keine Rolle mehr. Aus diesem Wissen heraus halten wir uns bei der Aufklärung der Umstände, die zum Unfalltod von Diana und Dodi geführt haben, lieber an die realen Fakten und an die Aussagen von direkt betroffenen Zeugen.

Was war eigentlich Ende August in Paris wirklich geschehen? Diese Frage will Coroner Michael Burgess endgültig beantworten. Deshalb hat er auch beide eingeleitete Verfahren, zu Diana und Dodi, noch am selben Tag auf zwölf bis fünfzehn Monate vertagt. Zuerst will er sich genaue Informationen verschaffen und natürlich die umfangreichen Akten mit den französischen Ermittlungsergebnissen lesen.

Beginnen wir also bei den tragischen Ereignissen an jenem Augustwochenende, die auch heute noch die gesamte Welt bewegen.

.

Kapitel 1
August 1997
Der Jahrhundert-Unfall

Ebenso wie die britischen Ermittler sollte auch der geneigte Leser sich die Ereignisse, die zum Tod des Glamourpaares im Jahr 1997 geführt haben, noch einmal ins Gedächtnis rufen. Die Chronologie jener letzten Augusttage liest sich wie folgt: Diana und Dodi hatten ein paar fröhliche Urlaubstage verlebt.

Sonntag, 24. August: Morgens um fünf Uhr verlassen Diana und Dodi auf der Yacht ›Jonikal‹ den Hafen von Monaco in Richtung Portofino. Dort werden die Fotos geschossen, die das verliebte Paar an Deck zeigen.

Montag, 25. August: Die Yacht verläßt mit seinen Passagieren Portofino und ankert später vor dem italienischen Portovenere, einem kleinen Ort zwanzig Kilometer südlich des Hafens La Spezia.

Dienstag, 26. August: Die Yacht mit dem turtelnden Paar wird vor der Insel Elba gesehen und fotografiert. Dort verbringen beide den ganzen Tag.

Mittwoch, 27. August: Dodi und die *Princess of Wales* verlassen Elba und fahren mit der Yacht in Richtung Sardinien. Dort legen sie an der Costa Emeralda an.

Donnerstag, 28. August: Die beiden bummeln über die Insel und werden auch in Olbia gesehen. Dort liegt der Flughafen der Insel.

Freitag, 29. August: Sie verbringen dort einen weiteren fröhlichen Urlaubstag.

Samstag, 30. August: Es sollte der letzte gemeinsame Urlaubstag sein. Dodi hatte sich bereits am Vorabend telefonisch bei seinem Vater in Paris angemeldet. Der Flug im familieneigenen Jet von Olbia aus war angeordnet, und alle Vorbereitungen liefen normal wie immer.

09.30 Uhr Butler René Delorm bringt das Frühstück für Diana und ihren Freund Dodi an Deck der Yacht, die zu diesem Zeitpunkt vor der sardinischen Costa Emeralda liegt. Auf der Yacht frühstücken die beiden Verliebten dann gutgelaunt und miteinander schäkernd. Diana trinkt wie immer ihren geliebten frischen Orangensaft und danach einen Kaffee mit viel heißer Milch. Dodi liebt seinen Frühstückskaffee schwarz und stark.

10.00 Uhr Ein Telefonanruf erreicht Dodi beim Frühstück. Es ist Frank J. Klein. Der Direktor des Hotels *Ritz* in Paris, ein gebürtiger Schweizer. Er weilte an diesem Wochenende in Antibes an der französischen Riviera. Dodi hatte am Vortag versucht, ihn telefonisch zu erreichen. Nun ruft Klein zurück. Sie sprechen über den bevorstehenden Aufenthalt des Paares in der Pariser Villa Windsor, und Dodi teilt ihm mit, daß im Oktober oder November die geplante Hochzeit mit Diana stattfinden werde. Zum Abschluß dieses Gespräches verabreden sie sich für den kommenden Montag in Paris. Direktor Klein werde dann wieder zurück im *Ritz* sein.

13.00 Uhr Nach dem Mittagessen lassen sich Diana und Dodi zum Flughafen Olbia auf Sardinien fahren. Einige Paparazzi folgen ihnen. Der Privatjet der al Fayed-Familie wird unterdessen bereits für den bevorstehenden Flug nach Paris vorbereitet. Das Wetter ist schön, und es sind keine Turbulenzen gemeldet.

13.30 Uhr Der Privatjet hebt vom Flughafen ab. Die dort anwesenden Paparazzi schießen ihre letzten Aufnahmen, dann fahren sie heim.

15.20 Uhr Auf dem Rollfeld des Flughafens Le Bourget bei Paris landet der Jet. Sechs Fotografen warten bereits dort. Sie waren von ihren Agenturen über die Ankunft des ›Paares des Jahres‹ informiert worden. Die französische Agentur *GAMA* hatte den Fotografen Romuald Rat dorthin geschickt, der auch später noch ein wichtiger Augenzeuge werden sollte. Diana verläßt das Flugzeug hinter dem Leibwächter Trevor Rees-Jones, der zweite Leibwächter, Alexander Wingfield folgt ihnen.

2

Trevor Rees-Jones, Diana

3

Rees-Jones, Dodi al Fayed, Henri Paul

Zusammen mit den Fotografen wartet auch Henri Paul, der zweite Sicherheitschef des *Ritz*, mit zwei Wagen auf das Paar. Einer der beiden Wagen ist der gepanzerte Mercedes 600 SEL mit dem Kennzeichen 405 JVJ 75 des *Ritz*-Fuhrparks, der andere, ein Range Rover, ist für die Sicherheitskräfte.

15.30 Uhr Von der Flughafenpolizei eskortiert, fahren die beiden Wagen zur Ausfahrt des Flughafens. Von dort aus setzen sie ihren gemeinsamen Weg in Richtung Stadtzentrum

Dodi und Henri Paul

Das Begrüßungskomitee

ohne weitere offizielle Begleitung fort, gefolgt von den Fotografen. Ein weißer Wagen und ein Motorradfahrer bedrängen die Wagen kurz, dann verläuft die Fahrt ohne weitere Zwischenfälle.

Die Villa Windsor in Paris

15.50 Uhr Auf dem Weg in die Innenstadt fahren sie einen kleinen Umweg und halten dabei kurz vor der Villa Windsor an. Diese gehört auch Mohammed al Fayed und wird gerade renoviert. Sie soll in zehn Tagen bei *Sotheby's* versteigert werden und steht derzeit leer. Dann geht die Fahrt weiter in die Stadt hinein, immer noch von den Fotografen begleitet.

16.20 Uhr Paris, Place Vendôme. Die beiden Wagen nähern sich dem Hotel *Ritz*. Dort wartet bereits eine große Anzahl weiterer Fotografen auf Diana und Dodi. Um dem bevorstehenden Blitzlichtgewitter und dem damit verbundenen Gedränge und Geschubse zu entgehen, läßt Dodi die Wagen nicht an der Vorderseite vorfahren, sondern wählt den Weg zum hinteren Personaleingang. So biegen sie in die rue Cambon ein, eine kleine Einbahnstraße hinter dem *Ritz*. Auf diesem Weg gelangen Diana und ihr Freund, von der Presse ziemlich unbemerkt, durch den Hintereingang ins Hotel.

16.30 Uhr Im Hotel zieht sich das Paar in die bereitgestellte Suite zurück. Es ist die sogenannte Imperial-Suite. Dodi relaxt etwas, während Diana nach der Friseurin fragt. Sie will sich die Haare frisieren lassen.

18.30 Uhr Place Vendôme. Dodi schickt den stellvertretenden Direktor des *Ritz*, Claude Roulet, zusammen mit Bodyguard Alexander Wingfield zu Fuß den kurzen Weg über den Platz zum Juweliergeschäft Alberto Repossi. Dodi selbst läßt sich die wenigen Meter mit dem Mercedes 600 SEL fahren. Bodyguard Trevor Rees-Jones begleitet ihn und bleibt vor dem Geschäft im Auto sitzen, während Dodi die Ladenräume betritt.

18.35 Uhr Bei Repossi sieht sich Dodi noch einmal die beiden Ringe an, die er acht Tage zuvor zusammen mit Diana in der Repossi-Filiale in Monaco in Augenschein genommen hat. Er entscheidet sich für einen der beiden Ringe, gibt eine Gravur in Auftrag und überläßt dann Claude Roulet die geschäftliche Abwicklung des Kaufes.

Er hat sich für einen Ring aus Gelb- und Weißgold entschieden, der zu einer Serie mit dem bezeichnenden Namen »Tell Me Yes« (»Sag Ja zu mir«) gehört. Der Ring kostet rund 200.000

Der Ring, den Dodi aussuchte

Dollar. Dodi läßt sich mit Bodyguard Rees-Jones zum *Ritz* zurückfahren. Dort steigt er aus dem Mercedes und geht wieder in die Suite zu Diana.

18.50 Uhr Hotel *Ritz*, Imperial-Suite. Claude Roulet bringt den bei Repossi ausgewählten Ring in die Suite und übergibt ihn an Dodi. Dieser zeigt ihn Diana, die gerade frisiert wird.

19.00 Uhr Hotel *Ritz*, Personaleingang zur rue Cambon. Diana und Dodi verlassen zusammen mit den beiden Bodyguards und Henri Paul das Hotel. Sie werden dabei von einigen wartenden Fotografen entdeckt und setzen sich rasch in die

Diana...

...und Dodi bei der Abfahrt, aus RTL TV-Übertragung.

bereitstehenden Wagen, den bereits zuvor mehrfach benutzten Mercedes 600 SEL und einen Range Rover. Dann fahren sie los. Henri Paul fährt diesmal nicht mit.

19.05 Uhr Rue Cambon. Henri Paul besteigt nach der Abfahrt des Paares seinen schwarzen Minicooper und fährt ebenfalls los. Er hat jetzt ein paar freie Stunden, die er privat nutzen will.

19.15 Uhr Champs-Elysées, vor Dodis Stadtwohnung. Ein gutes Dutzend hektisch drängelnder Fotografen hat sich bereits dort versammelt, als die beiden Wagen vorfahren. Zuerst steigen die zwei Bodyguards aus und versuchen die Fotografen ein wenig zur Seite zu drängen. Es ist kaum genug Raum um die Fahrzeuge, um problemlos auszusteigen. Da einige Fotografen uneinsichtig bleiben und sich noch näher an die Autos heranschieben, kommt es zu einer kleinen Rangelei.

19.30 Uhr Diana diskutiert in der Wohnung mit den beiden Bodyguards über das Verhalten der Presseleute. Sie hatte Angst, daß bei solch einem Getümmel ein Paparazzo vor die Räder eines losfahrenden Autos fallen könnte.

21.30 Uhr Champs-Elysées, vor Dodis Stadtwohnung. Diana und Dodi verlassen das Haus nacheinander und steigen in den Mercedes 600 SEL. Die Leibwächter besteigen den Range Rover. Bei der Abfahrt öffnet Alexander Wingfield auf seiner

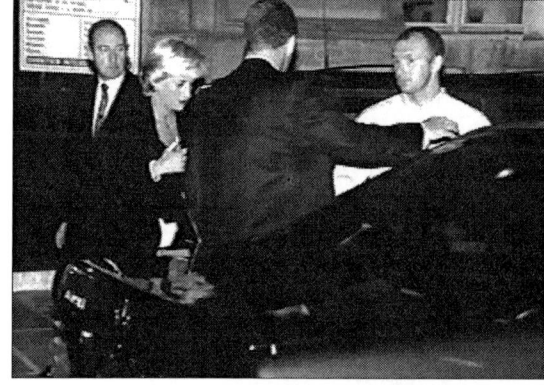

Diana und...

...Dodi

Seite noch die hintere Tür des Wagens und erklärt den Fotografen höflich, aber bestimmt, daß sie die beiden Wagen während der Fahrt nicht überholen und etwas Abstand halten sollen. Dies geschieht offenbar auf Wunsch Dianas. Den ursprünglichen Plan, im Restaurant *Benoit* zu essen, hat das Paar inzwischen aufgegeben. Die bereits reservierten Plätze im Nobelrestaurant sind durch die große Glasfront komplett einsehbar. Das stört Dodi an diesem Abend offenbar – so jedenfalls die offizielle Erklärung. Auffällig ist, daß Diana und Dodi nicht mehr so gutgelaunt wirken wie den gesamten Tag über. Beide machen einen angespannten Eindruck. Das trifft auch auf ihre Begleiter zu.

21.48 Uhr Place Vendôme, vor dem Hotel *Ritz*. Die beiden Wagen werden bei der Anfahrt zum Hotel langsamer. Einigen der verfolgenden Fotografen gelingt es deshalb, die beiden Fahrzeuge zu überholen und vor ihnen beim Hoteleingang anzukommen. Sie positionieren sich sogleich für weitere Fotoschüsse. Den dort wartenden Presseleuten fällt auf, daß das Personal des *Ritz* plötzlich ungewöhnlich nervös wirkt.

21.49 Uhr Kaum halten die Wagen an, drängen sich auch gleich wieder Fotografen in dichter Traube um den Mercedes. Sie lassen dabei kaum Platz zum Aussteigen. Kaum sind Diana und Dodi ausgestiegen, werden sie auch gleich von den Paparazzi umringt. Dodi scheint verärgert zu sein. Diana geht wortlos und mit gesenktem Blick an der Menschenmenge vorbei und betritt das Hotel.

21.50 Uhr Zuerst betritt Diana das *Ritz* durch die gläserne Drehtür, dann folgt Dodi.

12. *Ankunft beim Ritz*

Diana...

...und Dodi im Ritz

22.01 Uhr Nachdem sie sich ein paar Minuten im Hotelrestaurant aufgehalten haben, gehen sie zu Fuß zur Imperial-Suite nach oben. Dort nehmen sie dann ihr Abendessen zu sich.

Diana...

...und Dodi im Ritz

22.07 Uhr Henri Paul betritt das Hotel durch den Vordereingang, benutzt dieselbe Drehtür wie wenige Minuten zuvor Diana und Dodi. Dabei wirkt er völlig normal wie immer und gibt keinerlei Anlaß, der auf Alkoholgenuß hindeuten könnte. Er grüßt freundlich den Portier und einen anderen Mitarbeiter des Hotels. Er hat Anzug, Hemd und Krawatte gewechselt.

Henri Paul kommt ins Ritz

22.24 Uhr Place Vendôme, vor dem Hotel *Ritz*. Zu den wartenden Presseleuten haben sich inzwischen auch zahlreiche Touristen gesellt, die neugierig der Dinge harrten, die da kommen sollten. Zur Beruhigung der Menschen, vor allem der Fotografen, und als Teil einer inzwischen von Dodi geplanten

Henri Paul im Ritz

Ablenkungsaktion kommt Henri Paul bis nach 23.00 Uhr mehrfach aus dem Hotel. Er berichtet, wie lange es noch dauern wird, bis das Paar herauskommt, und was die beiden gerade so machen. Gerade diese Redseligkeit wird aber von einigen cleveren Journalisten richtig gedeutet. Sie sprechen sich mit ihren Agenturkollegen ab und beziehen nun auch an der Rückseite des Hotels, in der Rue Cambon, Posten.

00.00 Uhr In der Imperial-Suite des *Ritz* beenden Diana und Dodi ihr Abendessen. Dann verlassen sie die Räume und begeben sich nach unten.

00.06 Uhr Hotelhalle des *Ritz*. Das Paar kommt in der Hotelhalle an und bespricht sich dort mit Bodyguard Alexander Wingfield, der von Dodis neuem Plan überrascht wird. Dieser hat sich dazu entschlossen, das Hotel mit Diana nicht durch den Haupteingang, sondern an der Rückseite zu verlassen und von dort mit einem unauffälligen Mercedes 280S, Baujahr 1994, abzufahren. Weiterhin ordnet Dodi an, daß Wingfield nach vorn zu den wartenden Fahrzeugen gehen möge, die eigentlich für die Abfahrt vorgesehen waren. Er solle dann dort die Blinklichter einschalten, um auf diese Weise die Aufmerksamkeit der Presseleute auf diese Wagen zu lenken.

00.19 Uhr Rue Cambon, Hintereingang des *Ritz*. Diana und Dodi warten gemeinsam mit Henri Paul und Trevor Rees-Jones innerhalb des Hotels auf den Mercedes 280S, der von einem bewachten Parkplatz geholt wird. Henri Paul wirkt dabei ruhig und voll konzentriert.

19

Warten am Hinterausgang...

20

...des Ritz

Als der Wagen bereitsteht, verlassen sie gemeinsam das Hotel durch den Personaleingang. Inzwischen hatten drei Männer, die später als ›Paparazzi‹ bezeichnet wurden, in der rue Cambon verschiedene Positionen bezogen. Als die vier Menschen aus dem Hotel kommen, nähern sich zwei dieser Männer mit Fotoapparaten. Der dritte Mann bleibt auf seinem Beobachtungsposten und telefoniert mit einem Handy. Nachdem alle vier eingestiegen sind – Henri Paul am Lenkrad, Trevor Rees-Jones auf dem Beifahrersitz und das Paar im Fond –, klappt Rees-Jones die vordere rechte Sonnenblende herunter. Diana schaut die beiden fotografierenden Männer direkt an, dann fährt der Wagen zügig, aber nicht mit quietschenden Reifen los.

00.21 Uhr Place Vendôme, vor dem Hotel *Ritz*. Die wartenden Menschen, vor allem die Fotografen, werden plötzlich unruhig. Überall beginnen Handys zu läuten und verbreiten die Nachricht von der Abfahrt des Paares an der Rückseite. Die Fotografen reagieren unterschiedlich: Einige folgen den offiziellen Fahrzeugen, die sich nun auf der Vorderseite ebenfalls in Bewegung setzen, andere machen sich auf die Suche nach dem Mercedes 280 S, und einige wenige treten den Heimweg an.

00.23 Uhr Rue de Rivoli. Der Mercedes 280S biegt, aus der Rue Cambon kommend, in Richtung Place de la Concorde ein. An einer Ampel muß er kurz anhalten, weil diese Rot zeigt. Romuald Rat und einige andere Fotografen verfolgen den Mercedes 280 S inzwischen auf Motorrollern und sind dicht dahinter. Plötzlich beschleunigt der Wagen bei grünem Ampellicht wieder mit vollem Tempo. Die schwach motorisierten Roller können nicht so schnell folgen. Die Verfolger erahnen aber die Fahrtrichtung, da diese Strecke in Paris als sogenannte ›Abhängeroute‹ bekannt ist, und folgen weiter.

00.25 Uhr Der Mercedes 280 S ist in den Tunnel unter der Pont de l'Alma eingebogen und kollidiert zuerst mit dem dritten, dann mit dem dreizehnten Pfeiler. Er landet danach, im Vorderbereich völlig demoliert, mit einer Drehung um 180

21. Eines der ersten Unfallfotos

Grad an der rechten Tunnelwand entgegen der Fahrtrichtung. Sofort setzt die Autohupe zu einem Dauerton ein. Der Fahrer Henri Paul war nach vorne auf das Lenkrad gesackt. Erste Menschen nähern sich dem verunfallten Wagen.

00.26 Uhr Die ersten Fotografen treffen an der Unfallstelle ein. Ebenfalls erreichen der französische Arzt Dr. Frédéric Maillez und sein amerikanischer Freund Mark Butt den Ort des Geschehens.

22. Fotografen am Unfallort

00.27 Uhr Erster Notruf bei der Pariser Feuerwehr.

00.33 Uhr Zwei Polizisten treffen mit einem Streifenwagen ein. Sie versuchen die Fotografen vom Unfallauto wegzuhalten, um den Platz für die bald eintreffenden Hilfskräfte frei zu machen. Einer der beiden Beamten bekommt mit einem Fotografen Streit und hält dies später in seinem schriftlichen Bericht fest.

00.38 Uhr Der erste Feuerwehrwagen trifft am Unfallort ein. Es ist kein Krankenwagen, sondern ein Materialwagen.

00.41 Uhr Der erste Notarztwagen erscheint am Unfallort.

01.25 Uhr Erst eine Stunde nach dem Unfall fährt der Krankenwagen mit der schwerverletzten Diana von der Unfallstelle los. Er bewegt sich auf Anweisung von Dr. Maillez besonders langsam, weil dieser während der Fahrt weitere medizinische Handlungen an Diana zur Stabilisierung vornimmt.

02.05 Uhr Der Krankenwagen mit der noch lebenden Diana erreicht das Krankenhaus *Pitié Salpétrière*, und nicht das nächstgelegene.

03.55 Uhr Diana wird von den behandelnden Ärzten offiziell für tot erklärt.

06.00 Uhr Auf einer rasch einberufenen Pressekonferenz im Krankenhaus wird der Tod Dianas der Öffentlichkeit bekanntgegeben. Der britische Botschafter verrichtet diese unangenehme Aufgabe sichtlich geschockt. Unterdessen kämpfen die Ärzte im Krankenhaus *Pitié Salpétrière* noch immer um das Leben von Trevor Rees-Jones, dem letzten noch lebenden Opfer der Tunnel-Tragödie.

23. Britischer Botschafter

Kapitel 2

Was machte diesen Autounfall so spektakulär?

Bei diesem Autounfall, der in zahlreichen Medien als »Crash des Jahrhunderts« bezeichnet wurde, fielen nicht nur drei Menschen zum Opfer. Es starben zwei Prominente, die seit Monaten die Medien weltweit mit Geschichten und Mythen versorgt hatten. Es starb aber auch ein hochrangiger Mitarbeiter des Sicherheitsdienstes der Milliardärsfamilie al Fayed, und ein Leibwächter desselben Unternehmens wurde schwer verletzt. Der Tod dieser drei Menschen betraf so viele Interessen der unterschiedlichsten Gruppen auf der Welt wie kaum ein anderer Todesfall zuvor. Betrachten wir die Opfer einmal etwas genauer. Das prominenteste Opfer war Lady Diana Spencer.

Von ›Lady Shy‹ zur Prinzessin aller Herzen

Diana Frances Spencer wurde am 1. Juli 1961 als dritte und jüngste Tochter von Viscount Athorp, 8. Earl Spencer geboren. Ihr Bruder ist der heutige Earl Charles Spencer. Die Spencers hatten eine enge Verbindung zum englischen Königshaus, den Windsors, und die alte ›Queen Mum‹ hatte in der Verkuppelung von Prince Charles und Diana eine Schlüsselrolle gespielt.

Der Eintritt der jungen Kindergärtnerin Diana Spencer in die große Welt der Medien begann im Jahre 1980, als die ersten Gerüchte von einer möglichen Verlobung mit Charles, dem

Prinzen von Wales und offiziellem britischen Thronfolger, über die Nachrichtenticker gingen. Die Menschen begannen sich zu fragen: »*Wer ist diese Diana Spencer eigentlich?*« Und die Medien gaben ihnen die Antworten in Form ungezählter Berichte über die junge Kindergärtnerin. Ein amerikanisches Ehepaar, Mary und Pat Robertson, bei dem Diana einige Tage in der Woche die Kinder hütete, war völlig überrascht, als sich plötzlich Fotografen vor ihrer Haustür drängten. Auf diese Art erfuhren sie erst, wer da als Kindermädchen in ihrem Haushalt ein- und ausging, auf Sohn Patrick aufpaßte, aufräumte und das Geschirr spülte.

Als die Verlobung des königlichen Paares bekannt gegeben wurde, setzte eine erste Fotographenhetze auf die junge Frau ein, an die das scheue junge Mädchen zu diesem Zeitpunkt noch nicht gewöhnt war. Das schüchterne Mädchen vom Lande hatte auch gleich seinen ersten öffentlichen Spitznamen weg: ›Lady Shy‹ (Lady Scheu).

Bald darauf zog sie ins Windsor-Haus ein und lebte dort unter der Kontrolle des Königshauses. Bereits nach kurzer Zeit setzten dann Verdauungsstörungen ein. Sie soll sich bis zu vier Mal am Tag erbrochen haben. Von Bulimie wurde berichtet, es drangen aber auch Meldungen über seelische und streßbedingte Probleme an die Öffentlichkeit. Am Tag ihrer Hochzeit fühlte sie sich nach eigenen Angaben ohnmächtig und gelähmt: »*Ich fühlte mich wie ein Lamm, das geschlachtet werden sollte. Ich wußte es und konnte nichts dagegen unternehmen.*« So wird sie von Andrew Morton in seiner von ihr autorisierten Biographie mit dem Titel *Diana: Her True Story* zitiert.

Ein erster, nie zuvor erlebter Medienansturm brach dann am 29. Juli 1981 zur ›Traumhochzeit des Jahrhunderts‹ über die gesamte britische Insel, und insbesondere über London, herein. In der dortigen St. Paul's Cathedral nahm der Erzbischof von Canterbury die Trauung vor. Millionen biedere Hausfrauen weltweit weinten noch tagelang vor Glück über das junge Paar. Es gibt keine Zeitung, kein Magazin und keine Fernsehsendung, die in jenen Tagen nicht das Bild des glücklichen Paares zeigte, die schöne, junge, scheue Diana und den zukünftigen

LADY SHY – IHR ERSTER SPITZNAME. SIE IST 18 UND NOCH SO SCHEU

24. *Lady Shy*

König von England. Wie wir heute wissen, hing damals bereits der Haussegen schief, und der Schatten von Camilla Parker-Bowles, Charles heimlicher Geliebten, war ständig bei ihnen. Wie später durch Veröffentlichungen von Bediensteten bekannt wurde, hat Charles seine junge Braut noch am Vorabend der Hochzeit betrogen.

Es ist schon merkwürdig, wie das Schicksal manchmal so spielt, denn bereits Camillas Urgroßmutter war die Geliebte von König Edward VII. Jahrelang gelang es den beiden, die Öffentlichkeit aus dieser Dreierbeziehung herauszuhalten. Das

Fremdgehen mit britischen Prinzen oder Königen scheint den Damen dieser Familie im Blut zu liegen.

25

Camilla Parker-Bowles

In den folgenden Monaten bauten sich dann die ersten Mythen rund um die Person Diana auf und wurden auch werbewirksam vermarktet. Erste rasch zusammengestellte Bücher und Bildbände erschienen.

Der nächste Medienrummel betraf den 21. Juni 1982. An diesem Tag kam der erste Sohn des Traumpaares zur Welt, Prinz William.

Die ersten Probleme zwischen Diana und Charles zeichneten sich bereits 1982 ab. Sie gipfelten in den ersten Selbstmordversuchen der Prinzessin. Diese blieben aber, nach strenger Tradition des britischen Königshauses, von der Außenwelt noch größtenteils unbemerkt. Auch Diana, inzwischen ganz Prinzessin, ließ sich nach außen nichts anmerken. Sie verfügte über die seltene Gabe, sich stets lächelnd der Umwelt außerhalb des Palastes präsentieren zu können, gleich, wie schlecht es ihr seelisch ging.

Als dann 1984 Prinz Harry geboren wurde, schien der Jubel aller Briten kein Ende nehmen zu wollen. In der Beziehung des Paares mag diese Geburt aber einen Bruch erzeugt haben, will man den Worten Dianas glauben: »*Dann plötzlich, nach Harrys Geburt, geschah es wie mit einem Schlag, und unsere Ehe ging bachab*«, wird sie von Andrew Morton zitiert.

Das Medieninteresse um das Traumpaar hielt weiter an, doch reckten sich die langen Teleobjektive der Kameras immer seltener auf den Prinzen of Wales, statt dessen immer häufiger auf seine attraktive Gattin. Das gefiel dem Prinzen nicht besonders, und auch seine Mutter, die Queen, war ›not amused‹, wie sie selbst dazu im internen Kreis sagte. Charles und Diana entfernten sich innerlich immer mehr voneinander und konnten kaum noch miteinander reden, ohne zu streiten, wobei oft die Kindererziehung auslösender Grund für Auseinandersetzungen war.

Auf Druck seiner Mutter und einiger Hofdamen wollte Charles die Söhne von der königlichen Nanny Mabel Anderson erziehen lassen, die auch ihn selber bereits erzogen hatte. Anschließend sollte nach seinem Wunsch eine Gouvernante die weitere Erziehung übernehmen. Dagegen wehrte sich Diana aber strikt. Sie wollte die Erziehung ihrer Kinder selbst in die Hand nehmen. Sie war ganz Mutter und ging auch in dieser Rolle auf. Letztendlich setzte sie sich damit gegen ihren Mann durch. Der zukünftige König von Großbritannien hatte in den eigenen vier Wänden eine empfindliche Niederlage hinnehmen müssen. Das konnte und wollte er nicht vergessen. Das Verhältnis der beiden wurde eisig.

Während Charles Trost in den Armen seiner Geliebten Camilla fand, wandte sich Diana einem ihrer Leibwächter zu. Eine klassische Situation, wie sie bereits seit Jahrhunderten in Königshäusern vorkommt. Die Liaison blieb im Palast natürlich nicht unentdeckt, und im Juli 1986 wurde Bodyguard Barry Mannakee dann versetzt.

Im folgenden Frühjahr verunglückte er mit seinem Motorrad tödlich. Dieser Unfall wurde von Diana sehr wohl registriert, und sie begann, sich privat etwas politisch geschickter zu verhalten. Sie wurde nun auch im Umgang mit den Medien immer professioneller. Dennoch war sie froh, daß sich ab Sommer 1986 das Medieninteresse auf der Insel nun einem weiteren Mitglied der Royals zuwand: Sarah Ferguson, überall nur ›Fergie‹ genannt und eine Freundin Dianas, heiratete Prinz Andrew.

So bekam Diana eine Verbündete am Königshaus, die es in sich hatte. Fergie war temperamentvoll und völlig unkompliziert. Die Freundschaft der beiden Frauen wurde auch bald sehr intensiv.

Die immer häufiger auftretenden Gerüchte über Eheprobleme des Prinzenpaares wurden durch den Buckingham Palast stets heftig dementiert. Die Tatsache aber, daß sich Charles seiner Camilla im Jahre 1986 wieder mehr widmete, konnte aber nicht verheimlicht werden. Ihre Ehe war am Ende, dies erkannte ihr Umfeld zunehmend. Dennoch wollte die kämpferische Diana noch nicht aufgeben.

Ihre Bulimie war inzwischen unübersehbar, und alle Frauen der Welt nahmen über die Fotos der Paparazzi großen Anteil an ihrem offensichtlichen Leiden.

So wurde Charles immer mehr zum Buhmann der Nation abgestempelt, einer Position, die ihn nicht gerade fröhlicher machte.

Charles und Diana

Im Jahre 1987 mehrten sich die Informationen aus den üblichen ›eingeweihten Kreisen‹ über eine bevorstehende Trennung des Prinzenpaares. Nun wurde Diana für die Medienschaffenden und die Sensationspresse erst richtig interessant. Eine Scheidung bei den britischen Royals, das versprach viel schmutzige Wäsche, Sensationen und somit volle Kassen. Natürlich wurde auch wieder die jahrhundertealte Frage gestellt: *»Wer hat denn nun wirklich mit wem?«*

Das Paar ging privat bereits getrennte Wege, nahm aber noch gemeinsam an den öffentlichen Auftritten teil. Clevere Paparazzi fanden bald heraus, daß Diana und Charles auch auf Auslandsreisen in getrennten Räumen übernachteten. Die weltweite Gerüchteküche brodelte, und Diana avancierte zur meistfotographierten Frau der Welt. Jeder Filmstar wurde neidisch auf ihre Medienpräsenz.

Ihre Bulimie hatte inzwischen bedrohliche Ausmaße angenommen. Mineralstoffmangel führte immer häufiger zu Erschöpfungszuständen, die der Öffentlichkeit nicht verborgen bleiben konnten. In jenem Jahr begann sie endlich ernsthaft gegen diesen Krankheitszustand anzukämpfen. Außerdem unternahm sie einen letzten Versuch, ihre Ehe zu retten. Sie mußte die gehaßte Gegenspielerin loswerden, und so ging sie zum Angriff über. Als Camilla Parker-Bowles ihren vierzigsten Geburtstag feierte, erschien Diana zusammen mit Charles auf der kleinen Feier, womit keiner der Anwesenden gerechnet hatte.

Nach einem kurzen ›Small-Talk‹ bat Diana dann die anderen Gäste, den Raum zu verlassen. Sie erklärte, daß sie mit Camilla ein privates Gespräch führen wolle. Den etwa vierzig anwesenden Gästen war klar, daß es sich hierbei nur um eine Aussprache der beiden Frauen um die Gunst des Prinzen handeln könne. Ein solcher Vorgang ließ sich auch in der britischen ›High Society‹ nicht mehr verheimlichen.

In diesem Gespräch erklärte Diana ihrer Widersacherin, daß sie genau wisse, was sich abspiele. Sie forderte Camilla auf, ihre Liebeskorrespondenz an Charles einzustellen. Sie nannte auch den Namen der Überbringerin der Briefe, Patti Palmer-

Tomkinson, und forderte außerdem, daß Camilla die Treffen mit Charles auf Schloß Balmoral oder in Sandringham sofort einstelle. Hiermit begann ein neuer Abschnitt im Leben der Prinzessin: Die leidende Diana wurde nun zur kämpfenden Diana.

Auch den Menschen in ihrer Umgebung blieb diese Veränderung ihrer Persönlichkeit nicht verborgen. Diana begann sich mehr auf ihren Körper zu besinnen, überwand ihre Bulimie, begann sich wieder sportlich zu betätigen und wandte sich auch dem Übersinnlichen zu.

Mit den Besitzern ihres Lieblingslokals ›San Lorenzo‹ verband sie bald eine innige Freundschaft, denn Mara Berni, eine typische italienische ›Mammi‹, war in der Astrologie etwas bewandert und unterhielt sich mit fast allen Stammgästen über deren Sternzeichen-Konstellationen. In jenen Jahren waren die Paparazzi mit Sicherheit eine große Belastung in ihrem Leben, und Diana versuchte auch, ihnen so gut wie möglich zu entgehen. Ebenso hielt sie, so gut es ihr möglich war, ihre Kinder von den Fotografen fern.

Prinz Charles brach sich im Frühsommer 1990 bei einem seiner geliebten Poloturniere den rechten Arm. Als sich Komplikationen einstellten, wurde er in die Privatstation eines öffentlichen Krankenhauses eingeliefert. Diana besuchte ihn zwar dort, verbrachte aber wesentlich mehr Zeit mit anderen Kranken als mit dem eigenen Mann.

Diana wußte natürlich, daß dies den Medien nicht verborgen bleiben würde. Sie mußte auch davon ausgehen, daß man im Buckingham-Palast höchst unerfreut über solche Meldungen war. Ab 1990 begann die Phase, in der Diana die öffentlichen Medien gezielt für sich und ihre Interessen einzusetzen begann.

Ein Vorfall im Frühsommer 1991 zeigt, wie unterschiedlich Charles und Diana ihr Privatleben gestalteten. Prinz William hatte im Ludgrove-Internat mit einem Freund gespielt und dabei einen harten Schlag auf den Kopf abbekommen. Zur genauen Feststellung des Verletzungsgrades rieten die Ärzte vor Ort zu einer Verlegung des jungen Patienten nach London, in das Kinderkrankenhaus in der Great Ormond Street. Auf der Fahrt dorthin begleitete Diana ihren Sohn im Krankenwagen, während Charles in seinem Sportwagen hinter der Ambulanz herfuhr.

Die Ärzte stellten fest, daß William operiert werden mußte. Diana blieb im Krankenhaus, sagte alle Verpflichtungen ab und saß am Bett ihres Sohnes. Charles verließ das Krankenhaus und fuhr zur Oper, um sich Puccinis *Tosca* anzuhören. Danach fungierte er als Gastgeber auf einem offiziellen Empfang.

Zur selben Zeit wurde William operiert. Als Diana nach der Operation in Williams Krankenzimmer tröstend die Hand des kleinen Jungen hielt, war Vater Charles mit der britischen Eisenbahn unterwegs nach Yorkshire zu einer Umweltkonferenz.

Zur Bewertung dieses Vorfalles ist natürlich noch anzumerken, daß Charles in dieser Situation wie ein angehender König handelte. Das war auch ganz im Sinne seiner Mutter, der Queen, und der britischen ›High Society‹. Diana war in dieser Situation nur noch Mutter. Dies war genau jener Punkt, der sie für die Öffentlichkeit so liebenswert und für die Hofschranzen der Royals unmöglich machte. Lady Di ließ sich aber davon wenig beeindrucken. Sie war allerdings am darauffolgenden Tag schockiert, als sie in der britischen Presse lesen mußte, daß William an Epilepsie leiden würde. Das war eine reine Unterstellung, eine Presseente, die sie mehr traf als sämtliche Meldungen über die unangenehmen Dinge in ihrem privaten Bereich.

Gerade diese schmutzigen Dinge rund um das Prinzenpaar waren und blieben aber für die Sensationsjournalisten interessant. Solche Meldungen bringen hohe Auflagen, und das bedeutet viel Geld. So blieben auch Dianas amouröse Abenteuer nicht unentdeckt.

Da gab es zum Beispiel diesen Reitlehrer Captain James Hewitt. Zu ihm zog es Diana in ihrer Einsamkeit hin. Bei seinen Besuchen auf Highgrove hatte er ihren Söhnen das richtige Reiten beigebracht. Viel wurde damals gemunkelt. Alle Details jener Liebesaffäre und sicherlich auch noch einiges dazu

Erfundene sollte Hewitt später in Buchform recht lukrativ vermarkten.

27. James Hewitt

Der nächste Skandal um einen Mann wurde im Jahre 1992 bekannt: James Gilbey, ein reicherer, verheirateter Geschäftsmann, liebte sie angeblich und drückte seine Gefühle für Diana am Telefon aus. Diana bestritt aber eine ehebrecherische Beziehung mit ihm bis zu ihrem Tod. Die Telefonate hatte aber der britische Geheimdienst heimlich abgehört; neben rund 300 weiteren, die Diana mit einem anderen Mann geführt haben soll – so jedenfalls die Informationen, die gezielt an die Medien gingen.

In einem Fernseh-Interview im Jahre 1995 erklärte Lady Di dazu, man wolle ihr diese Dinge »in die Schuhe schieben«, um ihre Position bei einer bevorstehenden Scheidung zu verschlechtern. Nach diesen Veröffentlichungen wußte auch die unbedarfteste Hausfrau, daß Diana rund um die Uhr vom britischen Geheimdienst observiert wurde. Im Inland ist so etwas die Aufgabe des *MI 5*, im Ausland ist der *SIS* zuständig, manchmal auch noch mit der Bezeichnung *MI 6* benannt.

Dieser Skandal läutete nun eine neue Phase im Verhältnis des Prinzenpaares ein, die von der bevorstehenden Scheidung geprägt war. Wie bei Normalbürgern auch, scharten beide nun ihre Hilfstruppen um sich. In der Biographie von Andrew Morton lesen sich die beiden Namenslisten wie folgt:

Um Diana waren Carolyn Bartholomew, Freundin und frühere Zimmergenossin, Angela Serota, Catherine Soames, der Herzog und die Herzogin von Devonshire, Lucia Flecha de Lima, Frau des brasilianischen Botschafters in England, die eigene Schwester Jane sowie Mara und Lorenzo Berni und Gulu Lalbani anzutreffen.

Das Vertrauen von Prinz Charles galt vor allem seiner Geliebten Camilla Parker-Bowles und ihrem Ehemann Andrew, sowie Camillas Schwester Annabel, weiterhin können Charles und Patti Palmer-Tomkinson, der Autor Laurens van der Post, Susan Hussey, eine langgediente Hofdame der Queen, Lord und Lady Tyron und der Abgeordnete Nicholas Soames zum engsten Vertrautenkreis gezählt werden.

Eine besondere Position nahm hierbei das Ehepaar van Cutsem ein. Anfänglich war Emilie van Cutsem eine der engsten Vertrauten von Diana. Sie war die erste, die Diana über das Verhältnis zwischen Charles und Camilla berichtet hatte. Dann aber wechselte das Ehepaar das Lager und lief mit vollen Fahnen zu Charles über.

Diana nannte diese Freunde von Charles die ›Highgrove-Clique‹. Wie in einer militärischen Auseinandersetzung schickten die beiden nun zuerst ihre Hilfstruppen in den Scheidungskrieg. Auf der Grundlage von Informationen, die von Charles stammten, wurden zunächst einige unangenehme und schlüpfrige Einzelheiten über Diana in die Öffentlichkeit gebracht.

Der Biograph Andrew Morton schreibt über diese Schlammschlacht ausführlich in seinem Buch. Leider erwähnt er nicht, daß beim Schreiben des Manuskriptes alle Informationen von Diana diktiert wurden. Außerdem ist bestätigt, daß sie selbst Korrekturen vornahm, ehe das Manuskript in Druck ging. Sie gab es in einem Fernseh-Interview im Jahre 1995 selber zu. Charles und Diana nutzten alle medialen Möglichkeiten, die ihnen zur Verfügung standen. Bereits da zeigte sich, daß Diana auch Paparazzi für ihre Zwecke einsetzen konnte, wenn sie es wollte.

Als die Scheidung dann offiziell wurde, versäumte Diana keine Möglichkeit, sich ins rechte Presselicht zu rücken.. Auch dies bestätigte sie selbst in einem Interview anfangs 1997. Als Erklärung für dieses Verhalten gab sie an, die Fotographen für ihre verschiedenen Engagements auf der Welt benutzen zu wollen.

Im Originalton hörte sich das wie folgt an: »*Stets sind vierzig oder mehr Fotographen um mich herum, die dann auch über die Dinge berichten, die mich bewegen und auf die ich aufmerksam machen will.*«

Daß sie auch die ständig um ihre Person herumschwirrenden Paparazzi nutzte, wurde in mehreren Situationen offenbar. Wie erklären sich denn sonst ihre ständigen Fahrten zum selben Fitneß-Studio? Sie wußte doch längst, daß dort ständig schußbereite Kameras auf sie lauerten. Trotzdem fuhr sie in ihrem Sportoutfit dorthin. Bei ihrem Vermögen in dreistelliger Millionenhöhe hätte sie sich einen eigenen Trainingsraum im Kensington-Palast mit allen Schikanen einrichten können. Jeder Fitneßtrainer der Welt hätte sich darum gerissen, sie privat zu trainieren. Eine bessere Werbung für sich und sein Fitneß-Studio hätte er nie bekommen können. Dennoch fuhr sie, teilweise leichtbekleidet und viel Haut zeigend, immer wieder dort vor und beschwerte sich hinterher über die sie bedrängenden Fotographen.

Als ihre Liebe zu Dodi al Fayed entbrannte, waren diese Fotographen ständig um das Paar. Diana schien kaum mehr Rücksicht auf Kameras und Teleobjektive zu nehmen, wie veröffentlichte Bilder im Sommer 1997 eindrucksvoll zeigten. Wenige Tage vor dem Unfallwochenende hatte sie der knipsenden Meute noch zugerufen: »*In der kommenden Woche werdet Ihr eine Überraschung erleben!*« So spricht man nicht zu Paparazzi, wenn man sie haßt. So heizt man sie auf, wenn man provozieren und diese Menschen nutzen will. Diese Ankündigung aus dem Mund der Lady Di war auch einer der Gründe dafür, daß am Abend des 30. August 1997 mehr als 20 Fotographen zum Hotel *Ritz* eilten. Sie erwarteten sensationelle Enthüllungen vom Traumpaar.

Dodi, der öffentlich Unbekannte

Neben Lady Diana Spencer starb auf dem Rücksitz der Mercedes-Limousine ihr damaliger Geliebter, Imameddin ›Dodi‹ al Fayed. Bis zu dem Zeitpunkt, als die Beziehung der beiden öffentlich bekannt wurde, hatte man kaum etwas über den jungen Ägypter gehört oder gelesen. In Europa war er nur Fachleuten aus der Filmbranche bekannt. In den USA war sein Name schon geläufiger, vor allem in den großen Filmstudios Hollywoods.

Er hatte die typische Jugend eines reichen Jungen hinter sich, mit viel Spaß und Luxus und einer gescheiterten Ehe. Beruflich war er aber inzwischen recht erfolgreich und stand zu jenem Zeitpunkt, als er Diana kennenlernte, finanziell längst auf eigenen soliden Beinen. Er hatte ein ausgeprägtes Gespür für gute Filmstoffe – unbedingt notwendig, wenn man als Produzent erfolgreich sein will.

So lehnte er bereits 1984 ein Drehbuch mit dem Titel *Firestarter* ab, das nach einem Roman Stephen Kings entstanden war. Der später gedrehte Film, in Deutschland unter dem Titel

Der Feuerteufel veröffentlicht, war trotz der damals erst siebenjährigen Hauptdarstellerin Drew Barrymore auch kein wirklicher Erfolg.

Dodi al Fayed, aus CNN

Besser liefen dann schon die beiden von Dodi al Fayed produzierten Filme *FX – Tödliche Tricks* und *FX/2 – Die tödliche Illusion*. Beide waren Kassenerfolge und führten zu einer Fernsehserie in den USA, die Dodi als Mitproduzent sah. Erfolg in der Filmbranche verpflichtet, und so war es nicht weiter verwunderlich, daß der Produzent Dodi die prominente Diana auch auf einigen ›High Society‹-Partys traf. Sie waren sich also bereits bekannt, als es im Frühsommer 1997 zu dem von Vater al Fayed arrangierten Treffen am Mittelmeer kam.

Henri Paul, der Sündenbock

Zentrale Figur für den Ablauf des Autounfalls in der Nacht zum 31. August 1997 im Alma-Tunnel war von Anfang an der Fahrer des Unfallwagens, Henri Paul. Er war nicht nur kein normaler Chauffeur, sondern auch der stellvertretende Chef des hauseigenen Sicherheitsdienstes der Familie al Fayed. An diesem Abend war er der amtierende Chef des Sicherheitsdienstes und trug die Verantwortung für alle Gäste des Hotels *Ritz* und für das prominente Liebespaar. Was war er für ein Mensch? Diese Frage wurde unmittelbar nach dem Unfall in wildesten Spekulationen erörtert.

29

Dodi und Henri Paul

Henri Paul wurde 1956 im französischen Lorient geboren. Bereits in frühester Kindheit entwickelte er ein außergewöhnliches musikalisches Talent. Als Schüler gewann er mehrere Preise für sein hervorragendes Piano- und Violinenspiel. Seine Eltern ermöglichten ihm den Besuch einer Privatschule, die er 1973 verließ. In der Folgezeit begann er sich zunehmend für aeronautische Dinge und die Fliegerei selbst zu interessieren. Privat erwarb er eine erste Fluglizenz. Mit 21 ging er nach Paris und wurde am Flughafen tätig. Dort soll er nach verschiedenen Aussagen auch selbst Flugunterricht erteilt haben. Dann folgte er dem Ruf des französischen Militärs. Seinen Militärdienst absolvierte er bei der Luftwaffe. Er durchlief die harte Ausbildung zum Kampfpiloten, verpatzte dann aber die Abschlußprüfung, die für eine weitere Militärkarriere als Flieger wichtig war.

Er wurde zum Sicherheitsdienst eines Flugplatzes versetzt. Nach Beförderung zum Leutnant und Beendigung der Militärzeit trat er in den al Fayed-Sicherheitsdienst ein. Rasch erwarb er sich das Vertrauen seiner Vorgesetzten und des Chefs. So war der Aufstieg zum stellvertretenden Leiter des Sicherungsdienstes nur ein weiterer Schritt auf seiner Karriereleiter. Er war ein stets profihaft arbeitender Sicherheitsmann, der bis zu jenem verhängnisvollen Abend seit mehr als elf Jahren zur vollsten Zufriedenheit bei den al Fayeds seinen Dienst versehen hatte.

Mit dem Fahren schwerer Limousinen unter erschwerten Bedingungen war er durch verschiedene Schulungen bei Daimler-Benz bestens vertraut. In der Firmenleitung war er gut angesehen und als vertrauenswürdiger Angestellter eingestuft, zu dem Juniorchef Dodi ein fast freundschaftliches Vertrauensverhältnis hatte.

Außerdem war er ein ganz normaler Mensch, ein Franzose; er trank Wein zu den Mahlzeiten und gelegentlich in Gesellschaft auch mehrere Gläser, wie es Millionen Menschen jeden Tag auch tun. Er trank aber niemals im Dienst. Das haben alle Menschen inzwischen bestätigt, die ihn näher kannten. Und an jenem Abend war er im Dienst. Übertriebener Alkoholgenuß wäre hier nicht unentdeckt geblieben.

Da Henri Paul bis zu seinem Tod im Besitz einer gültigen Fluglizenz war, kann man davon ausgehen, daß er alle ärztlichen Untersuchungen, die regelmäßig zur Verlängerung einer solchen Lizenz vorgeschrieben sind, anstandslos überstand. Wäre er Alkoholiker gewesen, hätte er es den untersuchenden

Henri Paul privat auf einer Feier

Ärzten nicht verbergen können. Das weiß jeder Mensch, der irgendwann seinen Führerschein verloren hat und dann zur Untersuchung muß, wenn er ihn zurückhaben will. Allein die veränderten Leberwerte überführen jeden Alkoholiker. Im Leben des unauffälligen Henri Paul gibt es zu keiner Zeit vertrauenswürdige Aussagen über Alkoholexzesse, und zwar bis zu seinem Tod. Der Mann lebte bereits seit 1995 allein. Er führte ein recht geordnetes Leben, fuhr einen Kleinwagen und war für seine Umwelt unauffällig wie Millionen anderer Menschen auch. Von 1990 bis 1995 hatte er mit einer Frau zusammengelebt. Laurence, seine damalige Freundin, wurde natürlich umgehend befragt. In der weltbekannten französischen Zeitung *Le Figaro* wurden Auszüge aus einem Interview wie folgt wiedergegeben: *»Er war ein sehr intelligenter Mensch, kultiviert, an allem interessiert und überaus humorvoll.«* Wir müssen davon ausgehen, daß Henri Paul auch Neider hatte, doch war die Anzahl seiner Freunde weitaus größer. Bei Feiern und Festen war er ein stets gern gesehener Gast, der nie ausfallend wurde. An jenem bewußten Samstagabend, vor dem Antritt seiner letzten Dienstfahrt, war er völlig nüchtern. Über seine Getränke an jenem Abend konnte auch Alexander Wingfield, der zweite Personenschützer, Auskunft geben, der mit ihm zusammen im Hotel war. Er erklärte hierzu später: *»Paul trank an jenem Abend Pfirsichsaft, den er mit Wasser aus einer Karaffe mischte, weil er ihm zu stark schmeckte.«* Aus diesem Fruchtsaft-Wassergemisch wurde dann durch Zeugen aus dem Hotel rasch Pastis, der so stark wie Whisky ist. Daß er nur antialkoholische Getränke zu sich nahm, bestätigte später auch das vierte Unfallopfer und einziger Überlebender: Bodyguard Trevor Rees-Jones.

Trevor Rees-Jones der Bodyguard und seine Story

Trevor Rees-Jones vor dem Unfall

Trevor Rees-Jones ist 1968 in England geboren. 1986 trat er als Berufssoldat in die britische Armee ein. Er diente bis 1992 in einem Fallschirmjäger-Bataillon. Dort durchlief er mehrere Speziallehrgänge. So wurde er beispielsweise zum Einzelkämpfer ausgebildet und absolvierte zwei Dienstzeiten in Nordirland, wo er auch in direkte Kampfhandlungen mit der IRA verwickelt wurde. Für seine tapferen Einsätze wurde er anschließend ausgezeichnet. Im August 1992 verließ er die britische Armee im Dienstrang eines Lance Corporals und trat in die Dienste der Familie al Fayed. Dort fand er sich bald als Sicherheitsspezialist und Personenschützer wieder. Kurz darauf heiratete er seine Frau Sue, die eine kleine Geschenkboutique in Großbritannien betreibt.

Mit 1,80 Meter Körpergröße, sportlich fit und ständig durchtrainiert war er auch optisch der ideale Leibwächter. Seine Freunde im kleinen Ort in der englischen Grafschaft Shropshire kannte ihn als begeisterten Rugbyspieler. Von seinem Beruf als Bodyguard wußten nur die direkten Familienangehörigen.

Bereits wenige Monate nach seiner Einstellung in die Dienste der Familie al Fayed wurde er immer häufiger zum Schutz des Sohnes Dodi eingesetzt. Bald galt er bei den Kollegen als ›Schatten Dodis‹. Die beiden Männer entwickelten dabei ein zwar distanziertes, aber beinahe freundschaftliches Verhältnis. So leuchtet es ein, daß an jenem Augustabend des Jahres 1997 Trevor Rees-Jones, und kein anderer Bodyguard, mit im Mercedes saß.

Bei dem Unfall wurde er dann schwer verletzt, überlebte aber dank dem raschen und gezielten Eingreifen der Ärzte, obwohl die Beifahrerseite des verunfallten Mercedes 280S am meisten beschädigt wurde. Er war bei der Fahrt nicht angeschnallt, wie mehrfach falsch berichtet wurde. Bodyguards schnallen sich bei Stadtfahrten normalerweise nie an, da sie in Sekunden schnelle reagieren oder eingreifen müssen. Es gibt auch zwei Paparazzi-Fotos, die an der Ampel wenige Minuten vor dem Unfall geschossen wurden. Auf beiden ist er nicht angeschnallt.

Im Juli 2001 erschient sein Buch *The Bodyguard's Story*. Obwohl bald bekannt wurde, daß er außer dem Vorwort nichts selbst geschrieben habe, wurde das Buch zum Bestseller. Auf mehr als 400 Seiten hat Autorin Moira Johnston viel über das

32. *Rees-Jones und Dodi*

Leben von Bodyguards prominenter Menschen, aber sehr wenig über die tatsächlichen Umstände berichtet, die zu dem Unfall 1997 führten. Wer das Buch genau liest, stellt auch rasch fest, daß es in einigen Teilen sehr widersprüchlich ist, wenn es um den Unfall geht. Diese Widersprüche zeigten sich bereits in den ersten Aussagen von Trevor Rees-Jones wenige Wochen nach dem Unfall. Damals hatte man sie seinem Schockzustand zugeschrieben.

33

Buchtitel

Kapitel 3
Vermutungen, Indizien und Beweise

Die ersten Ungereimtheiten

Was sowohl in den Minuten kurz vor dem Unfall als auch danach geschah, wurde bereits wenige Stunden nach dem Tathergang in den unterschiedlichen und sich widersprechenden Versionen von zahlreichen Menschen wiedergegeben. Auch über den Unfallhergang erschienen sofort einander völlig widersprechende Meldungen. Diese Ungereimtheiten gilt es nun, zu sortieren und zu bewerten, um die zahlreichen Fragen zumindest teilweise zu beantworten, die sich bereits im Moment des Unfalls aus der Logik der Gesamtsituation heraus ergaben. Wir rufen uns in die Erinnerung zurück:

00.25 Uhr Der Mercedes 280 S ist in den Tunnel unter der Pont de l'Alma eingebogen und kollidiert zuerst mit dem 3., dann mit dem 13. Pfeiler. Er landet danach, im Vorderbereich völlig demoliert, mit einer Drehung um 180 Grad an der rechten Tunnelwand entgegen der Fahrtrichtung. Sofort setzt die Autohupe zu einem Dauerton ein. Der Fahrer Henri Paul war auf das Lenkrad gesackt. Erste Menschen nähern sich dem verunfallten Wagen.

00.26 Uhr Die ersten Fotografen treffen an der Unfallstelle ein. Ebenfalls erreichen der französische Arzt Dr. Frédéric Maillez und sein amerikanischer Freund Mark Butt den Ort des Geschehens.

00.27 Uhr Bei der Pariser Feuerwehr geht ein erster Notruf ein.

00.33 Uhr Zwei Polizisten treffen mit einem Streifenwagen ein. Sie versuchen die Fotografen vom Unfallauto fernzuhalten, um den Platz für die bald eintreffenden Hilfskräfte frei zu machen. Einer der beiden Beamten bekommt mit einem Fotografen Streit und hält dies später in seinem schriftlichen Bericht fest.

00.38 Uhr Der erste Feuerwehrwagen trifft am Unfallort ein. Es ist kein Krankenwagen, sondern ein Materialwagen.

34

Erste Helfer

00.41 Uhr Der erste Notarztwagen erscheint am Unfallort.

35

Helfer, Reuters

Über die ersten Sekunden und Minuten, nachdem der Mercedes 280 S den Brückenpfeiler getroffen hatte, gab es bereits direkt vor Ort die unterschiedlichsten Darstellungen, Aussagen und Berichte. Es ist auch heute, mit dem zeitlichen und inneren Abstand, nicht einfach, den Wahrheitsgehalt dieser sich häufig widersprechenden Berichte und Aussagen richtig zu werten. Oft kommt es auf ein Wort oder einen bestimmten Satz an. Hinzu kommen die Erschwernisse, die durch rasche oder auch fehlerhafte Übersetzungen aus anderen Sprachen entstehen.

Verschiedene Zeugen treten auf

Bereits 1997, als mein erstes Buch über Dianas Tod entstand, habe ich mehr als achtzig Stunden Film- und Videomaterial mehrmals gesichtet und analysiert.

Bis heute kamen weitere vierzig Stunden Material hinzu. Die Ergebnisse dieser Video-Recherchen, zusammen mit neuen Informationen und Erkenntnissen aus der Kriminalwissenschaft, brachten zwar keine neuen Beweise für einen Anschlag ans Tageslicht, sie deckten jedoch weitere wichtige Indizien auf. Diese Erkenntnisse haben anscheinend auch die in Großbritannien nun tätigen Untersuchungsbeamten gewonnen. So zweifelten sie bereits vor dem offiziellen Untersuchungsbeginn das wichtigste Beweisstück an, die Blutprobe des Fahrers Henri Paul.

Laut *Times* hätten einige ranghohe Polizeibeamte bemängelt, daß man keine der Blutprobe direkt zuzuordnende DNA-Analyse gemacht habe. Dies war auch bereits 1997 ein völlig normaler Vorgang bei einem solch brisanten Todesfall und hätte alle spektakulären Mutmaßungen über das Vertauschen einer Blutprobe im Keim ersticken können. War das ein Fehler der französischen Ermittler oder eine bewußte Täuschung? Diese Fragen werden wir uns auf den kommenden Seiten dieses Buches noch mehrfach stellen müssen. Meines Erachtens häufen sich in diesem Fall Fehler leider ein wenig zu oft, als daß wir noch an Zufälle glauben könnten. Für mich stellt sich die Situation direkt nach dem Unfall wie folgt dar:

Um 00.27 Uhr, plus minus einer Minute, kollidierte der Mercedes 280 S mit dem dreizehnten Brückenpfeiler unter der Pont de l'Alma. Bereits wenige Sekunden nach dem Aufprall waren drei nicht genau identifizierte Männer an der Unfallstelle, die Fotoapparate bei sich hatten und von allen später Eintreffenden als Fotografen oder Paparazzi bezeichnet wurden. Da es sich um einen Tunnel ohne Gehweg handelte, müssen diese drei Personen bereits am Eingang gestanden sein, als der Mercedes in den Tunnel einfuhr.

Anders war ihre so rasche Präsenz am Unfallwagen nicht möglich. Sie trafen nämlich zusammen mit dem Fotografen Romuald Rat am Ort des Geschehens ein, der hinten auf einem Motorrad saß.

Er wurde später von der französischen Polizei zusammen mit sechs Kollegen verhaftet. Seine Version erscheint wahrheitsgetreu, denn sie wurde von verschiedenen anderen Fotografen größtenteils bestätigt. Sowohl Romuald Rat als auch seine Kollegen berichteten einhellig, daß in sichtbarer Nähe vor dem verunfallten Mercedes kein weiteres Fahrzeug zu sehen war. Von vorn konnten diese drei Männer so schnell also auch nicht gekommen sein.

Wer waren die drei Männer, und wieso waren sie im Tunnel? Diese Frage werden wir, zusammen mit weiteren wichtigen Fragen beantworten müssen.

Nachdem der Motorradfahrer mit dem Fotografen auf dem Sozius an der Unfallstelle vorbeigefahren war und dann angehalten hatte, stieg Rat ab und ging zu dem verunfallten Wagen zurück.

Er erinnerte sich bei einer späteren Befragung noch genau daran, daß die Hupe des Mercedes mit Dauerton heulte, als er sich dem Wagen näherte. Daß die Hupe direkt nach dem Aufprall des Mercedes an den Pfeiler zu heulen begann, bestätigte auch eine amerikanische Touristin. Joanna Lutz aus San Diego lief mit anderen Menschen direkt nach dem Unfall von außen in den Tunnel. Später berichtete sie über diese Sekunden in einem Radiointerview, daß das Signalhorn des Mercedes etwa zwei Minuten lang im Dauerton zu hören gewesen sei und dann plötzlich aufgehört habe.

Als Romuald Rat die zerstörte Fahrzeugfront sah, dachte er, daß alle Insassen tot wären. Natürlich war er für einige Sekunden von dem Anblick geschockt, doch dann riß er sich zusammen und öffnete die hintere rechte Tür des Mercedes 280 S, weil sie seiner Meinung nach die einzig normal zu öffnende Tür des Wagens war. Er sah, daß der Fahrer und Dodi al Fayed offensichtlich tot sein mußten, und wandte sich sofort Diana zu. So seine Version.

36

Romuald Rat

Romuald Rat zu diesem Augenblick in einem späteren ARD-Interview: »*Ich lehnte mich über die Prinzessin, um zu sehen, ob sie lebte... ich lehnte über sie, um ihren Puls zu fühlen, und als ich sie berührte, atmete sie, und ich sprach mit ihr auf Englisch. Ich sagte, ich bin hier, bleiben Sie ruhig, ein Arzt kommt!*«

Joanna Lutz zu dieser Situation direkt nach dem Unfall in Sky News: »*...da war ein blauer Mercedes, und der Airbag auf der Fahrerseite war auf und der Hupton nach der Explosion* (hiermit ist wohl der Aufprall an den Pfeiler gemeint, Anm. des Autors) ... *da war ein Hupton etwa zwei Minuten lang, und ich denke, es war der Fahrer, gegen das Lenkrad gelehnt...«*

Weitere Menschen, die sich kurz nach dem Unfall dem verunglückten Mercedes näherten, schilderten diesen Moment in verschiedenen Interviews bei unterschiedlichen Fernseh-Teams wie folgt:

Mike Walker: *»...wir kamen vom Eiffelturm und fuhren hinunter, er kam uns also entgegen. Es gab Verkehr, etwas Verkehr, und wir fuhren langsam, weil der Unfall gerade passiert war; wir sahen den umgedrehten Wagen. Er sah aus, als ob er mit einem anderen Auto kollidiert war, und nicht wie nach einem Maueraufprall...«*

Tom Richardson: *»...ich rannte zusammen mit einem anderen Mann in den Tunnel, um zu sehen, ob wir jemanden aus dem Auto holen konnten, und ein Mann am Auto rief uns zu: ›Raus aus dem Tunnel, der Wagen wird gleich explodieren!‹, so drehten wir um und rannten wieder aus dem Tunnel. Nach etwa 15 Sekunden drehten wir um, Paparazzi machten bereits Fotos...«*

Er war zusammen mit der bereits erwähnten Joanna Lutz von der Seite in den Tunnel gelaufen, aus der auch der Mercedes gekommen war. Mike Walker kam von der anderen Seite angefahren und hielt auf der Gegenfahrbahn direkt an, als er die Unfallstelle bemerkte. Die Aussagen dieser Menschen konnten später noch monatelang im Originalton im Internet abgerufen werden.

Wer rief am Auto: *»Raus aus dem Tunnel«* ?: Auch dieser Punkt wird später ausführlicher zu betrachten sein.

Auf der Gegenfahrbahn näherte sich zur selben Zeit auch ein Wagen, in dem zwei Männer saßen, die aus Richtung des Eiffelturms gekommen waren. Dr. Frédéric Maillez und sein Freund Mark Butt.

Als sie anhielten und aus ihrem Wagen stiegen, muß es bereits über zwei Minuten nach dem Unfall gewesen sein, denn sie berichteten in keinem ihrer zahlreichen späteren Interviews über den Dauerton der Autohupe.

Meiner Meinung nach sind die Aussagen dieser beiden Männer, vor allem die des Dr. Frédéric Maillez, genauer zu überprüfen. Beide sagten wenige Stunden nach den Geschehnissen in die Fernsehkameras:

Mark Butt: »*Wir waren gerade am Eiffelturm vorbeigefahren. Es war eine wunderbare Nacht, wir fuhren zum Tunnel unter der Pont de l'Alma; vor uns sahen wir Rauch im Tunnel. Als wir vorbeifuhren, sahen wir, daß noch kein Notarztwagen da war. Frédéric hielt schnell an und stieg aus, um zu sehen, was los war...*«

Dr. Frédéric Maillez: »*...ich ging zu dem Wagen und sah zwei wahrscheinlich Schwerverletzte, also rannte ich zurück zu meinem Auto, rief die Feuerwehr an, bat um zwei Krankenwagen, zwei Notarztwagen, nahm einige Arztgeräte aus meinem Kofferraum und rannte zurück zum Auto, um den Verletzten Erste Hilfe zu leisten. Es war schon ein freiwilliger Feuerwehrmann da, der die Person behandelte, die stark verletzt war und auf dem rechten Vordersitz saß. Ich hatte also keine andere Wahl und behandelte die junge Dame auf dem linken Rücksitz.*«

37

Dr. Frédéric Maillez

Die junge Frau auf dem linken Rücksitz? Es steht fest, daß Diana bei der Abfahrt und auch noch beim Halt an der Ampel kurz vor der Tunneleinfahrt auf dem rechten hinteren Sitz Platz genommen hatte. Dort fand sie auch eine der ersten Personen am Unfallort, Romuald Rat.

Wie kam Diana innerhalb weniger Minuten nach dem Unfall auf die andere Seite?

Es scheint wirklich so zu sein, daß Diana, kurz nachdem Romuald Rat sie angesprochen hatte, auf die andere Seite der Rückbank transportiert sein mußte.

Nach Aussagen des Agenturchefs Aston Laurent Solar, der die zu dem Zeitpunkt noch unveröffentlichten Unfallfotos von Diana gesehen und zum Verkauf angeboten hatte, wird die Lage Dianas im Auto ebenfalls als »hinter dem Fahrersitz liegend« beschrieben.

Weshalb gibt es unterschiedliche Angaben über die Lage von Dianas Körper im Unfallwagen?

Wir werden es später zu klären versuchen.

Dr. Maillez berichtete auch, daß sich erst dann Menschen um den Unfallwagen sammelten und Fotos machten, als er die verletzte Frau bereits behandelte. Ebenso wie sein Freund Mark Butt und der Fotograf Romuald Rat sah er kein »Blitzlichtgewitter« am Unfallort, wie einige andere angebliche Augenzeugen später behauptet haben.

Romuald Rat bestätigt das Eintreffen von Dr. Maillez und schildert, wie er sich weiter verhielt: »*Zuerst half ich, dann kamen professionelle Erste-Hilfe-Leute, die zufällig vorbeifuhren. Als sie die Dinge in die Hand nahmen, bin ich zur Seite getreten; erst dann wurde ich wieder zum Journalisten.*«

Romuald Rat begann nun die gesamte Szene zu fotografieren. Andere Kollegen eilten herbei und schossen nun ebenfalls Fotos. Dies spielte sich aber einige Minuten nach dem verhängnisvollen Aufprall ab. Die beiden Verletzten wurden zu diesem Zeitpunkt bereits erstversorgt.

Mark Butt, der etwa fünf Meter vom Autowrack entfernt stand, konnte die gesamte Szene gut beobachten und bemerkte, daß es zuerst nur zwei oder drei Fotografen waren, dann rund fünfzehn, die mit Blitzlichtern fotografierten.

Völlig anders werden diese ersten Minuten nach dem Unfall noch in derselben Nacht von einer amerikanischen Familie geschildert. Robin und Jack Firestone wollen ebenfalls Augenzeugen gewesen sein, die direkt nach dem Aufprallgeräusch in den Tunnel gekommen sind. Immer wieder erzählten sie im Verlauf der Nacht ihre Version der Geschehnisse. Sie reckten sich nach allen Kameras und Mikrofonen, die sie nur erreichen konnten. Vor allem Robin gestikulierte dabei wild in alle nur erdenklichen Objektive und hörte nicht auf, die Fotografen zu diffamieren. Ihr Mann unterstützte sie dabei, sobald er einmal zu Wort kam.

Robin Firestone bei SkyNews: *»Sie (die Paparazzi) sprangen überall herum und haben Bilder gemacht. Von einem weiß ich ganz genau, daß er am Fenster war. Es war schwer zu erkennen. Da waren so viele. Er lief ans Fenster und hat da seine Fotos gemacht.«*

Und bei CNN: *»Es war ein Pulk von Fotografen rund um das Auto versammelt. Alle wollten die besten Fotos machen. Einer oder zwei gingen sogar um den Polizisten herum, legten sich direkt vor die Windschutzscheibe und schossen zahlreiche Fotos hindurch.«*

38

Familie Firestone...

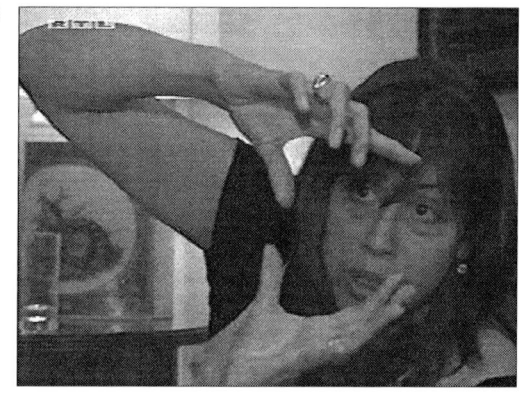

Robin Firestone...

Jack Firestone entrüstete sich bei RTL: »*Die Kamera zu nehmen und ein Foto zu machen, Sie würden das nicht tun, ich würde das nicht tun. Wer schießt ein Foto von so einem Unglück, höchstens Leute, die Riesensummen Geld dafür nehmen, machen das natürlich.*«

... und Jack Firestone

Wie unsinnig diese Behauptungen teilweise waren, fiel jedem aufmerksamen Beobachter sofort auf; den Medienverantwortlichen aber anscheinend nicht. Das Gerede von den Fotographen, die, auf der Motorhaube liegend, in das Auto hinein fotografiert hätten, war eine offensichtliche, haarsträubende Lüge. Wer die ersten Bilder des verunfallten Mercedes sah, dem war klar, daß das unmöglich sein konnte. Die Frontscheibe war durch den Aufprall völlig gesplittert. Das in mehrfachen Glasschichten mit Folien dazwischen übereinander geklebte Sicherheitsglas war milchig geworden und in diesem Zustand so durchsichtig wie die vom Wasserdampf angelaufene Milchglasscheibe einer Dusche!

Laszlo Veres, ein angesehener Fotograph, bemerkte in *Stern-TV* zu den Aussagen dieses US-amerikanischen Ehepaars sowie der ungeprüften Verbreitung der Firestone-Aussagen durch die Medien: »*Es ist eine Schande für unseren Beruf, daß Journalisten sich mit solchen Leuten abgeben, die sich ins Rampenlicht stellen, nur damit sie im Fernsehen erscheinen; dazu muß ich nach dreißig Jahren Beruf einfach sagen: ›Es ist eine Schande für die Kollegen, solche Leute zu interviewen‹.*«

Der offensichtlich von dieser Aussage völlig überraschte Moderator Günther Jauch warf ein: »*Aber Monsieur Veres, das ist ja ein völlig unbescholtenes Ehepaar, das nur zufällig dabei gewesen ist. Ist die Glaubwürdigkeit solcher Zeugen nicht möglicherweise...*«

Laszlo Veres unterbrach den Moderator sichtlich erregt: »*...nein, das war nicht zufällig, das war nicht zufällig, ich glaube das nicht, das glaube ich einfach nich... ich glaube nicht, daß es ein unschuldiges Ehepaar ist!...*«

Wer waren diese Firestones wirklich? Auch dies ist eine wichtige Frage, die es noch zu beantworten gilt. Auch andere Menschen fühlten sich plötzlich berufen, ihre persönliche Version vom Unfallhergang zu schildern. Zum Teil verlangten sie ein Honorar, um ›die rasche Mark‹ zu machen; zum Teil stellten sie sich völlig unentgeltlich zur Verfügung. Viele Menschen wollen plötzlich als erste am Unfallort gewesen sein. Inzwischen gibt es mehr Augenzeugen, als jemals Menschen zwischen Mitternacht und ein Uhr unter der Pont de l'Alma waren. Je mehr Kamerateams vor Ort erschienen und über diese Sensation berichten wollten, desto mehr Zeugen boten sich an. Das ist bei nahezu allen sensationellen Ereignissen auf dieser Welt so. Mit diesem Wissen lassen sich aber auch Informationen und Desinformationen ganz einfach steuern, wenn man das will.

Weitere Ungereimtheiten direkt nach dem Unfall

Wenn wir im Zeitablauf weiter gehen, so sind seit dem Unfall inzwischen rund acht bis zehn Minuten vergangen. Es treffen zwei Polizisten mit einem Streifenwagen ein. Sie versuchen die Fotografen vom Unfallauto wegzuhalten, um den Platz für die ihnen folgenden Hilfskräfte frei zu machen. Einer der beiden Beamten bekommt mit einem Fotografen Streit und hält dies später in seinem schriftlichen Bericht fest.

Für das Eintreffen der Feuerwehr gibt es unterschiedliche Zeitangaben. Die Agenturen nennen Zeiten zwischen 00.32 Uhr und 00.40 Uhr oder später. Möglicherweise ergeben sich einige dieser Zeitunterschiede aus der Tatsache, daß zuerst ein Feuerwehrwagen erschien. Der erste Notarztwagen kam drei Minuten später an.

Ich habe nach sorgfältigen Recherchen folgende Zeiten ermitteln können:

00.38 Uhr Der erste Feuerwehrwagen trifft am Unfallort ein. Es ist kein Krankenwagen, sondern ein Materialwagen.

00.41 Uhr Der erste Notarztwagen erscheint am Unfallort.

Hier gibt es auch große Ungereimtheiten über den internen Ablauf der Notrufmeldung und ihrer Umsetzung bei den Rettungsdiensten. Die Presseagentur AFP berichtete einige Tage nach dem Unfall, daß es mehrere Pannen der Rettungsdienste gegeben haben soll.

»*Die zuerst alarmierte Feuerwehr hat es nach dem Eintreffen am Unfallort versäumt, sofort den Notarzt zu informieren*«, meldete die französische Tageszeitung *Le Parisien* zu diesen Vorgängen. »*Dann hat es in der Notrufzentrale nochmals etwa zehn Minuten gedauert, bis der Anruf überprüft wurde.*«

Dies läßt den aufmerksamen Beobachter der Vorgänge besonders hellhörig werden. Sofort denkt er an die Aussagen von Dr. Maillez zurück:

»*...also rannte ich zurück zu meinem Auto, rief die Feuerwehr an, bat um zwei Krankenwagen, zwei Notarztwagen...*«

Da stellt sich automatisch die Frage.
Wieso muß eine französische Notrufzentrale zehn Minuten lang den Anruf eines französischen Arztes überprüfen, der von einer Unfallstelle zwei Kranken- und zwei Notarztwagen anfordert?

Kurz nach dem Eintreffen des Notarztwagens an der Unfallstelle erscheinen dort auch zwei Fotografen der Agentur ›Solar Press‹. Sie gehen ungehindert zu dem Mercedes, schießen ihre Fotos und verschwinden danach wieder, ohne daß sie jemand aufhält.

Aston Laurent Solar, Inhaber der Agentur, erklärte dazu: »*Sie haben zusammen etwa 30 bis 40 Fotos gemacht, ich bin nicht ganz sicher. Ein Polizist kam und sagte ihnen: ›Sie sind fertig, gehen Sie jetzt.‹ Deshalb waren sie auch nicht so sauer wie die anderen. Keiner hat sie aufgehalten, und sie sahen auch nicht so aus, als seien sie auf der Flucht, sie sahen aus wie Fotografen, die ihre Arbeit gemacht hatten und nun gingen, weil man sie darum bat.*«

Nicolas Arsov von der Agentur ›SIPA‹ trifft in diesem Moment oberhalb des Tunnels ein. Als er erfährt, wer dort verunglückt war, geht er nach unten, um ebenfalls einige Fotos zu machen.

41

Nicolas Arsov

Er wurde im Gegensatz zu den Leuten von ›Solar‹ wenig später zusammen mit Romuald Rat, Laszlo Veres, drei weiteren Fotografen und einem Motorradfahrer verhaftet, ihre Ausrüstung und das Bildmaterial wurden beschlagnahmt. Inzwischen wird Diana aus dem Autowrack befreit. Hierzu muß das Dach des Mercedes von den Feuerwehrleuten abgetrennt werden. Danach sieht das Wrack natürlich noch schlimmer aus als direkt nach dem Unfall. Dies kann ein Grund für die noch in derselben Nacht kursierenden Gerüchte sein, daß sich das Fahrzeug im Tunnel mehrfach überschlug.

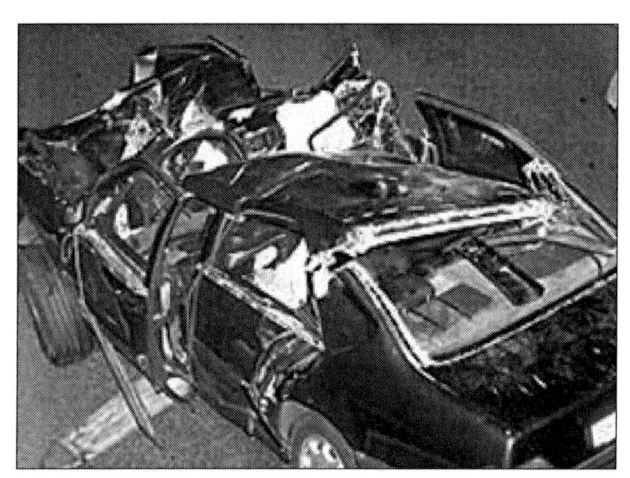

42

Unfallwagen

Die schwerverletzte Diana wird in den Krankenwagen gebracht und von Dr. Frédéric Maillez weiter versorgt. Nach eigenen Angaben versucht er sie zu stabilisieren, weil Blutdruck und Herzschlag absinken. Genau dieses Vorgehen soll später starke Kritik und Vorwürfe aus Fachkreisen auslösen.

Es ist 01.30 Uhr, als die Ambulanz mit Diana endlich die Unfallstelle verläßt und mit sehr langsamer Geschwindigkeit zum Krankenhaus *Pitié Salpétrière* fährt. Hier stellen sich gleich mehrere Fragen, die mit dem heutigen Abstand zu den Ereignissen und den zahlreichen Fachkommentaren aus Ärztekreisen in den vergangenen Jahren den gesamten Vorgang um die Erstversorgung in einem anderen Licht erscheinen lassen.

Warum wurde eine langwierige Stabilisierung am Unfallort durchgeführt?
Warum dauerte es fast eine Stunde, bis der Krankenwagen abfuhr?
Wieso fuhr die Ambulanz nur im Schrittempo?
Warum wurde nicht das nächstgelegene, sondern das weiter entfernte Krankenhaus Pitié Salpétrière angefahren?
Wer hat all diese Maßnahmen angeordnet?

Wir werden versuchen, im weiteren Verlauf dieses Buches die richtigen Antworten zu finden.

Rasch werden passende Schuldige für die fragende Öffentlichkeit präsentiert

Kaum waren die ersten Meldungen über den tödlichen Unfall rund um die Welt gegangen, machte ein erstes Gerücht über mögliche Schuldige die Runde. Die dazugehörige Schlagzeile lautete: »*Prinzessin Diana von Paparazzi in den Tod gehetzt!*«

Fast alle Radio- und Fernsehsender präsentierten hierbei das bereits erwähnte Ehepaar Firestone in Wort und Bild. Diese beiden berichteten unermüdlich über das nie stattgefundene Blitzlichtgewitter im Tunnel und die Scharen von wild herumfotografierenden Menschen. Hierbei fiel nach einiger Zeit und mehrfachem Betrachten auf, daß sie immer wieder die gleichen Worte und Sätze benutzten. Es wirkte so, als hätten sie ihren Text auswendig gelernt.

Die Verhaftung der Fotografen im Tunnel durch die französische Polizei untermauerte natürlich die Theorie von der Paparazzi-Hatz auf das Liebespaar. Leider war es auch mit diesen Meldungen so wie mit fast allen Informationen zum Unfall in den Stunden und Tagen danach.

Statt einer kritischen Hinterfragung überschlugen sich die Medien nur mit dem Berichten neuer Sensationen, gleich, wer sie verbreitete. Es wäre unsinnig, hier eine weltweite Verschwörung aller Medien zu unterstellen. Es ist aber eine Tatsache, daß fast alle Agenturen, Sender und Redaktionen sich sofort festgelegt hatten und alle anderslautenden Meinungen einfach ignorierten. Es war wie ein Rausch, der die Medienschaffenden erfaßt hatte. Kein Fernsehsender ohne Sondersendung über Diana, den Unfall und die schrecklichen Paparazzi.

Die Informationssucht der Journalisten wurde dann auch von zahlreichen sich plötzlich meldenden Zeugen befriedigt. Eine Frau tauchte auf, die den Mercedes 280 S im Tunnel durch den Rückspiegel ihres vorausfahrenden Autos gesehen haben will. Dabei habe sie angeblich bemerkt, wie ein Motorrad in Schlangenlinien vor dem Mercedes hergefahren sei. Dabei seien Blitzlichter unübersehbar gewesen, die offensichtlich den Fahrer geblendet hätten. Man bedenke: Ein Motorrad und mehrere Fotographierende darauf! Das muß eine Sonderanfertigung für Paparazzi gewesen sein, die bisher noch nicht bekannt geworden ist.

Ein weiterer Augenzeuge gab an, daß der Mercedes »*von Motorrädern förmlich umzingelt und bedrängt worden ist*«. Ein Taxifahrer gab an, daß er den Mercedes bereits bei der Einfahrt in den Tunnel gesehen habe. Dabei sei der Wagen stark ins Schlingern gekommen und mehrfach an den Randstein gekracht.

Spätere Untersuchungen der Randsteine vor dem Tunnel wiesen allerdings keine entsprechenden Spuren nach. Alle diese angeblichen Zeugen hatten allerdings eines gemein: Sie traten meist nur als Schatten oder optisch und stimmlich verfremdet in den jeweiligen Sendungen auf. »Aus Sicherheitsgründen« wollten sie sich nicht zu erkennen geben. Das wirft natürlich sofort die Frage auf:

Warum sollten angebliche Zeugen Angst vor ihrer Aussage haben, wenn sie stimmig ist?

Auch bei der Familie al Fayed meldete sich bereits am Morgen nach dem Geschehen ein Zeuge, der von Motorradfahrern erzählte, die den Mercedes abgedrängt hätten.

Dann kam, mit der Allgemeinfloskel »aus gut unterrichteten Kreisen« versehen, die Agenturmeldung: »*Die Nadel des Tachos war beim Aufprall auf rund 200 km/h stehengeblieben!*« Kurz darauf folgten angeblich präzisere Kilometerangaben, die zwischen

186 und 196 km/h lagen. Diese Falschmeldungen konnten aber durch einige von der Polizei beschlagnahmte Fotos aus dem Innenraum des verunfallten Wagens rasch entlarvt werden. Der Tacho stand nämlich auf Null! Wie bei zahlreichen anderen Falschmeldungen läßt sich auch hier nicht genau ermitteln, wer diese offensichtliche ›Ente‹ in die Welt gesetzt hat.

Im Verlauf des Sonntags erschienen bereits die ersten Computer-Animationen zum Unfallhergang. Sie basierten auf den detaillierten Angaben eines französischen Taxifahrers, der natürlich ebenfalls unerkannt bleiben wollte. Warum er nicht erkannt werden wollte, war rasch klar. Er log, daß sich die Balken bogen. Seine Kollegen hätten ihn sicherlich ausgelacht.

Oder war er gar kein Taxifahrer? Er gab an, gesehen zu haben, wie der dunkle Mercedes 280 S nach der Einfahrt in den Tunnel nach rechts gegen die Tunnelwand geknallt, dann zurückgeworfen und dabei gegen den dritten Brückenpfeiler geknallt sei. Danach habe sich das schwere Auto mehrfach überschlagen und sei gegen den dreizehnten Pfeiler gekracht, dort abgeprallt und entgegen der Fahrtrichtung auf der rechten Fahrbahnseite zum Stehen gekommen. Nach dieser Version wurden dann rasch verschiedene Animationen, Zeichnungen und Trickfilme angefertigt.

Wie in dieser Zeichnung zu sehen, haben dann aber rasch einige seriöse Journalisten erkannt, daß die Version des Taxifahrers und die danach angefertigten Bilder nicht stimmen konnten. Der Mercedes hatte sich zu keinem Zeitpunkt überschlagen, wie die ersten Bilder vom Unfallort deutlich zeigen *(siehe Bildzitat 34)*.

Die Beschädigungen, die den Wagen so aussehen ließen, als ob er sich überschlagen hätte, resultierten aus den Bemühungen der Feuerwehrleute bei der Bergung der Opfer. Sie mußten die Vorderfront öffnen und das Dach abschneiden. Das Dachblech legten sie danach einfach wieder auf das Wrack *(siehe hierzu Bildzitat 42)*.

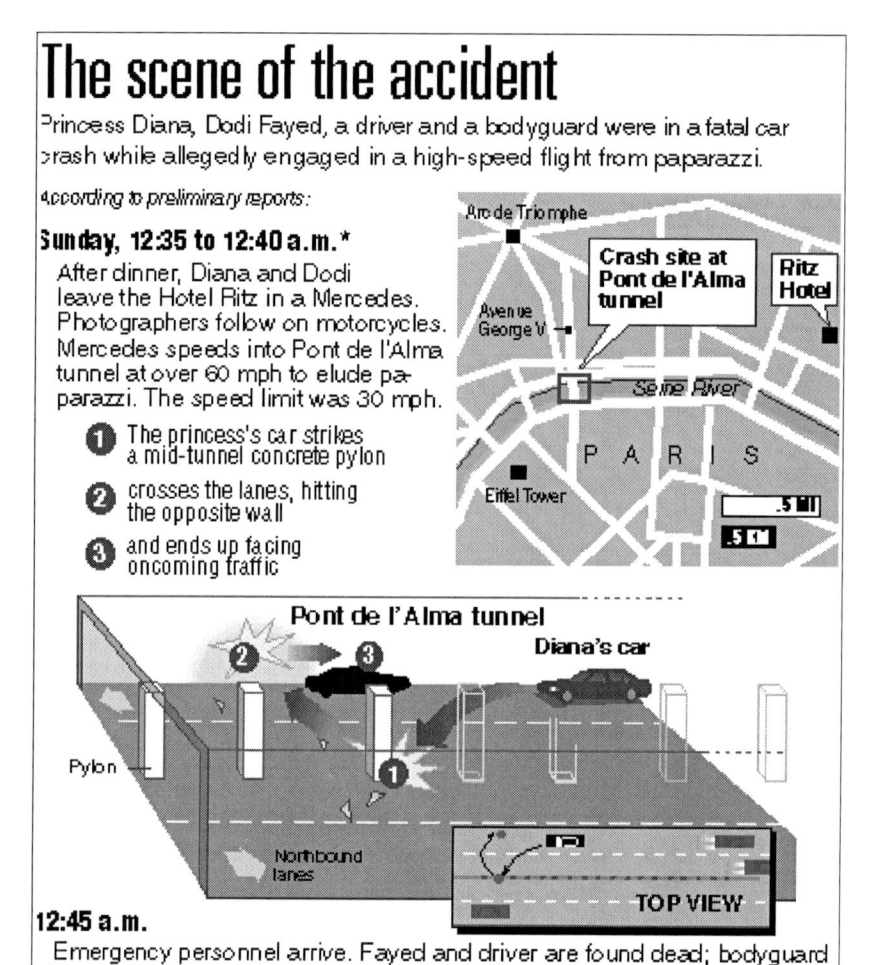

> **The scene of the accident**
>
> Princess Diana, Dodi Fayed, a driver and a bodyguard were in a fatal car crash while allegedly engaged in a high-speed flight from paparazzi.
>
> According to preliminary reports:
>
> **Sunday, 12:35 to 12:40 a.m.***
> After dinner, Diana and Dodi leave the Hotel Ritz in a Mercedes. Photographers follow on motorcycles. Mercedes speeds into Pont de l'Alma tunnel at over 60 mph to elude paparazzi. The speed limit was 30 mph.
>
> ❶ The princess's car strikes a mid-tunnel concrete pylon
> ❷ crosses the lanes, hitting the opposite wall
> ❸ and ends up facing oncoming traffic
>
> Arc de Triomphe
> Crash site at Pont de l'Alma tunnel
> Ritz Hotel
> Avenue George V
> Seine River
> PARIS
> Eiffel Tower
>
> Pont de l'Alma tunnel
> Diana's car
> Pylon
> Northbound lanes
> TOP VIEW
>
> **12:45 a.m.**
> Emergency personnel arrive. Fayed and driver are found dead; bodyguard Trevor Rees-Jones is severely injured. Ambulance workers revive Diana.

43. *Die von* Associated Press *verbreitete Version*

Man muß sich jetzt natürlich die Frage stellen:
Wie kamen diese offensichtlich falschen Animationen so schnell zustande, und warum wurden sie verbreitet?
Wir wissen heute, daß sich der Unfall nicht so abgespielt hat, wie zwei Wochen lang weltweit täglich verbreitet wurde. Die französischen Untersuchungsbehörden gehen in ihrem Abschlußbericht davon aus, daß der Mercedes, aus welchen Grün-

den auch immer, zuerst leicht den dritten Pfeiler touchierte, dann an den Mittelsäulen entlang schlidderte, um nahezu frontal gegen den dreizehnten Pfeiler zu knallen. Der Wagen wurde vom Aufprall zurückgeworfen, drehte sich um die eigene Achse und kam wenige Meter weiter entgegen der Fahrtrichtung zum Stehen. Diese Erklärung ist logisch und deckt sich mit den Aussagen von Unfallforschern zu den bekannten Fakten und den vorhandenen Unfallbildern.

Mit Sicherheit hat diese falsche Unfallschilderung und die dazugehörigen Animationen dazu beigetragen, sowohl den Unfallwagen als auch seinen Fahrer weiter in den Mittelpunkt des allgemeinen Interesses zu rücken. Niemand machte sich nun Gedanken, mögliche weitere Unfallbeteiligte zu finden, obwohl es Aussagen und Meldungen dazu bereits am Tag des Unfalls gab.

So war es nicht weiter verwunderlich, daß in den folgenden Tagen auch eine Meldung über die Ticker der Agenturen ging, die bei Mercedes-Benz in Stuttgart zu einigen hektischen Recherchen führte: »*Möglicherweise ist das Bremssystem des Unfallwagens nicht sicher gewesen*« hieß es da, und einige Autojournalisten erinnerten sich dann an eine Rückholaktion bei einem bestimmten Mercedestyp der S-Klasse. Aus Stuttgart kam aber prompt die Berichtigung: Der verunfallte Wagen, ein 280 S des Baujahres 1994, gehörte nicht zu dieser Serie, die zurückgerufen worden war.

Wenn also mit dem Auto alles in Ordnung war, blieb eigentlich nur noch der Fahrer als Unfallauslöser übrig. So machten sich Untersuchungsbehörden und Journalisten auf, auf alle möglichen Details rund um Henri Paul Jagd zu machen.

Allerdings wurde die Informationsjagd sofort unter die Prämisse gestellt:

Henri Paul war doch an diesem Abend betrunken – oder?

Jeder Mensch, der bereits sachlich korrekt recherchiert hat, weiß über die Problematik der Subjektivität bei der Fragestellung. Dies ist auch das größte Problem bei polizeilichen Verhören. Hat man sich innerlich selbst bereits auf eine bestimmte Situation oder einen Tatverdächtigen festgelegt, sucht man meist nur nach Antworten, die diese eigene Meinung noch untermauern. Andere Frageergebnisse werden dann für den Fragenden unwichtig. Man beachtet und hinterfragt nicht sonderlich. Im Fall des Fahrers Henri Paul war dies meines Erachtens der große Fehler bei allen Meldungen, die in den Tagen nach dem Unfall über diesen Mann verbreitet wurden. Niemand wollte etwas anderes in Erfahrung gebracht haben als Informationen über exzessiven Alkoholgenuß.

Dementsprechend wurden Zeugen ausgesucht und befragt. Die Ergebnisse dieser Recherchen konnten wir dann alle lesen, sehen und hören.

Am Dienstag, den 2. September 1997, erschien die britische Tageszeitung *The Mirror* mit folgender Titelseite:

44

Titelseite
The Mirror

Auch andere Zeitungen und Fernsehmagazine übernahmen das aussagekräftige Foto, und die einhellige Meldung dazu lautete: *»Fahrer des Unfallwagens war betrunken, 1,75 Promille Alkohol im Blut!«* Merkwürdig war, daß alle Medien nur dieses eine Bild von Henri Paul mit einem Glas in der Hand veröffentlichten. Zwar wurde versucht, es etwas anders darzustellen. Einige andere Regenbogenblätter druckten es seitenverkehrt ab, so auch die deutsche *Bild-Zeitung*.

45

*Henri Paul mit Glas,
seitenverkehrt zu* Mirror,
hier aus Bild-Zeitung
vom 4.9.1997

Niemanden interessierte aber, daß es sich um ein älteres Foto handeln mußte. Man beachte die dunklen Haare und den ebenso dunklen Oberlippenbart. Nach Aussage seiner ehemaligen Freundin muß es sich um eine Aufnahme aus der Zeit seines Militärdienstes oder kurz danach handeln. Somit hat es weder eine besondere Aussagekraft, noch ist es aktuell. Wenn aber ein solches Foto, zusammen mit der Aussage »*1,75 Promille Alkohol im Blut*«, in den meisten Zeitungen erscheint und zwanzigmal am Tag über die Mattscheiben flimmert, so wird mit dem Glas in der Hand natürlich gleich Whisky, Cognac oder Pernod suggeriert. Dieser Eindruck bleibt dann tief in unserem Unterbewußtsein haften, ob wir es wollen oder nicht. Das ist die Grundlage, auf der die gesamte Werbung seit Jahrzehnten funktioniert.

Die Aussagen, die Henri Paul nach dem Erscheinen dieser Meldung mit Alkoholmißbrauch in Zusammenhang bringen, überschlagen sich in den folgenden Tagen. Hinzu kommen weitere negative Informationen. Der perfekte Sündenbock ist gefunden. Das läßt in jenen Tagen auch die französische Polizei unverblümt durchsickern. Obwohl alle anderen Untersuchungsergebnisse streng geheim gehalten werden, wird das offizielle Ergebnis der Blutprobe sofort veröffentlicht. Was für ein merkwürdiges Gebaren der offiziellen Stellen!

Der ARD-Korrespondent Heiko Engelkes meinte zu diesem Vorgehen wörtlich im Fernsehen: »*Ja, es gibt eine neue Nachricht seit heute nachmittag, und das ist verwunderlich: Die Staatsanwaltschaft hat das erste Mal etwas herausgelassen. Sie hat mitgeteilt, daß der Fahrer dieses Wagens 1,75 Promille Alkohol im Blut hatte und daß dieser Fahrer kein wirklicher Berufsfahrer war, sondern daß er der stellvertretende Sicherheitschef des Hotels Ritz war...*« Selbst dieser erfahrene Korrespondent war über die Form der Mitteilung durch die französische Justiz offensichtlich überrascht.

Wieder, wie so oft nach dem Unfall, melden sich auch gleich die genau passenden Zeugen zur Untermauerung der Polizeimeldungen. Natürlich, wie inzwischen nicht anders zu erwarten, wollen auch sie wieder unerkannt bleiben. Das Verwirrspiel um wahre und falsche Informationen geht weiter. Als unvoreingenommener Beobachter kann man jetzt den klaren Eindruck gewinnen, daß alles nach einem bestimmten Drehbuch abläuft und ein professioneller Regisseur im Hintergrund seine Anweisungen gibt. »*Action!*«, und die Zeugen treten der Reihe nach auf.

Zuerst sind es Besucher einer Bar, die Henri Paul am Nachmittag des 30. August 1997 bereits beim Trinken gesehen haben wollen. Als Zeit wird »*so gegen 16 Uhr*« angegeben.

Wie wir aber inzwischen wissen, war der Mann zu jenem Zeitpunkt auf der Fahrt mit Diana, Dodi und den beiden Leibwächtern von der Villa Windsor in Richtung Hotel *Ritz*, wo der kleine Konvoi gegen 16.20 Uhr ankam.

Es meldeten sich dann weitere Menschen, teils Gäste, teils Personal diverser Bars und Restaurants. Sie alle wollen Henri Paul beim Trinken größerer Mengen Alkohols gesehen haben. Es werden die unterschiedlichsten Tage und Zeiten genannt. Meines Erachtens ist keine einzige dieser Aussagen wahr. Es handelt sich hier ausschließlich um Lügen. Den Gipfel erreicht diese offensichtlich provozierte Kampagne mit dem Auftritt eines angeblichen Angestellten des *Ritz*.

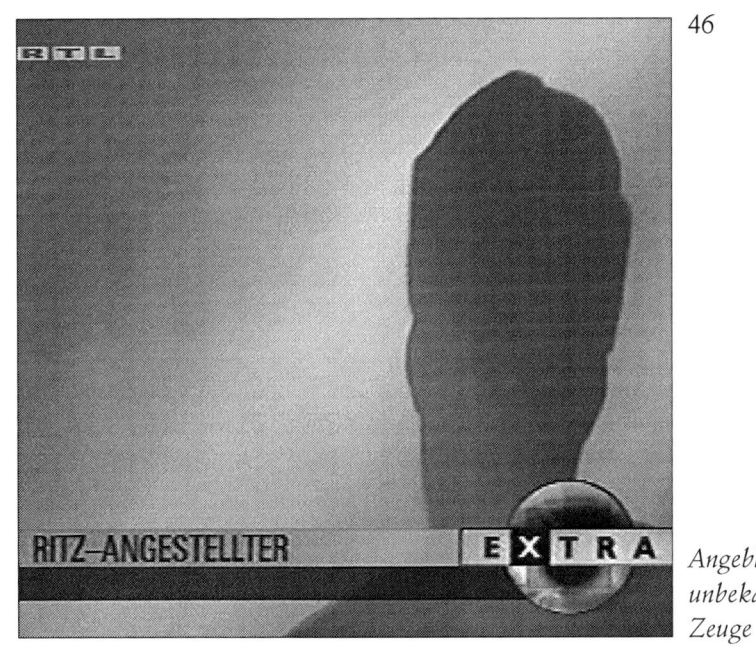

Angeblich unbekannter Zeuge

Ich kann mich nur wiederholen: Auch dieser Mensch will selbstverständlich unerkannt bleiben und tritt bei RTL nur als Schatten auf. Er berichtet, wie Henri Paul einmal völlig betrunken zum Dienst im *Ritz* erschienen und dann in seinem Büro umgefallen sei. Fakten, Beweise oder sonstige Untermauerungen seiner Aussagen gibt es natürlich nicht. Alles wird kommentarlos gesendet – wie seit der ersten Minute der schrecklichen Ereignisse um Diana und Dodi.

Neue Informanten erscheinen, um das Negativbild von Henri Paul weiter zu formen. Es wird verbreitet, daß er gar keine Lizenz zum Transport prominenter Gäste gehabt habe und als Raser im Straßenverkehr bekannt sei. Beides ist völliger Unsinn.

Mit der Lizenz ist der sogenannte Personenbeförderungsschein gemeint, den Berufskraftfahrer benötigen, wenn sie

Personen befördern. Henri Paul war an dem bewußten Abend aber nicht als Chauffeur, sondern als Leiter des Sicherheitsdienstes tätig und fuhr den Mercedes auf ausdrücklichen Wunsch seines Chefs und Freundes Dodi. Sein Strafregister bei Verkehrsdelikten weist, außer einigen Tickets für falsches Parken, keine Eintragungen über Raserei aus.

Weiterhin soll er im *Ritz* bereits seit langem als heimlicher Alkoholiker bekannt sein. Dementis seitens der Hotelleitung hierzu werden als reine Schutzbehauptungen abgetan. Man kommt sich fast vor wie bei einer Hexenjagd im Mittelalter. Das Urteil steht schon bei Beginn der Jagd und lange vor einer Verhandlung fest.

Kurz darauf wird dann auch noch das Ergebnis einer zweiten Blutprobenuntersuchung veröffentlicht. Diesmal soll der Blutalkoholwert sogar bei 1,87 Promille liegen. Nun ist für die Ermittlungsbehörden alles klar, und nicht nur Untersuchungsrichter Herve Stephan mag heimlich aufgeatmet haben. Eine rasche Aufklärung des Unfallhergangs bot sich an, ein baldiges Ende der Ermittlungen schien in greifbare Nähe zu rücken. Für einen in solchen brisanten Fällen noch nicht besonders erfahrenen Untersuchungsrichter der rettende Strohhalm.

Hier zeigen sich unübersehbare Parallelen zur Barschel-Affäre in Genf. Auch dort setzten die Justizbehörden seinerzeit eine noch unerfahrene Untersuchungsrichterin ein. Das Ergebnis hat gezeigt, was dabei herauskam: ein schleppender Untersuchungsverlauf, eine jahrelange Verschleierung der tatsächlichen Abläufe und letztendlich kein befriedigendes Ergebnis für die Hinterbliebenen und die Öffentlichkeit.

Zwar ist man sich heute, Jahre später, sicher, daß Barschel einem Anschlag zum Opfer fiel. Aber nach über zehn Jahren läßt sich das nicht mehr schlüssig beweisen, und potentielle Auftraggeber oder Täter wurden nie ermittelt. Etwas Ähnliches bahnte sich im September 1997 auch im ›Fall Diana und Dodi‹ an.

Erste Zweifel werden geäußert

Als erster prominenter Verfechter einer Mordtheorie meldete sich Libyens Staatspräsident Ghadafi öffentlich zu Wort: »*Es war ein Attentat! Der britische Geheimdienst hat Dodi und Diana ermordet, weil das englische Königshaus nicht will, daß die Prinzessin einen Mohammedaner heiratet!*« Auch andere Führer arabischer Länder äußerten sich in der Folgezeit ähnlich.

47. Ghadafi

48. Mohammed al Fayed

Am lautesten meldete sich jedoch der Vater des toten Dodi zu Wort. Mohammed al Fayed erklärte bereits wenige Minuten nach dem schrecklichen Unfall, daß er von einem Anschlag ausgehe. Auch der trauernde Vater, er hatte gerade seinen einzigen Sohn und Erben verloren, ging von einem Anschlag des britischen Königshauses aus, das die geplante Hochzeit zwischen seinem Sohn und Diana verhindern wollte. Daß diese ungeheuerlichen Vorwürfe von der Öffentlichkeit nicht ernst genommen wurden, war absehbar. Doch dieser erfolgreiche

Geschäftsmann ließ sich nicht beirren und hat bis heute nicht aufgegeben, seine Vermutungen beweisen zu können.

Einige andersdenkende Journalisten begannen nach dem zweiten veröffentlichten Blutprobenergebnis nun auch an den bisherigen Darstellungen zu zweifeln. Sie recherchierten in andere Richtungen und brachten einige Unklarheiten auch gleich ans Tageslicht.

In den französischen Medien wurde Henri Paul meist nur als ›Aushilfsfahrer‹ bezeichnet. Immer wieder wurde über die angeblich fehlende Beförderungslizenz gemutmaßt. Langsam begann sich so das öffentliche Bild des toten Franzosen zu verändern. Erst jetzt konnte man in verschiedenen Zeitungen nachlesen, daß er der stellvertretende Sicherheitschef des al Fayed-Sicherheitsdienstes war und an jenem Abend sogar leitend tätig war.

Es wurde bekannt, daß er bereits seit elf Jahren im Dienst der al Fayeds stand und in dieser Zeit zu einem der engsten Vertrauten Dodis wurde. Dieser hatte nie ein Geheimnis daraus gemacht, daß er den ruhigen und besonnenen Franzosen besonders mochte.

Aus Stuttgart kam dann eine Meldung, die sich direkt mit den Fahrkünsten von Henri Paul befaßte. Die Daimler-Benz AG teilte offiziell mit, daß Henri Paul in der Vergangenheit bereits mehrere spezielle Lehrgänge auf dem Hockenheimring mit schweren Limousinen absolviert hatte.

Solche Lehrgänge bietet die deutsche Nobelmarke besonders für Fahrer an, die prominente oder besonders gefährdete Personen befördern. Dabei werden die Fahrer vor allem im Umgang mit gefährlichen Situationen geschult, durchlaufen Schleuderkurse und Hochgeschwindigkeitsfahrten. Nun stand fest, daß Henri Paul ein besonders geschulter und somit ein sehr guter Fahrer war. So jemand verliert nicht einfach die Gewalt über ein Auto.

Zur gleichen Zeit ließ Mohammed al Fayed über einen seiner Anwälte den Ermittlungsbehörden mitteilen, daß er auf einer dritten Blutprobe bestehe, weil er den hohen Blutalkoholspiegel bei Paul anzweifelte.

Hierzu muß man sich einmal vorstellen: Ein stellvertretender Sicherheitschef, während seiner Arbeitszeit für mehr als 40 Mitarbeiter verantwortlich, seit elf Jahren bei einem muslemischen Milliardär in Diensten, fährt in volltrunkenem Zustand den Sohn seines Arbeitgebers in den Tod. Das ist für mich ungefähr so logisch, als wollte man den Papst wegen Vielweiberei anklagen.

Die Sensation folgte umgehend. Die dritte Blutprobenuntersuchung bestätigte nicht nur die hohen Alkoholwerte, sie brachte auch noch Reste von Aufputschmitteln an den Tag. Das Mittel ›Prozac‹ wurde hierbei sofort genannt und gleich als Antidepressivum und höchstwahrscheinlich auslösend für eine Reaktionsschwäche des Fahrers eingeordnet.

Wie es der Zufall wollte, schrieb ich in jenen Augusttagen des Jahres 1997 für einen deutschen Verlag ein Buch zum Thema Serotonin. Serotonin ist ein körpereigenes Hormon, das allgemein auch als ›Glückshormon‹ bezeichnet wird, weil es für verschiedene positive Gefühle im menschlichen Körper zuständig ist – unter anderem auch für das Hungergefühl und das allgemeine Wohlfühlen.

Seit Mitte der achtziger Jahre wurde ›Prozac‹ bei kleineren psychischen Problemen, vor allem aber als Mittel zum Abnehmen eingesetzt. Es handelt sich dabei um einen sogenannten ›Serotonin-Wiederaufnahme-Hemmer‹, dessen medizinische Aufgabe darin besteht, den raschen Abbau von Serotonin an den Nervenenden zu verlangsamen.

›Prozac‹ ist also nicht, wie stets suggeriert wurde, eine der üblichen Ersatzdrogen, die nach der Einnahme eine aufputschende Wirkung haben. Es handelt sich um ein Medikament, das auf einen körpereigenen Neurotransmitter wirkt, der positive Gefühle vermittelt. Aus diesem Grund wird ›Prozac‹ vor allem in Frankreich und den USA gern eingenommen wird: Man fühlt sich wohler und hat weniger Hunger, man ist leistungsfähiger. Wissenschaftliche Untersuchungen in den USA, unter anderem auch ein Langzeittest, haben bewiesen, daß die Serotonin-Wiederaufnahme-Hemmer keine schädigenden Nebenwirkungen haben; deshalb hatte die amerikanische Zulassungsbehörde für Medikamente, die FDA (*Food and Drug Administration*), im Jahre 1996 einigen dieser Mittel die Zulassung als ›Schlankheitspille‹ erteilt, was zu einem ungeahnten weltweiten Boom dieser Medikamente geführt hat.

Mit diesem Wissen um die medizinischen Hintergründe des benannten Mittels wurde mir klar, daß hier nicht alles mit rechten Dingen zuging. Zu diesem Zeitpunkt begann ich meine Recherchen noch intensiver durchzuführen und hierbei alle meine persönlichen und beruflichen Kontakte zu nutzen. Unter diesem Gesichtspunkt betrachtet, stellt sich die Einnahme eines Schlankheitsmittels bei einem 41jährigen ledigen und untersetzten Mann schon etwas anders dar.

Man muß jetzt etwas genauer die Rolle betrachten, die dem Fahrer der Todeslimousine nach der Veröffentlichung des dritten Bluttests nun in der Öffentlichkeit zukam. Die Rechtsanwälte der inhaftierten Fotographen meldeten sich zu Wort und verstärkten die Aussagen zu diesem Thema. Das war ein legitimes Mittel der Anwälte, um den Schuldanteil ihrer Mandanten zu senken, deren Verhandlung zu jenem Zeitpunkt noch ausstand.

Wieder meldeten sich neue Zeugen, diesmal aus den Reihen der am *Ritz* wartenden Menschen. Es wurde behauptet, Henri Paul habe bei der Abfahrt die Paparazzi mit den Worten: »*Diesmal kriegt ihr mich nicht!*« erst zu der Verfolgungsfahrt angestachelt. Dies widerlegte jedoch einige Tage später die Aufzeichnung der hoteleigenen Überwachungsvideos.

Die Ermittlungsbehörden geraten ins Zwielicht

Anfänglich gab es Verwirrungen bezüglich des Unfallautos. Die Journalisten erkannten nicht genau, um welchen Mercedes-Typ es sich handelte. Da das Paar am Abend mit dem gepanzerten 600 SEL vorgefahren war, gingen sie einfach davon aus, daß es sich um denselben Wagen handeln müßte. Noch am Montag, dem 1. September 1997, klärte die *BILD-Zeitung* ihre Leser auf Seite 4 wie folgt auf: »*Der Mercedes S 600 (395 PS, 250 km/h Spitze, 210.000 Mark teuer), das Todesauto von Prinzessin Diana.*« Der Artikel schloß mit den Worten: »*Der über 200 kg schwere 12-Zylinder-Motor hat den Fahrer zerquetscht.*«

49

Mercedes S-Klasse 1994

Am Dienstag zitierte *Bild* dann auf Seite 4 einen angeblichen Ermittler: »*Das Unfallauto war kein Mercedes 600, sondern ein gepanzerter S 280. Er fuhr nach Polizeiangaben mit Tempo 196 in den Tunnel ein*«. Auch diesmal war das nur zum Teil richtig. Der Unfallwagen war nicht gepanzert, und die Falschaussage mit der hohen Geschwindigkeit habe ich ja bereits richtiggestellt.

Da hier ein Nobelmodell aus der Stuttgarter Autoproduktion mit dem Stern so unrühmlich in den Mittelpunkt des Unfalls gerückt wurde, war man bei Daimler-Benz sofort dazu bereit, hauseigene Spezialisten nach Paris zu entsenden. So wollte Daimler-Benz tatkräftig an der Aufklärung aller den Wagen betreffenden Details mitwirken. Zur allgemeinen Verwunderung legten aber die französischen Ermittler keinen Wert auf die Mitarbeit jener Experten, die ihr eigenes Automodell besser als jeder andere Fachmann kennen. Selbstverständlich können die schwäbischen Spezialisten intern auch Auskünfte über mögliche Schwachstellen oder Besonderheiten geben, die nicht für öffentliche Ohren bestimmt sind. Dieses Verhalten der für die Ermittlung verantwortlichen französischen Beamten mutet äußerst seltsam an. Es kam auch sogleich ein Verdacht auf, daß es möglicherweise dort etwas zu vertuschen gab. Wer lehnt schon in so einer Situation die Mithilfe nachgewiesener Experten ab, die zudem noch für das Ermittlungsbudget kostenlos war? Das ist schon eine etwas seltsame Vorgehensweise, die nicht dazu dient, Gerüchte verstummen zu lassen, sondern eher neue ins Leben ruft. *Warum haben die französischen Ermittlungsbehörden die Mithilfe der Mercedes-Spezialisten abgelehnt?*

Als nächste Sensation um das Auto wurde kurz darauf bekannt, daß der Unfallwagen bereits einige Wochen zuvor als gestohlen gemeldet worden war. Er wurde mit ausgebauter Elektronik später wieder aufgefunden und mußte aufwendig repariert werden. *Warum wurde ausgerechnet dieses Fahrzeug an jenem Abend eingesetzt? War der Mercedes technisch manipuliert?*

Beide Fragen stellten sich nun immer mehr Menschen. Von offiziellen Stellen gab es hierzu keine Antworten. Der Besitzer des Mercedes 280 S, der seinen Wagen an das *Ritz* ausgeliehen hatte, hielt sich ebenfalls bedeckt und verwies darauf, daß ihm die Behörden untersagt hätten, irgendwelche Auskünfte zu erteilen.

Dann tauchte plötzlich die Meldung auf, das Fahrzeug sei in einem technisch miserablen Zustand gewesen. Aus gut unterrichteten Quellen bei den Untersuchungsbehörden sei angeblich an die Öffentlichkeit gedrungen, daß die Stoßdämpfer des Mercedes defekt gewesen seien. Nachfragen bei Daimler-Benz und die Durchsicht der ADAC-Daten haben aber diese Spekulationen sofort im Keim ersticken können. Bei einem noch nicht ganz drei Jahre alten Mercedes der S-Klasse sind schadhafte Stoßdämpfer eine absolute Seltenheit. Hinzu kommt noch, daß ein solcher technischer Defekt bei jeder Inspektion festgestellt und repariert worden wäre. Außerdem war dieser Wagen wenige Wochen zuvor erst gründlich repariert worden, wie ja bereits bekannt war.

Als in der zweiten Septemberwoche 1997 der Unfallwagen immer mehr Rätsel aufgab, besannen sich einige Journalisten auf die ersten Fernsehbilder. Noch in der Unfallnacht waren die ersten Bilder vom Unfallort über alle Fernsehsender verbreitet worden.

Bei genauerer Betrachtung und mit den Möglichkeiten der optischen Bildvergrößerung fand man dann heraus, daß an dem Unfall-Mercedes im vorderen rechten Bereich, an den Resten des Kotflügels und der Beifahrertür, andersfarbige dunkle Lackstellen zu sehen waren. Diese konnten nur von einem anderen Fahrzeug stammen. Bei der Abfahrt vom Hotel war der Mercedes noch frei von fremden Lackspuren. Jeder Journalist vor Ort, aber auch jeder Ermittler, mußte diese Lackspuren schon in der Unfallnacht gesehen haben, doch keiner hatte sich anfänglich wirklich Gedanken darüber gemacht oder auch offiziell machen wollen, denn das hätte die Theorie eines Attentats noch in der Unfallnacht untermauert. Daran war zu jenem Zeitpunkt niemand wirklich interessiert. Es sollte noch bis zum 17. September 1997 dauern, ehe man seitens der französischen Polizei offiziell zu den Fragen nach einem beteiligten zweiten Auto Stellung nahm.

Der Polizeisprecher erklärte, daß nach einem dunklen Fiat Uno gefahndet werde, eine Woche später nach einem roten Wagen dieses Typs, von dem die Lackspuren an dem Unfallwagen stammen sollten. In der sechsten Woche nach dem Unfall war es urplötzlich ein weißer Fiat Uno, obwohl alle Zeugen, die von einem beteiligten anderen Auto berichteten, einen dunklen Kleinwagen gesehen hatten.

Auf den ersten Blick mag es verwunderlich wirken, daß es mehr als zwei Wochen dauerte, bis man die Lackreste genau analysiert und einem bestimmten Wagentyp zugeordnet hatte. Doch das ist völlig normal, wie Lackuntersuchungen bei anderen Unfällen gezeigt haben. Es ist auch in einem technisch gut ausgerüsteten Labor nicht so einfach, den Lack herauszufinden, der einem bestimmten Wagentyp fehlerfrei zuzuordnen ist, da es Millionen möglicher Farbmischungen und Varianten zu überprüfen gilt, wenn man keine anderen Anhaltspunkte über Hersteller und Typ hat. Wenn das Fahrzeug möglicherweise noch um- oder nachlackiert wurde, also jemand etwa einen VW mit Fiat-Farbe nachgespritzt hat, wird das Ganze noch wesentlich schwieriger.

Als die Polizei dann aber Mitte Oktober 1997 die Meldung verbreitete, die Lackspuren seien von keinem zweiten beteiligten Wagen, sondern stammten von einer älteren Lackschicht des Mercedes, glaubte das aber niemand mehr. Ob die Lackspuren an dem Unfallwagen von einem zweiten Fahrzeug oder von einer alten unteren Lackierung stammen, hätte ein guter Autolackierer innerhalb einer Stunde festgestellt. Die französischen Ermittlungsbehörden benötigten laut Presseberichten dazu sechs Wochen!

Neben dem Lack waren für die ermittelnden Beamten einige Splitter eines Autorücklichts hilfreich, die wenige Meter vor der Unfallstelle entdeckt wurden. Sie gehörten zu einem Fiat Uno, wurden aber – unverständlicherweise – erst mehr als zwei Wochen nach dem Unfall erwähnt.

Ebenso wie die Tatsache, daß man Splitter vom rechten vorderen Scheinwerfer des Unfall-Mercedes einige Meter vor dem ersten Crash-Pfeiler, dicht bei den Fiat-Splittern fand. Auch gaben die Kratzspuren an der Tunnelwand noch Rätsel auf, denn man konnte deutlich erkennen, daß keine Farbreste an dieser Stelle hafteten, wie es beim Aufprall eines dunkelfarbigen Autos hätte erkennbar sein müssen. An dieser Stelle schien, so zeigte jedenfalls diese Aufnahme vom 1. 9. 1997 aus einem CNN-Bericht, unlackiertes Metall an der Tunnelwand recht heftig entlang geschrammt zu sein. *Woher kommen die frischen Kratzspuren an der Tunnelwand?*

Eine weitere Merkwürdigkeit bei den öffentlichen Ermittlungen zeigte sich am 29. September 1997. An jenem Tag versuchten die französischen Ermittler, den Unfall am Originalschauplatz nachzustellen. Zwar wurde der deformierte

Mercedes 280S zu diesem Zweck in den Tunnel unter der Pont de l'Alma gebracht, doch von einem dunklen oder hellen Fiat sowie von einem Motorrad als weiterem beteiligten Fahrzeug war weit und breit nichts zu sehen. Wie will man dann in alle Richtungen ermitteln? Ein solches Nachstellen verfolgt nur den einen Zweck: die bereits fest gefaßte Meinung vom fahruntüchtigen Fahrer zu untermauern und einen Unfall wegen überhöhter Geschwindigkeit als einzige Möglichkeit festzulegen. Eine wirkliche Rekonstruktion möglicher Ereignisse sieht anders aus.

50. *Tunnelwand mit Kratzspuren*

Weitere Unfallbeteiligte werden immer wahrscheinlicher

Obwohl die Ermittlungsbehörden alles unternahmen, um die immer wieder auftauchenden Fragen nach einem zweiten Unfallauto im Keim zu ersticken, gab es bereits ab Mitte September mehrere gesicherte Zeugenaussagen zu diesem Themenkomplex.

Der französische Fernsehsender ›France 2‹ berichtete, daß mehrere Zeugen einen ominösen dunklen Fiat gesehen hätten, der den Tunnel unmittelbar nach dem Unfall verlassen habe. Auch ein zu jenem Zeitpunkt in der Nähe der Pont de l'Alma wohnender britischer Anwalt namens Gary Hunter meldete sich und berichtete über einen dunklen, kleinen Wagen, der direkt nach dem Unfallknall rasch den Tunnel verlassen habe. Hunter schilderte die Szene wie folgt: »*Ich hörte das Quietschen der Reifen. Ich sah ein kleines, dunkles Auto um die Ecke oben an der Straße fahren. Ich würde sagen, es fuhr mit etwa 100 bis 120 km/h (60–70 mph). Mein eigenes Gefühl war, daß sich hier Menschen durch Flucht entziehen wollten, um nicht an diesem Ort gewesen zu sein... es sah recht unheimlich aus.*«

Diese Schilderung deckt sich völlig mit den Aussagen mehrerer anderer Zeugen, die alle, unabhängig voneinander, von einem kleinen, dunklen Auto berichteten. Doch auch bei diesen Aussagen erlebten wir wieder neue Überraschungen. Da meldete sich die britische Sekretärin Brenda Wells. Die Vierzigjährige wohnte nach eigenen Angaben im Pariser Vorort Champigny-sur-Marne.

Sie wurde gleich von zwei Agenturen als Zeugin für gut befunden. In der Londoner Zeitung *Sunday Mirror* wurde sie wörtlich zitiert. Der Bericht wurde am 21. September von der französischen Agentur ›Agence France-Press‹ (AFP) und der amerikanischen Nachrichtenagentur ›Associated Press‹ (AP) übernommen. Laut eigener Aussage fuhr Frau Wells von einer Party heim, als sie von einem Motorrad (so AP) überholt wurde, das einen großen dunklen Wagen verfolgte. Laut AFP hatte sie aber von einem kleinen dunklen Wagen gesprochen, der dem Mercedes mit Diana und Dodi folgte.

In beiden Versionen berichtete sie dann aber über fünf bis sechs weitere Motorradfahrer, die danach zur Unfallstelle gekommen seien und mit den Worten »it's Diana« wie wild Fotos geschossen hätten.

An derartige Aussagen von Möchtegernzeugen ist der Rechercheur in dieser Angelegenheit schon längst gewöhnt. Einige Journalisten machten sich jedoch auf die Suche nach der Frau – in der Hoffnung, die Unstimmigkeiten ihrer Aussagen zu klären und möglicherweise noch mehr Informationen zu erhalten. Sie konnten Brenda Wells aber an der angegebenen Adresse nicht finden. Niemand dort kannte sie. Seit ihrer angeblichen Aussage ist und bleibt die Frau verschwunden!

Wer ist Brenda Wells?
Gleich, wie die Aussage dieser Frau zu bewerten ist, durch die anderen Aussagen der glaubhaften, weil lokalisierbaren Zeugen wird die Beteiligung zumindest eines zweiten Wagens am Unfall äußerst wahrscheinlich. Rund fünf Wochen nach dem Unfall erklärte dann auch die französische Polizei, daß sie dem Fiat Uno, der zu den gefundenen Rücklichtsplittern paßte, auf der Spur sei. Zwar gebe es in Frankreich rund 100 000 Wagen dieses Typs, doch die gefundenen Glassplitter sollen zu einer Version passen, von der nach offiziellen Angaben nur rund 300 Wagen in Frankreich zugelassen sind. Wieso die französische Polizei davon ausgeht, daß ein am Unfall beteiligter Wagen unbedingt in Frankreich zugelassen sein muß, bleibt bis heute ebenso ihr Geheimnis wie der Grund für die nur schleppend vorangetriebenen Nachforschungen nach dem zweiten Unfallwagen.

Selbst wenn man sich vorstellt, hier hat zufällig ein Fahrer, der alkoholisiert war, den Unfall im Tunnel verschuldet und ist dann aus Angst vor den Konsequenzen geflüchtet, so hatte er in den inzwischen vergangenen Wochen genügend Zeit, sich ein neues Rücklicht zu besorgen und seinen Wagen in einer der zahlreichen Auto-Hobbywerkstätten umlackieren zu lassen.

Dort gibt es keine Kundendateien und auch keine großen Rechnungen. Für den Unfalltag läßt man sich dann ein Alibi mit Freunden einfallen; jegliche Beweisführung ist dann unmöglich. Oder man meldet das Auto einfach am nächsten Morgen als gestohlen, natürlich nicht, ohne sich zuvor ein sicheres Alibi für den Tatzeitpunkt besorgt zu haben.

War ein zweiter Wagen beteiligt?
Diese Frage kann man eigentlich an dieser Stelle schon mit einem klaren ›Ja‹ beantworten, sollte sie dann aber etwas differenzierter einordnen. Wenn also ein anderer Wagen in den Unfall verwickelt war: *Warum hat man ihn und seinen Fahrer bis heute nicht gefunden?*
Verdächtige gab es. Ein französischer Kameramann hatte ein solches Auto besessen und war auch regelmäßig auf Dodis und Dianas Spuren gesehen worden. Angeblich war er ausgerechnet in dieser Nacht nicht unterwegs.
Niemand hat aber geklärt, ob sein Auto auch nicht unterwegs war? Er verkaufte diesen weißen Fiat nur wenige Tage nach der Tragödie. Drei Jahre später wurde der Fotograph tot aufgefunden. Die Polizei sprach von Selbstmord. Seine Familie streitet das bis heute ab.

Wurde er möglicherweise beseitigt?
Bei mehreren Zeugenaussagen zu der Situation, als der Mercedes in den Tunnel einbog, war auch von einem oder mehreren Motorrädern die Rede.

Gab es diese Motorräder vor oder direkt hinter dem Mercedes 280 S?

Britische Geheimagenten im Ritz

Bereits drei Tage nach dem Unfall, am Mittwoch dem 3. September 1997, konnten die Leser verschiedener europäischer Zeitungen erfahren, daß am Samstagabend, wenige Stunden vor dem Unfall, zwei britische Agenten des *SIS* (auch MI 6 genannt) von mehreren Personen im *Ritz* gesehen worden waren.

Verschiedene Angestellte des Hotels, von Journalisten befragt, bestätigten diese Meldung. Auch diese Informanten wollten unerkannt bleiben, wie die meisten anderen Zeugen auch. In diesem Fall verstehe ich den Wunsch aber. Welcher Mensch möchte sich schon mit einem Geheimdienst anlegen?

Da aber die Meldung über das Erscheinen der beiden Agenten von völlig unterschiedlichen Personen bestätigt und von allen als Zeitpunkt »gegen 21.00« Uhr festgelegt wurde, muß man dieser Meldung auch Gehör schenken. Natürlich dementierten die französischen Behörden alle Berichte über britische Agenten. Das ist aber ein völlig normaler Vorgang. In welchem Land gibt eine Dienststelle zu, daß Agenten eines anderen Landes auf ihrem Boden tätig sind? Das werden wir wohl nie erleben. Behörden geben solche Vorfälle immer erst im nachhinein zu, wenn die Tatsachen offen liegen und nicht mehr zu leugnen sind.

Die Rätsel um die Ritz-Videos

Einige Tage nach dem Unfall – Fahrer Henri Paul wurde inzwischen gerade öffentlich als Trunkenbold dargestellt und für den Unfall verantwortlich gemacht – entschloß sich Mohammed al Fayed in Absprache mit seinem Sicherheitschef John Macnamara, den Ermittlungsbehörden hoteleigene Videoaufzeichnungen vom Unfallabend zu übergeben. Diese sollten dokumentieren, daß der Fayed-Mitarbeiter Henri Paul an jenem Abend völlig normal wirkte und keinesfalls betrunken war.

Dem Chef, Mohammed al Fayed, war zu diesem Zeitpunkt bereits klar, daß man seinen Angestellten zum Sündenbock abstempeln wollte. Er wußte ebenfalls, was das für ein schlechtes Licht auf ihn, seine Familie und sein Unternehmen werfen würde. So unternahm er aus seiner Sicht alles Mögliche, um diese Entwicklung der Dinge zu verhindern.

Selbstverständlich mußte das gesamte Bildmaterial des bewußten Abends erst einmal gesichtet werden. Dann schnitten die hoteleigenen Techniker alle Szenen zusammen, mit denen man Henri Paul entlasten konnte. Hierbei müssen sich, bewußt oder unbewußt, dann aber ein paar Fehler eingeschlichen haben, denn es gibt sichtbare Ungereimtheiten im zeitlichen Ablauf. Wir rekapitulieren:

51

52

Auf den beiden direkt hintereinander im Abstand von sechs Sekunden aufgenommenen Bildern betreten zuerst Diana, dann Dodi das Hotel. Die Kennzeichnungen der Videoaufnahme geben für diese beiden Bilder *21:50:34 30-8-97* und *21:50:40 30-8-97* an. Es handelt sich um 24 Stunden-Bänder. Darüber gibt die Bezeichnung 24H Auskunft. Die nachfolgenden Videoaufnahmen wurden vom Fernsehsender RTL in einer Sondersendung mit Moderatorin Birgit Schrowange am 16. September 1997 direkt hintereinander ausgestrahlt.

53

54

Der schwarze Minicooper von Henri Paul hält vor dem *Ritz*, und der Mann steigt aus. Hierfür befinden sich mehrere Zeugen vor dem *Ritz*, die ihn erkannt haben. Henri Paul war als stellvertretender Sicherheitschef den meisten Pariser Journalisten gut bekannt.

Nun zeigen die nachfolgenden Videoaufzeichnungen aber eine Merkwürdigkeit: Während die eingeblendete Uhrzeit für das Aussteigen des stellvertretenden Sicherheitschefs deutlich 22.09 Uhr anzeigt, Kennzeichnung *22:09:00 30/08/97 12 HR*, betritt er auf der nachfolgenden Aufnahme bereits um 22.07 Uhr und 49 Sekunden die Hotelhalle durch dieselbe Drehtür, durch die siebzehn Minuten zuvor auch Diana und Dodi mit ihren Leibwächtern gegangen waren. Die nächste Einstellung zeigt ihn dann um 22.08 Uhr und 45 Sekunden in der Hotelhalle. Es ist dieselbe Kamera, die sieben Minuten zuvor aufgezeichnet hatte, wie Diana und Dodi nach oben in ihre Suite gingen. Also muß er 15 Sekunden, ehe er aus dem Auto vor dem Hotel stieg, bereits in der Hotelhalle gewesen sein. Das ist unmöglich!

Auf Anfrage teilten die Ermittlungsbehörden mit, daß es wohl kleinere Zeitdifferenzen bei den unterschiedlichen Aufnahmegeräten gegeben haben muß. Das ist in meinen Augen Unsinn! Wenn die Familie al Fayed rund 100 Millionen englische Pfund zur Renovierung des *Ritz* ausgab, wird sie wohl kaum bei den Sicherheitseinrichtungen gespart haben. Die komplette Überwachungsanlage ist zentral computergesteuert, und der eingeblendete Zeitfaktor ist bei einer Video-Überwachung wohl einer der wichtigsten Punkte, wenn die Aufzeichnungen irgendeine Beweiskraft haben sollen.

Ich befragte diesbezüglich verschiedene Computer- und Sicherheitsspezialisten in Deutschland, Großbritannien und den USA. Von ihnen erhielt ich stets die gleichlautende Antwort: »*So eine Anlage ist über eine Funkuhr synchron gesteuert und zeigt auf allen Bändern die reale Echtzeit an.*« Die Fachleute gehen davon aus, daß die Anlage zusätzlich noch ›geeicht‹ und von der Polizei abgenommen ist, damit die Aufzeichnungen auch wirkliche Beweiskraft vor jedem Gericht haben. *Wie kommen die Zeitdifferenzen der Videoaufzeichnungen des* Ritz *zustande?*

Was diese Videos betrifft, mutet alles etwas merkwürdig an. Man könnte schon langsam auf den Verdacht kommen, daß diese Videoaufzeichnungen manipuliert, also bewußt so zusammengeschnitten wurden. Technisch, so versicherten mir mehrere Computer-Fachleute, sei dies für einen guten PC-Mann keine besondere Schwierigkeit.

Es ist immer schwierig, den Betroffenen einer solchen Tragödie ›böse Dinge‹ zu unterstellen, doch erscheint es mir menschlich verständlich, daß die Familie al Fayed alles unternahm, um die Unfallursache ›betrunkener Angestellter‹ zu entkräften. Würde sich dieser Verdacht erhärten, so bedeutete dies nicht nur millionenschwere Zivilklagen, sondern vor allem einen Gesichtsverlust, den auch dieses Finanzimperium nicht so einfach wegstecken kann. Man stelle sich vor: Ein betrunkener Angestellter des *Ritz* fährt eine britische Prinzessin und den Juniorchef in den Tod? Wer kann einem solchen Unternehmen noch trauen, das Betrunkene mit so heiklen Aufgaben betraut? Hinzu kommt noch die weltweite Empörung über dieses unverantwortliche Verhalten. Das kann kein Unternehmen so hinnehmen, ohne sich mit allen zur Verfügung stehenden Mitteln dagegen zu wehren. Oder war es ganz anders?

Hatte Henri Paul einen Doppelgänger?
Dieser Spekulation bin ich bei meinen Recherchen intensiv nachgegangen. Es mutete schon merkwürdig an, wie viele Menschen diesen Mann an jenem Tag zu unterschiedlichen Zeiten an den verschiedensten Orten gesehen haben wollten. Zur Untermauerung der Alkoholiker-These wäre ein Doppelgänger sicher ein geeignetes Mittel. Ich habe bis heute aber weder einen Beweis noch irgendwie geartete Indizien hierzu finden können. Meines Erachtens hat es einen solchen Doppelgänger nicht gegeben.

Es gibt einen Augenzeugen – was weiß er?

Wie bereits wenige Stunden nach dem Unfall bekannt wurde, überlebte der auf dem Beifahrersitz sitzende Leibwächter Trevor Rees-Jones den Unfall schwerverletzt. Die ersten Meldungen über seinen Gesundheitszustand waren nicht ermutigend. Tagelang war es nicht sicher, ob er überhaupt überleben würde. Die Negativmeldungen zu seiner Person überschlugen sich. Man konnte hören und lesen, daß sein Gehirn so schwer geschädigt sei, daß man keine Auskünfte von ihm erwarten könne. Andere Medien berichteten, er hätte die Zunge beim Unfall verloren und sei nicht in der Lage zu sprechen. Er wurde so gut abgeschirmt, daß es keinem Journalisten gelang, an ihn heranzukommen.

Am 23. September 1997 dann die Überraschung. Es werden erste Aussagen von Rees-Jones veröffentlicht. Er habe zwar große Gedächtnislücken, könne sich aber an die Situation direkt vor dem Unfall noch einigermaßen gut erinnern. Die angesehene britische Tageszeitung *The Guardian* druckte Auszüge aus dem Vernehmungsprotokoll ab, das Richter Herve Stephan aufgenommen hatte:

Stephan: *»Erinnern Sie sich an andere Autos, die Ihnen an diesem Tag folgten?«*

Rees-Jones *»Da waren ein Jeep und zwei Motorräder und ein dreitüriges Auto. Ich glaube, die Farbe des Autos war dunkel.«*

In einer anderen Zeitung wurden andere Teile der Vernehmung abgedruckt. Hier las sich die Aussage von Rees-Jones zu verfolgenden Autos so: *»Es scheint mir, als wäre da ein weißes Auto mit einem Kofferraum gewesen, der sich nach hinten öffnete.«* Statt Aufklärung bringen die ersten Aussagen des einzigen Überlebenden eher noch mehr Verwirrung in die Untersuchung.

Waren ein, zwei oder gar drei Autos in die Vorgänge verwickelt?

Viel mehr wurde aus den Aussagen von Rees-Jones nicht veröffentlicht. Es ist auch fraglich, ob er viel mehr zu sagen hatte, wenn er auch drei Jahre später ein Buch schreiben ließ. Jeder

Leser dieses Buches, der sich mehr Hintergrundinformationen zu dem Unfall erhofft hatte, wurde enttäuscht. Es gab nichts Neues zu lesen, was für ein so schwerverletztes Unfallopfer andererseits nichts Besonderes ist. Ich habe während meiner Tätigkeit als Journalist selbst mit verschiedenen Menschen gesprochen, die Autounfälle schwerverletzt überlebt haben. Die meisten hatten danach zwar noch einige Erinnerungen an die Minuten und Sekunden vor dem Ereignis. An den Unfall selbst und den Ablauf konnte sich aber kaum noch jemand wirklich erinnern. In solchen Extremfällen setzt im Gehirn eine Art Selbstschutz ein und verdrängt die schlimmsten Bilder. Ein Psychologe könnte diesen Vorgang sicher wissenschaftlicher erklären. Tatsache ist aber, daß der einzige Augenzeuge, Trevor Rees-Jones, keine verwertbaren Aussagen mehr machen kann. Werten wir also die bisher aufgedeckten Indizien einmal etwas genauer aus.

Kapitel 4

Die Auswertung der Informationen Ein großer Fragenkatalog

Gleich einem Staatsanwalt, der eine Anklageschrift vorbereitet, müssen wir zuerst alle Daten, Fakten und Aussagen zu dem Geschehen sammeln und zeitlich richtig einordnen. Danach können wir an die Bewertung dieser Informationen gehen.

Nun muß die Spreu vom Weizen, also die unglaubwürdigen von den glaubwürdigen Informationen getrennt werden. Erst dann können wir eine Bewertung vornehmen, ob es sich um ein Indiz, einen Beweis oder um eine unverwertbare Information handelt. Diese Vorgänge will ich nachfolgend in vereinfachter Form darstellen. Nur so kann der Leser selbst nachvollziehen, wie viele Indizien für einen Anschlag sprechen oder dagegen.

Schwierig wird es bei einigen Informationen und Aussagen, sie richtig einschätzen zu können. Wir müssen uns auch fragen, ob sie gezielt in die Welt gesetzt wurden und einen bestimmten Zweck verfolgen sollen. Hier sind der gesunde Menschenverstand und das logische Denken gefragt.

In diesem Punkt unterscheiden sich die Gedankengänge des Autors von denen vieler Juristen. Wer einmal einige Semester Jura studiert hat, weiß, daß in der Juristerei und vor Gericht nicht immer allein die Logik zählt, sondern einzig die Gesetzeslage. Es sind weltweit mehr Menschen aufgrund von Indizien verurteilt worden als wegen unumstößlicher Beweise. Es hat aber auch bei Indizienurteilen zahlreiche Fehlurteile gegeben, von denen nur wenige revidiert wurden. Wenden wir uns also der Indizienlage im ›Fall Diana und Dodi‹ intensiver zu. Damit wir uns nicht in wilden Spekulationen ergehen, sollten wir die Fragen zu den Indizien zuerst bestimmten Komplexen zuordnen.

Neben den Fragen nach möglichen Motiven, die wir später noch genauer abhandeln werden, befaßt sich der erste Fragenkomplex mit einzelnen Merkwürdigkeiten vor der Abfahrt des Paares. Es begann schon bei der Rückfahrt von Dodis Wohnung. Alle dort aufgenommenen Fotos zeigen deutlich eine Veränderung im Verhalten der beiden Verliebten. Sie waren nicht mehr so ausgelassen und fröhlich wie zuvor. Sie wirkten eher gereizt. Gleiches trifft aber auch auf das Personal des *Ritz* zu.

Was war vor der Abfahrt geschehen?

Wir erinnern uns: 21.30 Uhr Champs-Elysées, vor Dodis Stadtwohnung. Diana und Dodi verlassen das Haus nacheinander und steigen in den Mercedes 600 SEL. Die Leibwächter besteigen den Range Rover. Bei der Abfahrt öffnet Alexander Wingfield auf seiner Seite noch die hintere Tür des Wagens und erklärt den Fotografen höflich, aber bestimmt, daß sie die beiden Wagen während der Fahrt nicht überholen und etwas Abstand halten sollen.

(Siehe hierzu Bildzitate 10 und 11)

Zur gleichen Zeit halten sich nach bestätigten Zeugenaussagen zwei Mitarbeiter des britischen *SIS* im Hotel *Ritz* auf. Sie waren etwa eine halbe Stunde zuvor dort eingetroffen und hatten sich sofort mit dem diensttuenden Chef des hauseigenen Sicherheitsdienstes telefonisch in Verbindung gesetzt. Das war zu jenem Zeitpunkt unbestreitbar Henri Paul.

Es gibt, wie in solchen Fällen üblich, keine weiteren Zeugen für das Gespräch der drei Männer. Von mehreren Mitarbeitern des Hotels, aber auch von Gästen wurde unabhängig darüber berichtet, daß sich das Personal des *Ritz* danach ungewöhnlich hektisch und aufgeregt benahm – für ein Hotel dieser Kategorie ein eher ungewöhnliches Verhalten.

Persönliche Einschätzung:

Davon ausgehend, daß diese beiden *SIS*-Mitarbeiter nicht aus reinem Vergnügen, sondern mit einem bestimmten Auftrag versehen das Hotel betreten hatten, sehe ich die Situation wie folgt: Diese beiden Geheimdienstmänner haben Henri Paul telefonisch erklärt, daß es an diesem Abend zu einem Zwischenfall kommen könnte. Sie baten ihn darum, sich deshalb mit Dodi in Verbindung zu setzen, um ihn zu warnen. Das tat Henri Paul natürlich umgehend ebenfalls per Handy. So läßt sich der zeitlich in den gleichen Rahmen fallende Stimmungsumschwung des Paares und der Hotelmitarbeiter ebenso erklären wie die darauffolgenden Änderungen im geplanten Ablauf des Abends.

Obwohl schon Plätze im Restaurant *Le Benoit* für das Paar gebucht waren, entschied sich Dodi bei der Abfahrt von seiner Wohnung für eine Änderung. Er ordnete die Fahrt ins *Ritz* an.

Daß ein Abendessen im *Ritz* eigentlich nicht geplant war, untermauert auch eine kleine Begebenheit am Rande. Wie wir durch die Videoaufzeichnungen wissen, hielten sich Dodi und Diana nach ihrer Ankunft im Hotel gegen 21.50 Uhr für rund zehn Minuten im Hotelrestaurant auf, ehe sie zu Fuß nach oben in die Imperial-Suite gingen. In dieser Zeit werden sie ihr Abendessen in Auftrag gegeben haben.

Aber: Welchen Grund sollte dieser Kurzaufenthalt sonst gehabt haben?
(Siehe hierzu Bildzitate 13, 14, 15 und 16)
Kurz nach ihnen erschien auch Henri Paul, um seinen Chef und Freund Dodi persönlich über das Gespräch mit den *SIS*-Leuten genauer zu informieren. Er hatte sonst keinen anderen bekannten Grund, bereits so früh wieder im Hotel zu sein.
(Siehe hierzu Bildzitat 17)

Als Grund für dieses Verhalten und das Auftreten der beiden Geheimdienstleute sehe ich nur die Verunsicherung des gesamten Sicherheitsdienstes und des prominenten Paares an jenem Abend. So könnten geschickt wichtige Abläufe in Gang gebracht worden sein, die einem bestimmten Plan folgten.

Plötzliche Änderung der Pläne

Während oder nach dem Abendessen muß sich Dodi entschlossen haben, die Abfahrt vom Hotel zur Villa Windsor oder zu einem anderen Platz nicht von der Vorderseite des Hotels aus anzutreten. Ob er diese Entscheidung selbst traf oder ob man ihn dazu überredete, eventuell durch die beiden *SIS*-Leute, werden wir nie erfahren. Dieses Geheimnis nahm er mit in den Tod.

Daß sein neuer Plan aber bereits ab 23.00 Uhr in die Tat umgesetzt wurde, bestätigten die Aussagen verschiedener Journalisten, die vor dem Hotel warteten. Ihnen fiel auf, daß Henri Paul an diesem Abend besonders redselig war und bis nach 23.00 Uhr mehrfach zu ihnen auf die Straße kam. Ihnen kam dieses Verhalten sofort wie ein geplantes Ablenkungsmanöver vor.

Zur Erinnerung: 00.06 Uhr Hotelhalle des *Ritz*. Das Paar kommt in der Hotelhalle an und bespricht sich dort mit Bodyguard Alexander Wingfield, der von dem neuen Plan Dodis überrascht wird. Letzterer hat sich dazu entschlossen, das Hotel mit Diana nicht durch den Haupteingang, sondern an der Rückseite zu verlassen und von dort mit einem unauffälligen Mercedes 280S, Baujahr 1994, abzufahren. Weiterhin ordnet Dodi an, daß Wingfield nach vorn zu den wartenden Fahrzeugen gehen möge, die eigentlich für die Abfahrt vorgesehen sind. Er solle dann dort die Blinklichter einschalten, um auf diese Weise die Aufmerksamkeit der Presseleute auf diese Wagen zu lenken. Dieser Plan wird in den kommenden Minuten auch in die Tat umgesetzt. Wie wir heute wissen, hatte

Dodi al Fayed auf diese Art einige Wochen zuvor schon einmal die Presse abgehängt. Es ist also keine völlig neue Situation für ihn und den Sicherheitsdienst, wie nach dem Unfall immer wieder behauptet wurde.

Persönliche Einschätzung:

Wie bereits zuvor angesprochen, sind die Aussagen der *SIS*-Leute meiner Meinung nach ausschlaggebend für den weiteren zeitlichen Ablauf des Abends. Sie haben meines Erachtens so viel Angst verbreitet, daß sich Dodi zu einer Reaktion genötigt sah. Es war allgemein bekannt, daß er äußerst sicherheitsbewußt, ja fast ein fanatischer Sicherheitsfetischist war. Er vertraute nur seinen engen Mitarbeitern und ließ sich am Abend sogar die wenigen Meter zum Juwelier in einer gepanzerten Limousine fahren. Warum er sich für den ungepanzerten Wagen entschied, wird wohl auch nie völlig geklärt werden. Ich bin der Meinung, daß er sich für dieses Auto entschied, weil es der unauffälligste Mercedes im gesamten Fuhrpark war. Der Marke Mercedes vertraute er bei Limousinen und war auch von der Verkehrssicherheit dieses Modells überzeugt. Es kann natürlich auch sein, daß ihm dieser Wagen von irgend jemandem im Haus vorgeschlagen wurde. Das läßt sich leider heute nicht mehr genau nachweisen.

Besonderheiten rund um den Unfallwagen

Es mutet äußerst merkwürdig an, daß ausgerechnet dieser Mercedes 280 S einige Wochen zuvor gestohlen und kurz darauf wiedergefunden wurde. Diese Informationen wurden einige Tage nach dem Unfall veröffentlicht und auch bestätigt. Neben einigen anderen Kleinigkeiten war die gesamte Elektronik ausgebaut worden.
  Kurz darauf kam die Meldung ›aus gut unterrichteten Kreisen‹, daß der Unfallwagen vor Fahrtantritt in einem mise-

rablen Zustand gewesen sei. Die Stoßdämpfer seien defekt gewesen.

Diesen Spekulationen zur Verkehrssicherheit des Autos setzte Daimler-Benz rasch im eigenen Interesse einen Riegel vor. Man erklärte werksseitig, daß ein drei Jahre alter Mercedes der S-Klasse im Normalfall keine defekten Stoßdämpfer habe. Seitens des Hotels wurde zu diesem Thema berichtet, daß alle eingesetzten Fahrzeuge regelmäßig gewartet und kontrolliert würden. Das ist für ein Hotel dieser Kategorie auch völlig normal.

Persönliche Einschätzung:

Warum sollten Profidiebe einen einmal gestohlenen Wagen quasi zurückgeben? Wären hier gewöhnliche Autodiebe am Werk gewesen, so hätten sie das ganze Auto verkauft oder vollständig zerlegt. Motor, Getriebe und alle anderen verwertbaren Teile sind wesentlich lukrativer zu verkaufen als nur Airbag, Radio und Elektronik. Da alles fachmännisch ausgebaut war, kann diese Arbeit auch nur von Fachleuten in einer entsprechenden Werkstatt ausgeführt worden sein. Diese stellen dann einen teilverwerteten Wagen nicht so einfach irgendwo ab. Sie hätten ihn zu diesem Zweck ja dorthin schleppen müssen! Das Risiko von Fingerabdrücken und sonstigen Spuren wäre ebenfalls viel zu groß gewesen.

Es lohnt sich, darüber nachzudenken, ob es sich hier nicht um einen gezielten Diebstahl gehandelt hat, bei dem man den Wagen manipulieren konnte. Der Ausbau bestimmter Teile kann dabei als Tarnung für andere Manipulationen dienen, etwa im Bereich der Elektronik.

Ich habe mich mit einem Techniker von Daimler-Benz über die Möglichkeiten unterhalten können, wie man einen Mercedes der S-Klasse mit Hilfe elektronischer Manipulationen beschleunigen und verunfallen lassen könnte. Natürlich war das kein offizielles Gespräch, weil man sich seitens des Stuttgarter Werkes dazu nicht äußern wollte. Dabei habe ich aber recht bemerkenswerte Informationen erhalten. Bei weiteren Gesprächen mit verschiedenen Computerspezialisten aus meinem Umfeld nahm dann die Möglichkeit, einen solchen Unfall elektronisch hervorrufen zu können, immer realistischere Formen an.

Nach Meinung dieser Fachleute sei es kein Problem, den entsprechenden Steuerchip für die Elektronik im Auto mit einem Miniempfänger zu versehen. Am unauffälligsten wäre dabei, einen neuen Chip herzustellen, in den der Kleinstempfänger eingegossen wird. Dieses neue Teil würde dem Originalchip bis aufs Haar gleichen und nur etwa einen bis zwei Millimeter höher sein. So ein Chip ließe sich leicht, als Originalersatzteil getarnt, in jede offizielle Werkstatt einschleusen.

Auf diese Art könne man dann die Wagengeschwindigkeit beeinflussen. Hierbei könnte der Vorgang über die Tempomatschaltung bewerkstelligt werden. Man hätte aber auch die Möglichkeit, den gesamten Stromkreislauf des Wagens auf diese Art innerhalb eines Moments lahmzulegen. Was dann passiert, wenn ein Auto zuerst auf etwa 180 km/h oder mehr beschleunigt wird und dann Sekundenbruchteile später Motor, Lenk- und Bremshilfe, ABS sowie alle Sicherheitsschaltungen außer Betrieb gesetzt werden, kann sich auch jeder Laie vorstellen; dazu muß man kein besonderer technischer Experte sein. Das Ergebnis wäre ein unerklärbarer Unfall – wie im vorliegenden Fall.

Zentraler Punkt der Ermittlungen: der alkoholisierte Fahrer

Die offiziellen Untersuchungen der französischen Ermittlungen brachte ein Ergebnis, das von der ersten Minute an festzustehen schien. Als Hauptschuldiger für den Unfall wurde der Fahrer Henri Paul ermittelt. Er hatte mit mehr als 1,8 Promille Alkohol und Rauschmitteln im Blut bei überhöhter Geschwindigkeit die Kontrolle über das Fahrzeug verloren – so die offizielle Behördenversion.

Wir wissen heute aber, daß das so nicht korrekt sein kann. Inzwischen zweifelt auch die britische Polizei die Echtheit der verwendeten Blutprobe an, wie in verschiedenen Pressemeldungen im Januar 2004 erklärt wurde.

So berichtete die *Times* in der ersten Januarwoche, daß »*ranghohe Polizeibeamte höchste Bedenken geäußert hätten, was die Blutprobe des Fahrers Henri Paul anbelangt*«. Diese Beamten kritisieren vor allem, daß die Blutprobe zur Sicherheit nicht mittels einer DNA-Analyse überprüft worden war. So hätte man alle Spekulationen bezüglich eines Vertauschens dieser Blutprobe im Keim ersticken können, wenn man das wirklich gewollt hätte.

In den Tagen und Wochen nach dem Unfall wurde aber alles unternommen, um die These vom alkoholisierten Unfallfahrer in der Öffentlichkeit zu untermauern. Die Medien machten da unbedenklich und ohne jegliche Kritik an den verbreiteten Aussagen kräftig mit.

Wir stellen uns einmal die Höhe der Alkoholkonzentration vor, die nach dem Unfall aus einer Blutprobe ermittelt wurde. Um fast 2 Promille, der letztermittelte Wert lag bei 1,97 Promille, im Blut zu erreichen, müßte ein Mensch von durchschnittlicher Größe immerhin rund 3,5 Liter Bier oder zwei Flaschen Wein trinken. Dazu gehört schon ein gewisses ›Training‹ im Umgang mit alkoholischen Getränken, wenn man dann noch konzentriert arbeiten kann. Als diese Frage gestellt wurde, meldeten sich umgehend die unterschiedlichsten Fachleute zu Wort und meinten, daß dieser Henri Paul ein Alkoholiker gewesen sei.

Ein deutscher Professor erklärte im Fernsehen mit vielen Fachbegriffen, aber ansonsten recht inhaltslosen Worten, daß es für Alkoholiker geradezu typisch ist, sich so zu verstellen, daß man ihnen ihren Alkoholkonsum nicht anmerkt. Es gehöre sozusagen zu »*ihrer zweiten Natur*«, und sie würden es so geschickt verstehen, daß auch die nähere Umgebung davon nichts mitbekomme. Ein amerikanischer Kollege bestätigte bei CNN diese These vor laufender Kamera.

Wie wir bereits wissen, meldeten sich nach der Veröffentlichung der Blutalkoholwerte zahlreiche Menschen, die Henri Paul an jenem Tag beim Trinken gesehen haben wollen. Diese Zeugenaussagen sind inzwischen durch zeitliche Abgleiche nahezu alle widerlegt. Henri Paul hatte an jenem Samstagvormittag mit einem Freund Tennis gespielt, was von mehreren Personen bestätigt wurde. Mittags war er ins Hotel *Ritz* gekommen, um die Vorbereitungen für das Abholen von Dodi und Diana am Flughafen zu koordinieren. Er war bei der Fahrt zum und vom Flughafen dabei, wie die Pressefotos zweifelsfrei bewiesen.

(Siehe hierzu Bildzitate 03 und 04)

Nach 16.00 Uhr war er dann wieder im Hotel, das er erst kurz nach 19.00 Uhr wieder verließ, als das Paar zu Dodis Wohnung abfuhr.

(Siehe hierzu Bildzitat 09)

Was er von da an bis zu seiner Wiederankunft um 22.07 Uhr im Hotel tat, ist nicht genau bekannt:

Rechnen wir jetzt noch dreißig bis vierzig Minuten Fahrtzeit ab, die er in seinem Auto verbrachte, so sind etwa zweieinhalb Stunden seines Tagesablaufs nicht korrekt nachvollziehbar. In dieser Zeit soll er dann mehr als drei Liter Bier oder zwei Flaschen Wein getrunken haben, obwohl er wußte, daß er im Dienst war und am Abend wieder von Dodi benötigt wurde? Das scheint eine ziemlich waghalsige Theorie zu sein, die da von den französischen Ermittlern konstruiert wurde.

Würden diese Annahmen der Ermittler zutreffen, hätte ein derart hoher Alkoholgenuß nicht unbemerkt bleiben können. Als er um 22.07 Uhr wieder ins Hotel kam, machte er auf niemanden, der in seine Nähe kam, einen anderen Eindruck als noch drei Stunden zuvor. Jeder Mensch, der selber einmal eine größere Menge Alkohol in rund zwei Stunden getrunken hat, wird bestätigen, daß sich sein Verhalten in diesem Zeitraum verändert hat. Der Bewegungsablauf wird meist langsamer, das Nachdenken und Sprechen fallen etwas schwerer, und man wirkt allgemein etwas träger. Keines dieser untrüglichen Anzeichen traf auf Henri Paul zu. Dies bestätigte auch Bodyguard Alexander Wingfield im Fernsehen: »...*wissen Sie, nichts in seinem Verhalten suggerierte mir, daß er betrunken war. Er war genau so wie am Nachmittag: ein netter Kerl, und er war nüchtern!*«

55

Alexander Wingfield

Bei Alexander Wingfield handelt es sich um einen gut ausgebildeten und psychologisch geschulten Sicherheitsbeamten. Er ist darauf trainiert, Menschen zu beobachten und ihr Verhalten zu studieren. Nur so kann er seinen Auftrag im Personenschutz zufriedenstellend ausüben. Er muß Gefahren oder Eskalationen bereits im Vorfeld erkennen, um sie nach Möglichkeit verhindern zu können. Wenn so ein Mensch ein Urteil über das Verhalten eines anderen abgibt, kann man diesem schon mehr Gewicht beimessen als dem eines normalen, ungeschulten Beobachters. Gleiches trifft auch auf Trevor Rees-Jones zu, der ja unbedenklich neben Henri Paul auf dem Beifahrersitz Platz nahm. Es gilt gleichermaßen für John Macnamara, den Sicherheitschef und direkten Vorgesetzten von Henri Paul. Dieser äußerte sich zu den Alkoholvorwürfen wie folgt:

»Ich kenne Henri seit etwa zehn Jahren. Ich habe ihn immer als nüchternen Typ gesehen, wenn ich das so sagen darf, als recht professionellen Sicherheitsmann. Ich habe mit allen gesprochen, die an diesem Abend im Ritz mit Henri Paul zu tun hatten während dieser zwei Stunden und zehn Minuten, und alle beschrieben ihn als völlig normal.«

John Macnamara

Den Vorwurf eines angeblichen *Ritz*-Mitarbeiters, niemand, Henri Paul eingeschlossen, hätte es gewagt, einen Fahrauftrag des Chefs wegen Alkoholgenuß abzulehnen, wies Macnamara entschieden zurück:

»Das stimmt nicht, die Sicherheitskräfte arbeiten professionell. Die Bodyguards hätten nicht erlaubt, daß Henri Paul auch nur in die Nähe des Wagens kommt, hätten sie vermutet, daß er getrunken hat, und Dodi Fayed auch nicht.«

Es ist eine Tatsache, daß im Hotel *Ritz* absolutes Alkoholverbot für alle Mitarbeiter herrscht. Natürlich wird es nicht von jedem eingehalten. Das ist auch in der Spitzengastronomie so. Doch ist es kaum vorstellbar, daß ein Alkoholiker über mehr als elf Jahre hinweg seinen Zustand gerade in einem solchen Umfeld verbergen kann.

Als sich einige Journalisten öffentlich in diesem Sinne äußerten, kamen sofort neue Erklärungen zur Untermauerung der Alkoholthese. Eine ›überarbeitete Version‹ des Alkoholikers Henri Paul wurde präsentiert: Der stellvertretende Sicherheitschef habe bereits eine Woche vor dem unseligen Samstag begonnen, sich täglich regelmäßig zu betrinken. Deshalb habe er unter einer »*moderat-chronischen Alkoholvergiftung*« gelitten. Laut Pressemeldungen habe eine Analyse einer Haarprobe dies zutage gebracht, außerdem auch, daß er bereits seit »*mindestens Mai '97 auch starke Beruhigungsmittel nahm*«. Als Grund dafür wurde Liebeskummer wegen der Trennung von seiner Lebensgefährtin angeführt. Hierbei war den Berichterstattern allerdings entgangen, daß diese Trennung bereits im Jahre 1995 stattgefunden hatte. Es mutet schon ein wenig seltsam an, daß jemand rund zwei Jahre wartet, bis er anfängt, sich aus Liebeskummer zu betrinken.

Daß dies die unsinnigste aller Versionen über den ›Alkoholiker Henri Paul‹ war, bestätigten mir mehrere befreundete Mediziner. Seinen direkten Vorgesetzten hätte es auffallen müssen, daß er sich verändert hatte, denn eine »moderat-chronische Alkoholvergiftung« läuft kaum ohne sichtbare Persönlichkeitsveränderungen ab.

Auch Dodi al Fayed, der Henri Paul bereits seit Jahren gut kannte, hätte dies spätestens am Nachmittag am Flughafen bemerkt, als Henri Paul ihn und Diana abholte und beide sich intensiv unterhielten.

(Siehe hierzu Bildzitat 04)
Es ist allgemein bekannt, daß gerade Dodi einen wahren Horror vor betrunkenen Autofahrern hatte. Ebenso unwahrscheinlich ist die Version, die der Nachrichtensender CNN seinen Zuschauern anbot: Henri Paul soll bereits am Nachmittag um

16.00 Uhr einige Gläser französischen Cognac getrunken haben; zu diesem Zeitpunkt begleitete der Mann das Paar vom Flughafen zum Hotel. Danach soll er in einer Bar mehrere Whiskys ›gekippt‹ haben; auch dies trifft nicht zu, denn zu dem Zeitpunkt hatte Henri Paul nachweislich noch Dienst und war im *Ritz*.

Es ist erschreckend, in welchem Tempo und mit welcher Intensität sich nahezu alle Medien auf die einmal in die Welt gesetzte Version des betrunkenen Fahrers stürzten, ohne sich wirklich die Mühe zu machen, die ihnen präsentierten Aussagen auch gründlich zu zu überprüfen. Neunzig Prozent dieser Meldungen hätten nach gründlicher Recherche nie veröffentlicht werden dürfen.

Heute weiß man, daß in den offiziellen Blutprobenergebnissen auch ein Kohlenmonoxidwert enthalten ist, der es Henri Paul unmöglich gemacht hätte, zu laufen, geschweige denn ein Fahrzeug zu fahren. Auch aus diesem Grund zweifelt die britische Polizei die Echtheit der Blutprobe.

Persönliche Einschätzung:

Meines Erachtens entspringen vor allem die offiziellen Veröffentlichungen der drei Blutprobenergebnisse, korrekter gesagt: Auszüge aus diesen Tests, den Bemühungen einiger Behörden, einen einfachen Unfall darstellen zu wollen. Im Visier kritischer Beobachtungen stehen an erster Stelle natürlich die französischen Ermittler, die von der ersten Minute an unter starkem Erfolgsdruck standen. Hat man sofort einen Schuldigen für einen Unfall, weicht dieser Druck bekanntlich rasch. Nun kann man sich genügend Zeit lassen, diese Version zu untermauern. Genau sieht es im vorliegenden Fall aus.

Woher aber diese offensichtlich falsche Blutprobe stammt, ist damit noch nicht geklärt. Ebensowenig ist gesichert, auf wessen Anweisung sie angefertigt und den Ermittlungsbehörden ›untergeschoben‹ wurde. Das deutet zumindest auf eine Zusammenarbeit bestimmter Dienststellen hin, die selten in der

Öffentlichkeit auftreten. Einfacher ausgedrückt: Es riecht nach Mafia- oder Geheimdiensttätigkeit.

Unterstellen wir einmal, daß die französische Polizei nicht mit irgendeiner Mafiaorganisation zusammenarbeitet, so liegt der begründete Verdacht nahe, daß hier zwei Fliegen mit einer Klappe geschlagen werden sollten. Zum einen wurde so rasch ein Schuldiger präsentiert. Zum anderen war offiziell jeder Verdacht auf einen Anschlag im Keim erstickt. So dachte man es sich jedenfalls. In Wirklichkeit ist gerade dieser gesamte Vorgang, gleich, wie man ihn jetzt auch noch aus der Welt zu schaffen versucht, ein echtes Indiz dafür, daß es sich nicht um einen bloßen Unfall gehandelt hat. Warum sollte man sich sonst solche Mühen machen? Eine gewisse Mitarbeit französischer Ermittlungsbeamter ist aber auch erkennbar. So findet man die ›Drogen‹ wie etwa ›Prozac‹ erst bei der dritten Untersuchung. Das ist völlig ungewöhnlich für diesen Fall. Angesichts der Prominenz der Opfer und des einsetzenden Pressewirbels hätte jede andere Dienststelle sofort die Untersuchung auf Alkohol und Drogen angeordnet. Das bestätigte mir ein Freund, der bei einem deutschen Landeskriminalamt tätig ist. Bei tödlichen Unfällen dieser Größenordnung ist das die Regel – auch in Frankreich.

Das ominöse Fahrtziel

Nach dem Unfall wurde immer wieder gemutmaßt, wohin das Paar vom *Ritz* aus eigentlich fahren wollte. Grund für diese Frage war die Einfahrt des Mercedes 280 S in den Tunnel unter der Pont de l'Alma. Zur Stadtwohnung hätte der Wagen an jener Stelle genau in die andere Richtung, also nicht links in den Tunnel, sondern nach rechts fahren müssen.

Die offizielle Antwort auf diese Frage lautete: »*Weil diese Strecke in Paris zum Abhängen von Verfolgern beliebt ist*«. Wir wissen aber auch, daß es zur Villa Windsor, die man am Nachmittag bei der Fahrt vom Flughafen kurz betrachtet hatte, nach rechts ging. Auch die Version, Dodi habe zum Flughafen ge-

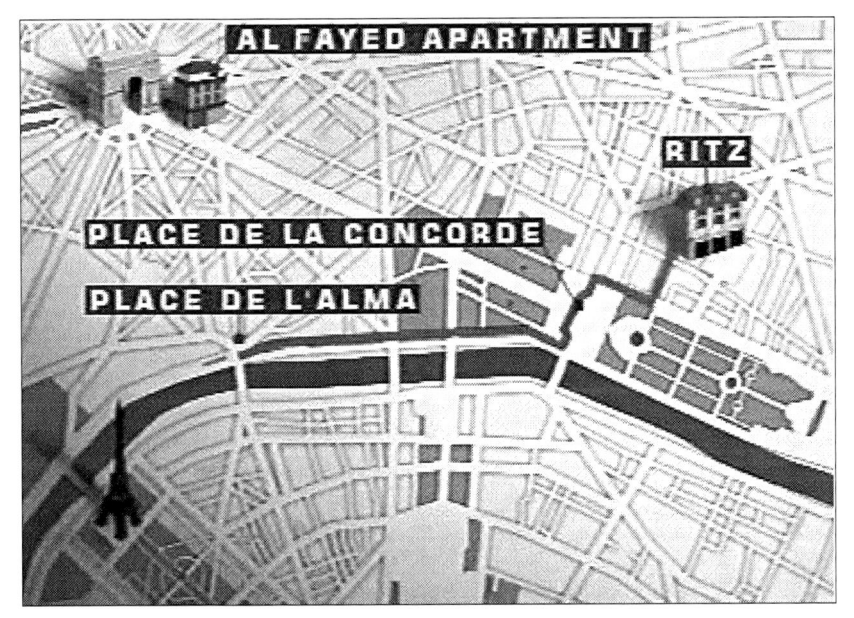

57. *Der Weg bis zum Unfallort*

58

*Lage
Villa
Windsor*

Weg zum Flughafen

wollt, erscheint nicht logisch. Auch dorthin ging es entgegengesetzt. Solche Umwege fährt man nur, wenn man auf der Flucht ist, aber nicht nur vor Paparazzi. Diesen waren Dodis Appartement, die Villa Windsor und der Flughafen bestens bekannt. Sie hätten sich aufgeteilt und das Paar beziehungsweise das Auto sicher wieder gefunden.

Das Fahrtziel war, nach meinen Erkenntnissen, in jener Nacht ein völlig anderes. Darüber sind sich inzwischen auch zahlreiche andere Menschen einig. Doch wo wollte das Paar hin? Eine Antwort hatten sich Öffentlichkeit und Medien sicher von der Aussage des überlebenden Trevor Rees-Jones erwartet. Doch leider konnte, wollte oder durfte er seiner Autorin dazu nicht die richtigen Antworten diktieren.

Persönliche Einschätzung:

Dieses ominöse Fahrtziel hat meine Phantasie stark beschäftigt. Es sieht alles nach einer geplanten Flucht aus. Der Fahrzeugwechsel, nur die engsten Vertrauten Henri Paul und Rees-Jones waren im Wagen. Es wurde sogar auf einen hauseigenen Fahrer verzichtet. Dieser hätte unbedacht das Ziel später ausplaudern können. Die auf den ersten Blick sinnlose Fahrtroute – das sind eindeutige Fluchtsignale.

Doch vor wem waren sie auf der Flucht? Vor den Paparazzi, wie es öffentlich hieß?

Das erscheint mir ziemlich sinnlos, wenn dann eines der bekannten Ziele angesteuert worden wäre. Die Paparazzi hatten den Wagen bei der Abfahrt entdeckt, das Kennzeichen war bekannt. Sie hätten das Paar am kommenden Morgen mit Sicherheit wieder entdeckt. Während der Nacht zu wissen, in welchem Haus oder welcher Wohnung sie schlafen, bringt auch keine verkaufbaren Fotos.

Eine so aufwendige Flucht mit zwei Tarnwagen vor dem Hotel, die zur Ablenkung eine andere Route fahren, deutet schon auf einen wichtigeren Grund hin. Meiner Meinung nach hängt diese Flucht mit den bereits angesprochenen *SIS*-Leuten unmittelbar zusammen. Ich kann mir gut vorstellen, daß der Sicherheitsfanatiker Dodi al Fayed sich von einer Meldung aus offiziellem Mund über ein für diese Nacht geplantes Attentat sicher beeindrucken ließ. In Kenntnis des 2003 veröffentlichten Diana-Briefes ist die Angst vor einem geplanten Unfall noch besser zu verstehen. Wenn jemand in dieser Nacht glaubhaft erklären konnte, daß ein Anschlag auf den gepanzerten Mercedes 600 geplant war – das Ganze auf der Fahrt zu einem der drei bekannten Ziele stattfinden sollte – dann, und nur dann sind für mich die Umstände um den Fahrzeugwechsel und die völlig geänderte Fahrtroute logisch erklärbar. Gelänge es dieser Person auch noch, eine bestimmte Fahrtroute als sicherste vorzuschlagen, etwa zu einem ›sicheren Haus‹, ergäbe das eine fast perfekte Grundlage für eine Falle mit gewollt tödlichem Ausgang.

Der dritte Mann am Ausgang

Der dritte Mann ist in diesem Fall keine literarische Erfindung, sondern eine reale Person am Hinterausgang des *Ritz*. Wir erinnern uns: 00.19 Uhr, rue Cambon. Als der Wagen bereitsteht, verlassen sie gemeinsam das Hotel durch den Personaleingang. Inzwischen haben drei Männer in der rue Cambon verschiedene Positionen bezogen, die später als ›Paparazzi‹ bezeichnet wurden. Als die vier Menschen aus dem Hotel kommen, nähern sich zwei dieser Männer mit Fotoapparaten. Der dritte Mann bleibt auf seinem Beobachtungsposten und telefoniert mit einem Handy. Während sich die Moderatoren der verschiedenen Fernsehsender ausschließlich auf die Hauptpersonen konzentrieren, fällt anderen Beobachtern der Mann am oberen Bildrand auf – hier mit einem weißen Oval kenntlich gemacht. Er steht auf der gegenüberliegenden Straßenseite und nähert sich dem Wagen nicht. Zwei andere Männer, offensichtlich Fotographen, kommen derweilen heran und fotographieren die

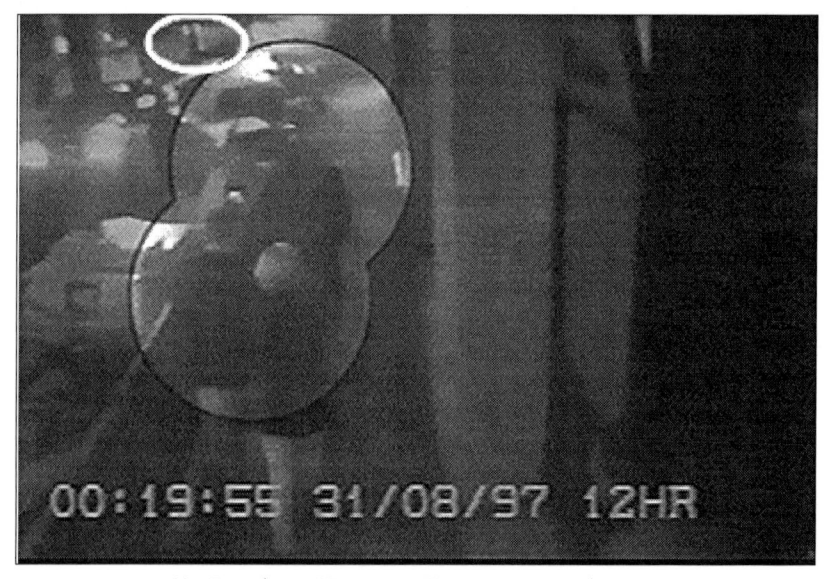

60. *Der dritte Mann am Hinterausgang des* Ritz

in den Wagen steigenden Personen. Diana sieht die beiden noch etwas genauer an. Sie versteckt ihr Gesicht nicht und duckt sich auch im Wagen nicht ab. Anscheinend machen ihr und Dodi diese Fotografen nichts aus; von einer Flucht vor den Paparazzi ganz zu schweigen.

Die späteren Auswertungen der hoteleigenen Videoaufzeichnungen zeigen auch diese drei Männer, die später von der Polizei als Fotografen deklariert werden. Zwei waren es offensichtlich; der dritte aber anscheinend nicht. Er hatte auch keine Fotoausrüstung dabei.

Wer war der Mann, und was machte er zu jenem Zeitpunkt dort? Er hat sich nie als Zeuge bei der Polizei gemeldet.

Persönliche Einschätzung:

Bei diesem dritten Mann hat es sich augenscheinlich um einen reinen Beobachter gehandelt. Er kann wohl von den an der Vorderseite des Hotels wartenden Fotografen als Spion nach dort geschickt worden sein. So lauteten einige Erklärungen zu dieser Person.

Für mich ist das aber unwahrscheinlich. Wenn schon jemand auf die Hinterseite des Hotels beordert wird, dann sicher nicht ohne Fotoapparat. Das macht keinen Sinn. Es hätte viel zu lange gedauert, bis ein Kollege mit Fotoausrüstung auf seinen Anruf hin um das Gebäude gerannt wäre. Dieser Beobachter stand offenbar für eine andere Person oder Gruppe dort. Seine Aufgabe war nur, die Abfahrt zu melden, was er offensichtlich auch tat.

Das Rätsel des geparkten Minicoopers

Beim mehrfachen Betrachten der zahlreichen Videoaufzeichnungen vom Unfallwochenende fiel mir im Jahre 1997 bereits auf, daß ein schwarzer Minicooper, der Privatwagen von Henri Paul, bei der Abfahrt des Paares Diana und Dodi um 19.00 Uhr vor der Rückseite des Hotel *Ritz* geparkt war.
(Siehe hierzu Bildzitat 08)
Er fuhr mit diesem Auto dann weg. Nachfragen bestätigten dies auch. Als Henri Paul dann kurz nach 22.00 Uhr wieder zum Hotel zurückkam, fuhr er mit diesem Minicooper an der Vorderseite vor und stellte den Wagen dort ab, ehe er das Hotel betrat. Später am Abend, um 00.20 Uhr, als das Paar seine letzte Fahrt antrat, stand genau dieser Minicooper dann wieder in der Rue Cambon hinter dem Hotel. Er stand an derselben Stelle wie fünf Stunden zuvor.

Wie kam der kleine Wagen an dieselbe Stelle, an der er fünf Stunden zuvor stand? Wieso hatte Henri Paul bei seiner Ankunft kurz nach 22.00 Uhr auf der Vorderseite geparkt, wo sonst nur Taxis und die Fahrzeuge von Gästen vorfahren?

61. *Place Vendôme*

62. Minicooper

Persönliche Einschätzung:

Bei meiner persönlichen Einschätzung 1997 bin ich bei diesen Fragen nicht sofort zu befriedigenden Antworten gekommen. Heute steht aber für mich fest, daß entweder der Fahrer selbst oder einer seiner Untergebenen den Wagen wohl wieder zum Parken in die Einbahnstraße gefahren hat.

Das Benutzen der vorderen Anfahrt, so wurde mir versichert, war nicht normal. Es zeigt mir, daß Henri Paul an diesem Abend besonders schnell zu seinem Chef Dodi kommen wollte. Es untermauert auch meine Überlegungen zu den darauffolgenden Vorgängen rund um die Abfahrt des Paares. Für mich ist das ein Indiz für die Nervosität, die inzwischen alle Beteiligten befallen hatte.

Die Fahrt bis zum Tunnel?

Dies ist wohl eine Phase im Ablauf der Geschehnisse rund um den tödlichen Unfall, über die am meisten geredet und am wenigsten gesagt wurde. Ein Detail zu diesem Komplex, der mir sofort ins Auge stach, ist die Tatsache, daß bis heute keine Videobilder von diesem Streckenabschnitt veröffentlicht wurden. Dies hätte die wilden Spekulationen doch im Keim ersticken können. Ich bat deshalb einen in Paris lebenden Freund, einmal die Kameras der Verkehrsüberwachung zu zählen, die vom Hotel bis zur Unfallstelle montiert sind. Er kam auf 15! Auf Anfrage einiger Kollegen wurde dann von öffentlicher Seite mitgeteilt, daß an jenem Abend ein größerer Defekt die Anlage außer Betrieb gesetzt hatte. Schon wieder so ein Zufall, der keiner war. Es gibt verschiedene glaubhafte Aussagen darüber, daß die Kameras im Tunnel direkt nach dem Unfall gegen die Tunnelwand gerichtet waren. Sie hätten also gar keine Bilder aufnehmen können. Auch nur ein Zufall?

Wir erinnern uns: 00.23 Uhr Rue de Rivoli. Der Mercedes 280 S biegt, aus der Rue Cambon kommend, in Richtung Place de la Concorde ein. An einer Ampel muß er kurz anhalten, weil diese Rot zeigt. Romuald Rat und einige andere Fotografen verfolgen den Mercedes 280 S inzwischen auf Motorrollern und sind dicht dahinter. Plötzlich beschleunigt der Wagen bei grünem Ampellicht wieder mit vollem Tempo. Die schwach motorisierten Roller können nicht so schnell folgen.

Für diese drei oder vier Minuten bis zum Unfall, die wichtigsten für den gesamten Ablauf, gibt es keine veröffentlichten Bilddokumente. Einzig die Aussagen unbeteiligter Zuschauer können uns einen Einblick geben, was in dieser Zeit geschah. Die Zeugenaussagen über mehrere Verfolger auf Motorrädern, die »wie wild fotographierten«, sind allesamt falsch. Das wissen wir heute. Ebenso ist bekannt, daß der Verkehr relativ ruhig war. Einige Fahrzeuge fuhren in dieselbe Richtung wie der Mercedes 280 S, andere kamen ihm entgegen. Es gilt inzwischen als gesichert, daß zumindest zwei kleinere Autos und ein

Motorrad auf Höhe des Mercedes in Richtung Tunnel fuhren. Hierzu gibt es mehrere seriöse Zeugenaussagen, die auch Einzug in die Protokolle der französischen Polizei fanden. Diese Zeugen sind real, Namen und Wohnorte bekannt.

Merkwürdig ist allerdings, daß sich die drei Fahrer dieser Fahrzeuge nie gemeldet haben. Weder bei der Polizei noch bei der Presse sind sie bekannt. Dabei hätten sie doch mit diesem Wissen um die Vorgänge und der eigenen Präsenz beim Unfall gutes Geld bei Zeitungen, Agenturen und Fernsehsendern machen können. Sie taten es nicht. Hierfür müssen es Gründe geben. Offiziell wurde erklärt, daß eventuell beteiligte Fahrer anderer Fahrzeuge möglicherweise alkoholisiert waren und es deshalb vorzogen, sich den polizeilichen Ermittlungen zu entziehen.

Aber gleich drei betrunkene Fahrer oder Fahrerinnen zum gleichen Zeitpunkt? Warum haben sie sich dann nicht einen oder zwei Tage später, inzwischen wieder völlig nüchtern, bei der Polizei gemeldet? Das sind einfach zu viele Zufälle, um nicht den Verdacht zu erwecken, daß hier Menschen beteiligt waren, die es offiziell nicht geben sollte oder durfte.

So lassen sich auch die nur schleppend veröffentlichten Berichte über andere Unfallbeteiligte erklären. Erst wenn eine Pressemeldung über ein weiteres Auto erschien, kamen auch von der Polizei Aussagen dazu, die aber allesamt mehr Verwirrung stifteten, als Klarheit brachten. Es ist inzwischen kein Geheimnis mehr, daß die französische Polizei noch in der Unfallnacht mehrere Motorräder kontrollierte. Man wußte bereits, daß zumindest eines dieser Kleinkrafträder zumindest mittelbar am Unfall beteiligt war.

Persönliche Einschätzung:

Die fehlenden Videoaufzeichnungen von diesem Streckenabschnitt sowie die zur Wand gedrehten Überwachungskameras sagen mir deutlich, daß hier etwas vertuscht werden soll, was nicht für die Augen der Öffentlichkeit bestimmt ist.

Die dafür Verantwortlichen gehen davon aus, daß ohne diese Bilder alle Versuche, den Unfall als das aufzuklären, was er wirklich war, reine Spekulation bleiben wird.

Videoaufnahmen vom tatsächlichen Unfallgeschehen hätten mit Sicherheit gezeigt, daß es sich nicht um einen Unfall aufgrund eines Fahrfehlers handelte. Man hätte noch in der Nacht der staunenden Öffentlichkeit zeigen können, in welcher Form ein oder mehrere andere Fahrzeuge beteiligt waren. Dies ist für mich inzwischen eine feststehende Tatsache. Das Fehlen dieser Aufnahmen sagt mir aber auch, daß hier französische Dienststellen an der Desinformation über den Unfallhergang direkt beteiligt waren und sind.

Mir fällt da sofort der Geheimdienst ein, das legendäre *Deuxième Bureau*. Die Dienststellen des französischen Geheimdienstes arbeiten, ebenso wie die anderer europäischer Länder, mit dem britischen Auslandsgeheimdienst *SIS* und den US-Diensten CIA und NHA eng zusammen. Hier bieten sich so viele Möglichkeiten der Verschleierung und Desinformation, wie man sie sich kaum vorstellen kann.

63. *Motorradkontrolle*

Der Unfallablauf

Das größte Geheimnis jener Nacht bleibt bis heute der Unfallablauf selbst. Obwohl sich Fahrzeuge sowohl um den Unfallwagen als auch auf der Gegenfahrbahn befanden, ist bis heute keine ernst zu nehmende Aussage eines dieser Menschen an die Öffentlichkeit gedrungen. Das ist zumindest bemerkenswert.

Wir erinnern uns: 00.25 Uhr: Der Mercedes 280 S ist in den Tunnel unter der Pont de l'Alma eingebogen und kollidiert zuerst mit dem dritten, dann mit dem dreizehnten Pfeiler. Er landet danach im Vorderbereich völlig demoliert mit einer Drehung um 180 Grad an der rechten Tunnelwand entgegen der Fahrtrichtung. Sofort setzt die Autohupe zu einem Dauerton ein. Der Fahrer Henri Paul war nach vorn auf das Lenkrad gesackt. Daß der Fahrer die Gewalt über den Mercedes verloren hatte, wurde vom ersten Augenblick an als Ursache für den Anprall an den dritten Brückenpfeiler und das darauffolgende Unfallgeschehen angenommen. Es war sicherlich die einfachste Erklärung, wenn man von einem normalen Unfall ausging. Das taten die ersten Beamten vor Ort mit Sicherheit. *Welchen Anlaß hätten sie auch gehabt, einen anderen Ablauf in Erwägung zu ziehen?*

Ein Notruf war eingegangen, der einen Autounfall meldete. Das ist für Verkehrspolizisten Alltagsgeschehen. Dementsprechend handelten sie routiniert wie immer. Welche Brisanz dieser Unfall durch die Insassen des verunglückten Wagens bekam, wurde den Beamten vor Ort erst später klar. Unfallstelle sichern, Verkehr regeln, Platz für Feuerwehr und Notarzt schaffen, das waren die ersten Maßnahmen vor Ort. Mit Sicherheit hätten Spezialisten der Spurensicherung wesentlich mehr über den Unfallhergang herausgefunden, wenn man sie gleich an den Unfallort beordert hätte. Doch dafür gab es um 00.27 Uhr, nach dem Eingang des Notrufes, keinen Anlaß. An erster Stelle stand die Rettung der Insassen des Unfallwagens. Deshalb machten sich die Feuerwehrleute auch nach dem Eintreffen sofort daran, das Autowrack so zu öffnen, daß man die Opfer bergen konnte. Hierbei wurde das Dach komplett abgeschnitten, die vordere Haube und die Windschutzscheibe entfernt und weitere Karosserieteile beschädigt.

Was danach von dem Auto noch übrig war, war ein kompletter Schrotthaufen, der aus dem Tunnel abtransportiert und zur Polizei geschafft wurde. Hierbei gingen die für den Transport verantwortlichen Leute auch nicht gerade wie mit einem Neuwagen um. Dies machte die am folgenden Morgen beginnenden Untersuchungen des Unfallwagens für die Spurensucher nicht leichter. *Welche Beschädigungen, Kratzer und Beulen sollten sie dem Unfall zuordnen, und was wurde durch die Rettungsmaßnahmen und den Abtransport angerichtet?*

Für die Rekonstruktion des Unfallhergangs boten die Spuren am Unfallort noch eine Möglichkeit. Diesen widmeten sich die Untersuchungsbeamten dann auch intensiv. Doch auch dort hatten Helfer, Fotografen, Schaulustige und Abschleppmaßnahmen ihre eigenen Spuren hinterlassen. Es muß hier erwähnt werden, daß diese Vorgänge mit dafür verantwortlich zu machen sind, daß sich die Untersuchungen um den direkten Ablauf des Unfallhergangs ebenso verzögerten wie die Frage nach weiteren Unfallbeteiligten.

Gesicherte Fakten, die Auskunft über den Ablauf des Geschehens geben können, sind die Spuren im Tunnel und die ersten Fotos nach dem Unfall von dem noch nicht zerlegten Mercedes, sowie die Fundstücke von Lack- und Glassplittern. Der

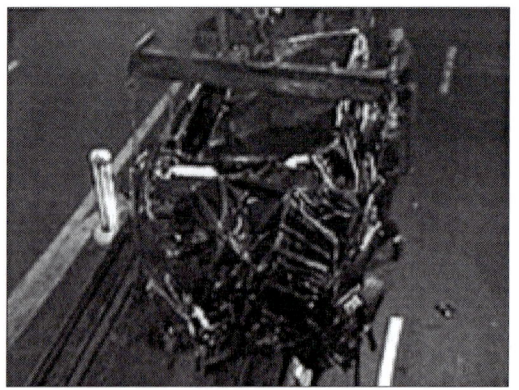

64 + 65

Das Autowrack von Reuters

65

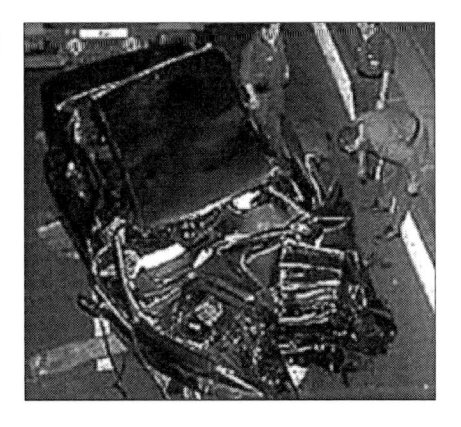

dritte Pfeiler zeigt leichte Beschädigungen, der dreizehnte stärkere. Die Tunnelwand weist vor dem dritten Pfeiler frische Kratzspuren auf der rechten Seite aus.
(Siehe hierzu Bildzitat 50)
Der Unfallwagen ist im gesamten hinteren Bereich unbeschädigt, vorn stark zerstört.
(Siehe hierzu Bildzitate 21 und 22)
Wie die Untersuchungsbehörden zwei Wochen nach dem Unfall zugeben mußten, wurden kurz vor dem dritten Pfeiler Glassplitter sowohl von dem rechten Scheinwerfer des Unfallwagens als auch vom Rücklicht eines Fiat entdeckt. Ebenfalls von einem Fiat stammen dunkle Lackspuren, die noch in der Unfallnacht im vorderen rechten Bereich, an den Resten des Kotflügels und der Beifahrertür, entdeckt wurden.

Persönliche Einschätzung:

Ich gehe nicht davon aus, daß die französische Spurensicherung hier schlampig oder bewußt falsch gearbeitet hat. Diese Beamten haben sicher ihr Bestes gegeben. Sie hatten es nur äußerst schwer, die wenigen gefundenen Spuren richtig einzuordnen. Nach privater Rücksprache mit mehreren Sachverständigen und Ermittlern, die ich persönlich seit langem kenne, stellt sich der Ablauf des Unfalls für mich ganz klar dar.

Nach der Einfahrt in den Tunnel mit ziemlich hoher Geschwindigkeit, mehr als 120 km/h waren es jedoch wohl kaum, mußte der Mercedes auf die linke Fahrbahn wechseln, weil rechts ein langsamer fahrendes Auto im Weg war. Beim Überholen hat dann dieser andere Wagen den Mercedes vorn rechts gerammt. Dort, wo auch die Glassplitter gefunden wurden, muß der Anprall erfolgt sein. Dadurch wurde der Mercedes gegen den dritten Pfeiler gedrückt, den er auch traf. Der Anprall war aber nicht so stark, daß der schwere Mercedes unkontrolliert nach rechts zurückgeworfen worden wäre.

Wie im Fahrkurs bei Daimler-Benz gelernt, versuchte Fahrer Henri Paul gegenzulenken. In dem Moment muß sich etwas Technisches ereignet haben, das ihm ein Abbremsen unmöglich machte. Es wurden zwischen dem dritten und dem dreizehnten Pfeiler keinerlei gesicherte Bremsspuren gefunden, ebenso keine Schleuderspuren, die auf heftige Ausweichbewegungen hätten hindeuten können. Wer einmal eine Unfallstelle auf der Autobahn betrachtet hat, wird in nahezu jedem Fall dunkle Reifenspuren auf der Fahrbahn bemerkt haben. Es ist eine völlig normale Reaktion für jeden Autofahrer, einem drohenden Unfall entgehen zu wollen. Bremsen und Ausweichbewegungen sind die natürlichsten Reaktionen. In diesem Fall sieht es aber eher so aus, als ob der Wagen noch weiter beschleunigt und dann den dreizehnten Pfeiler mit voller Wucht getroffen hätte. Von diesem Moment an war die Fliehkraft für den weiteren Ablauf verantwortlich. Der Wagen ›wickelte‹ sich förmlich um den Pfeiler, wurde so um 180 Grad gedreht und kam auf der gegenüberliegenden Straßenseite, durch die Tunnelwand gebremst, zum Stehen. Es gibt kaum eine andere logische Erklärung für das Zusammenspiel dieser gesicherten Spuren.

Den immer wieder verbreiteten Unsinn von einer Geschwindigkeit im Bereich von 190 km/h und dem daraus resultierenden Schleudern und Ausbrechen des Wagens entlarvt ein Blick auf die Straßenführung. Der Mercedes bog nach links in den Tunnel ein. Mit einer so hohen Geschwindigkeit hätte er dort direkt an die rechte Tunnelwand knallen müssen. Das weiß jeder Mensch, der im Physikunterricht nicht ständig geschlafen hat. Neben Spuren an der Tunnelwand hätte es an dieser Stelle auch Schleuderspuren geben müssen. Nichts war aber dort zu sehen. Wer sich diese Stelle einmal selbst ansieht, wird sofort erkennen, daß ein Abbiegen in den Tunnel mit mehr als 100 km/h kaum möglich ist, selbst für einen Rennfahrer. *Wieso krachte der Mercedes dann aber mit solcher Wucht auf den dreizehnten Pfeiler, daß die vordere Fahrzeugfront völlig demoliert war?* Das riecht schwer nach Manipulation am Wagen, da bin ich mir sicher.

Die wichtigen ersten Personen am Unfallort

Es herrscht bis heute noch Unklarheit darüber, wer als erster am Unfallort war. Normalerweise brüsten sich in solchen Fällen gleich mehrere Personen um dieses ›Privileg‹, das sich meist recht lukrativ vermarkten läßt. In diesem Fall aber nicht. Jeder der realen Zeugen gibt an, daß bei seinem Eintreffen bereits mehrere Personen anwesend waren. Meist ist die Rede von drei Männern mit Fotoausrüstungen. Sie werden als Paparazzi eingestuft und somit pauschal für die Hetze verantwortlich gemacht, die den Fahrer zu der schnellen Fahrt animiert hätte.

Wir wissen heute, daß dies nicht der Fall war. Es müssen drei andere Männer gewesen sein, keine Fotografen, denn diese brisanten Fotos mit dem noch qualmenden Unfallwagen wären mit Sicherheit veröffentlicht worden. *Wenn sie also Fotos gemacht haben, für wen waren diese bestimmt, und wie kamen sie so schnell an den Unfallort?* Da es sich um einen reinen Autotunnel ohne Gehweg handelt, müssen diese drei Personen bereits am Eingang gestanden sein, als der Mercedes in den Tunnel einfuhr. Anders war eine so rasche Präsenz am Unfallwagen nicht möglich. *Weshalb waren sie zu jenem Zeitpunkt dort?*

Persönliche Einschätzung:

Diese drei Männer, deren Existenz inzwischen unbestritten ist, sind in meinen Augen ein wichtiger Teil des Planes, der an jenem Abend zur Ausführung kam. Sie waren die Beobachter und möglicherweise auch potentielle Vollstrecker, falls der Unfall nicht den gewünschten Erfolg erzielt hätte. Dies ist die typische Art von Geheimdiensten, sich einen sofortigen Überblick zu verschaffen. Bei einem Unfall ist es sehr problematisch, den Tod von Zielpersonen exakt vorauszuplanen. Es gibt normalerweise viele Varianten von Verletzungen, die auch bei hoher Geschwindigkeit nicht immer tödlich verlaufen müssen. Immer wieder wird über ›ein Wunder‹ berichtet, wenn aus einem total zerstörten Wagen noch Überlebende geborgen oder Menschen auch nach schwersten Verletzungen gerettet werden. Will man aber sicher gehen, daß ein solcher als Unfall getarnter Anschlag auch wirklich die Zielpersonen ausschaltet, muß man sich direkt danach vom Erfolg augenscheinlich überzeugen. Ist der Erfolg nicht sicher, kann man dann noch etwas nachhelfen.

Ein weiteres Indiz für dieses Vorgehen ist der von mehreren Zeugen bestätigte Ausruf: »*Raus aus dem Tunnel, der Wagen wird gleich explodieren!*« Diese Warnung direkt nach dem Crash verfolgte nur den einen Zweck, die heraneilenden Menschen noch einige Sekunden länger von der Unfallstelle entfernt zu halten. Es hat ja auch funktioniert, wie uns Tom Richardson berichten konnte. Er hielt zusammen mit einem anderen Mann an, lief wieder aus dem Tunnel hinaus und rannte dann erneut wieder zum Unfallwagen, als die erwartete Explosion ausblieb. So blieb den drei unerkannten Männern genügend Zeit, ihre Aufgaben zu erledigen und sich dann in aller Ruhe, getarnt als Paparazzi, abzusetzen. Niemand hat sie bis heute identifizieren können oder wollen.

Schlampereien bei der Notrufzentrale

Wie wir wissen ging bei der Pariser Feuerwehr um 00.27 Uhr ein erster Notruf ein. Auf dem Band ist kein Dauerhupton zu vernehmen. Es war also rund zwei Minuten nach dem Unfall. Das deckt sich mit den Aussagen von Dr. Frédéric Maillez. Er erklärte selbst dazu: »*... ich ging zu dem Wagen und sah zwei wahrscheinlich Schwerverletzte, also rannte ich zurück zu meinem Auto, rief die Feuerwehr an, bat um zwei Krankenwagen, zwei Notarztwagen und nahm einige Arztgeräte aus meinem Kofferraum und rannte zurück zu dem Auto, um den Verletzten erste Hilfe zu leisten.*« Der Notruf ist aufgezeichnet und somit dokumentiert. Was allerdings nicht logisch erklärt wird, ist die Reaktion der Leitstelle auf diesen Anruf hin. Es dauert knapp zehn Minuten, bis ein erster Rettungswagen in Marsch gesetzt wird. Auf Anfrage erklärten die Verantwortlichen, daß es solange gedauert habe, bis die Richtigkeit des Anrufes geklärt war.

Persönliche Einschätzung:

Das ist völlig absurd. Man stelle sich vor: Ein französischer Notarzt telefoniert mit der Notrufzentrale. Er schildert genau einen Unfall mit Schwerverletzten. Er fordert detailliert zwei Kranken- und zwei Notarztwagen an, und die Rettungsstelle muß das zehn Minuten lang überprüfen? Zehn wichtige Minuten gingen verloren, in denen das Leben von Menschen auf dem Spiel stand! Das ist entweder völlig unprofessionell, oder es war Absicht. Eine andere Erklärung gibt es für mich nicht.

Wo lag die verletzte Diana im Unfallwagen?

Diese Frage tauchte auf, nachdem die unterschiedlichen Aussagen von Fotograph Romuald Rat und Dr. Frédéric Maillez an die Öffentlichkeit gedrungen waren. Der Fotograph hatte ausgesagt, daß er die hintere rechte Beifahrertür aufgemacht und sich über die Verletzte gebeugt habe, die hinter dem Beifahrersitz lag. Dr. Maillez hatte hingegen erklärt, daß er Diana hinter dem Fahrersitz liegend vorgefunden habe, als er sie zu behandeln begann. Das erschien anfänglich merkwürdig.

Persönliche Einschätzung:

Diese Ungereimtheit hat mich mehrere Jahre lang beschäftigt:
- *Wieso dieser offensichtliche Widerspruch?*
- *Was konnte dahinter stecken?*

Ich fand anfänglich keine logische Erklärung, wenn man einmal wilde Spekulationen außer acht läßt. Erst als ich im vergangenen Jahr mehr zufällig einen Fernsehbericht über Crashtests sah und ich mich an ein Detail aus den offiziellen Unterlagen erinnerte, fiel mir die Lösung dieses Problems ein. Beide Männer hatten sich nicht geirrt. Durch die Fliehkraft des nach rechts schleudernden Autos war Dianas Körper nach dem schweren Anprall an den dreizehnten Pfeiler nach links gegen Dodi geworfen worden. Wie dem Bericht zu entnehmen war, hatte sich ihr linkes Bein aber unter dem Beifahrersitz eingeklemmt. Deshalb konnte sie nicht ganz auf die linke Autoseite geschleudert werden. Sie lag also quer im Fond. Romuald Rat, der sie von der geöffneten rechten Tür aus angesprochen hatte, sah ihre Beine direkt vor sich. Dr. Maillez, der sich ihr durch die linke hintere Tür näherte, die inzwischen geöffnet worden war, sah sie also als hinter dem Fahrersitz liegend vor sich. Es ist kein besonderes Geheimnis mehr um diese beiden sich anscheinend widersprechenden Aussagen.

Behandlung und Abtransport werden zum Drama

Zum besseren Verständnis der Ereignisse rund um die Erstversorgung und den Abtransport der verletzten Diana werfen wir zuerst einen Blick in den offiziellen Bericht über ihre Verletzungen. *»...eine 3 cm lange Wunde auf der Stirn, ein Schnitt oberhalb der Lippe, mehrere gebrochene Rippen, eine Fraktur des rechten Arms, eine 8 cm lange Wunde am rechten Oberschenkel, Prellungen an beiden Händen und Füßen und ein Schnitt auf der rechten Gesäßhälfte.«* Dies bezieht sich alles auf die sichtbaren Verletzungen, die alle nicht zum Tod geführt hätten. Als Todesursache wird im offiziellen Bericht angegeben: »*...innere Blutungen im Brustkorb und ein rapides Absinken des Blutdrucks, bedingt durch einen Riß der linken Lungenvene (Vena pulmonalis).*« Diese Lungenvene versorgt den linken Herzvorhof mit frischem Blut. Sie gehört zu den starken Venen des Körpers und steht unter hohem Druck. Ein Riß führt sofort zu hohem Blutverlust und kann außerhalb eines Krankenhauses kaum versorgt werden. Dies gehört zum ärztlichen Grundwissen. Darum ist rascher Transport in das nächstgelegene Krankenhaus die einzig richtige Diagnose bei einer solchen Verletzung. Größtes Problem ist hierbei der meist rasch abfallende Blutdruck, den es vorsichtig zu stabilisieren gilt. In den meisten Fällen geschieht dies seit mehr als zehn Jahren während des Transports ins Krankenhaus. Nur, im Fall Diana lief alles anders ab. Nachdem Dr. Frédéric Maillez eine erste rasche Untersuchung der Verletzten vorgenommen hatte, begann er allein mit der Stabilisierung des Blutdrucks. Dann wurde er von den eintreffenden Notfallrettern unterstützt. Unterdessen machten sich die Feuerwehrleute daran, das Wagendach abzuschneiden. Dann verstrichen quälende 44 Minuten, bis sich der Krankenwagen mit der Verletzten an Bord endlich in Bewegung setzte. Er erreichte das Krankenhaus *Pitié Salpétrière* erst um 02.05 Uhr. Es waren inzwischen 1 Stunde und 40 Minuten seit dem Unfall vergangen. Dr. Maillez erklärte zu diesem Zeitablauf und der langwierigen Erstversorgung am Unfallort: »*Die Philosophie hierbei ist es, zu versuchen, den Patienten so gut wie möglich zu stabilisieren, weil ein Transport in so einem Zustand sehr gefährlich für den Patienten sein kann.*«

Dr. David Wassermann, ein anerkannter Notfallspezialist aus Amerika mit neunjähriger Praxis als Notarzt in den größten Notfallzentren der USA und auch am bekannten ›Hackensack Medical Center‹ in New Jersey tätig, äußerte sich hierzu völlig anders: »*Das Stabilisieren solcher Patienten am Unfallort ist ein Fehler, den wir in den USA jahrzehntelang gemacht haben, bevor wir die sogenannte ›Scoop-and-run Methode‹ vor rund zehn Jahren eingeführt haben.*« Bei dieser Methode erfolgt eine rasche Grundversorgung des Patienten und danach der schnellstmögliche Transport in das nächste Krankenhaus. Auf die Frage, ob Diana hätte gerettet werden können, erklärte er, daß bereits eine Zeiteinsparung von 30 bis 40 Minuten gereicht hätte, um die Chancen für eine Rettung zu vervielfachen. Ein anderer Experte aus den USA, Dr. John Ochsner, der eine eigene Klinik in New Orleans leitet, übte auch harsche Kritik an den Stabilisierungsmaßnahmen vor Ort und im Krankenwagen. *»Mit Hilfe von Elektroschocks und Schlägen den Blutdruck zu stabilisieren, ist bei dieser Verletzung der größte Fehler. Hierbei wird die verletzte Vene weiter geschwächt, und es fließt mehr Blut hinaus. Wenn Sie ein Leben wirklich retten wollen, muß der Transport in einen Operationsraum so schnell wie nur möglich erfolgen.«* Auch er war der Meinung, daß Diana bei schnellerem Transport und dem raschen Anschluß an eine Herz-Lungen-Maschine größere Chancen gehabt hätte. *»Wenn wir davon ausgehen, daß sie rund zwei Stunden nach dem Unfall noch gelebt hat, wäre sie nach einer Stunde im Hospital noch zu retten gewesen.«* Er kam so zu nahezu dem gleichen Ergebnis wie sein Kollege Dr. Wassermann. Selbst der inzwischen verstorbene Herzspezialist John Barnard hatte die lange Erstversorgung als großen Fehler bei der Behandlung Dianas kritisiert.

Persönliche Einschätzung:

Bereits in der Unfallnacht, als die ersten Bilder aus dem Tunnel durch die Fernsehmedien gingen, konnte ich mich des Eindrucks nicht erwehren, daß für alle Beteiligten an der Versorgung der verletzten Diana die Zeit kein wirkliches Thema war. Ich habe in meinem Leben als Journalist und Autor bereits selbst zahlreiche schwere Unfälle aus der Nähe erleben können. Die Notärzte haben dabei meist ruhig, aber schnell gearbeitet; die Ambulanzen fuhren bald darauf die Verletzten mit Blaulicht und eingeschalteter Sirene rasch fort. Als ich dann im Fernsehen miterlebte, wie der Krankenwagen im Schrittempo aus dem Tunnel kam, mußte ich den Kopf schütteln. Immer wieder dachte ich: Jetzt muß er doch beschleunigen, doch er rollte langsam weiter, bis er aus dem Bild war. Ein Sprecher des Krankenhauses bestätigte auch später, daß die Ambulanz auf

Anweisung des Arztes so langsam gefahren sei und daß dies eine in Frankreich übliche Vorgehensweise sei.

Ich muß gestehen, daß ich anfänglich Dr. Frédéric Maillez im Verdacht hatte, an diesem Komplott mitbeteiligt gewesen zu sein. Ich möchte mich im nachhinein für diese Gedanken bei ihm entschuldigen. Heute weiß ich, daß er im Rahmen seiner damaligen Erkenntnisse ebenso alles getan hat, das Leben der Diana Frances Spencer zu retten, wie seine Kollegen im Krankenhaus *Pitié Salpétrière*. Sie alle wußten es in jenem Augenblick nicht besser. Mir wurde bestätigt, daß zu jenem Zeitpunkt die Vorgehensweise der gründlichen Stabilisierung vor Ort in Frankreich ebenso wie in einigen anderen europäischen Ländern völlig üblich war. Die Erkenntnisse aus der amerikanischen Notfallpraxis hatten noch keinen Einzug in die Alltagspraxis des Notarztwesens gefunden. Dies muß allerdings auch den Personen bekannt gewesen sein, die einen Anschlag geplant hatten. Mit Sicherheit war dies auch einer der Gründe für die Auswahl des Unfallortes. Ein Tunnel, da kann kein Hubschrauber direkt landen, Frankreich und die dort herrschende Rettungsphilosophie, und natürlich bei Nacht, da können Tatbeteiligte am schnellsten ungesehen untertauchen.

Die große Desinformationskampagne

Bereits in den ersten Minuten nach dem Unfall setzte eine Welle von Zeugenaussagen ein wie selten zuvor. Dabei ist besonders bemerkenswert, daß es kaum wirkliche Augenzeugen gab und sich einige der direkt Beteiligten gar nicht meldeten. *Wo kamen dann diese vor Aussagen sprudelnden Menschen alle her?* Allen voran diese wohl meistinterviewte US-Familie Firestone, die in die Rubrik ›besonders geschäftstüchtig‹ einzureihen ist. Es ist aber auch heute noch unverständlich, warum alle ihre Lügengeschichten so kommentarlos gesendet wurden. Es war offensichtlich, daß sie nie wirkliche Augenzeugen waren, doch gerade britische und US-amerikanische Fernseh-Sendeanstalten strahlten diese Interviews tagelang aus. Hier drängt sich der Verdacht auf, daß es wirklich keine einfache Touristenfamilie war. Dies erkannte auch der angesehene Journalist Laszlo Veres. In Stern-TV bei Günther Jauch sprach er sichtlich erregt über seinen Verdacht: »...*nein, das war nicht zufällig, das war nicht zufällig, ich glaube das nicht, das glaube ich einfach nicht... ich glaube nicht, daß es ein unschuldiges Ehepaar ist!...*«

So wie dieser Journalist, denken inzwischen auch andere. Es gibt allerdings keine Beweise dafür, daß dieses Ehepaar im Auftrag gehandelt habe. Das trifft auch auf die zahlreichen anderen falschen Zeugenaussagen zu. Wir können es nur vermuten. Betrachten wir aber die Reihenfolge der Meldungen um den Unfall und die Art der Aufbereitung, läßt sich ein Schema erkennen, das zwei Ziele hat: den Grund für die hohe Geschwindigkeit als Flucht vor den Paparazzi zu erklären und den Crash als normalen Unfall in Folge eines alkoholbedingten Fahrfehlers darzustellen. Unter den gleichen Gesichtspunkten betrachtet, rückt dann auch die Informationspolitik der französischen Behörden in ein anderes Licht.

31. August 1997

Die Meldungen über den tragischen Autounfall und den Tod des prominenten Paares liefen hektisch über die Ticker der Agenturen. Sofort wurden gezielt Meldungen eingestreut, daß die Paparazzi für den Unfall verantwortlich seien. Sie hätten Diana und ihren Freund »in den Tod gehetzt«. So war es auch nicht weiter verwunderlich, daß die erste, noch druckfeuchte Schlagzeile verkündete: »*Prinzessin Diana von Paparazzi in den Tod gehetzt!*« Somit waren die ersten Fragen nach dem »Wie ist es geschehen?« bereits beantwortet, noch bevor sie laut gestellt wurden. Später als unglaubwürdig entlarvte sogenannte Augenzeugen wie diese Familie Firestone untermauerten die ersten Erklärungen dann noch wortgewaltig und brachten neue Begriffe wie ›Blitzlichtgewitter‹, ›Fotografenmeute‹ und ›behindern statt helfen‹ ins Medienspiel. Da zu einem Unfall aber nicht nur Verfolger, sondern auch ein Verursacher am Lenkrad gehört, wurde der »unfähige Aushilfsfahrer ohne Berechtigung« kreiert. Dies alles geschah bereits wenige Stunden nach dem

Unfall, ohne daß eine offizielle Stellungnahme zu bekommen war. Die Weichen für den weiteren Verlauf der Meldungen waren so gestellt.

1. September 1997

Zur offensichtlichen Unterdrückung anstehender Fragen nach weiteren Unfallbeteiligten erschienen die Agenturen an diesem Tag mit der Sensation »*Unfallfahrer Henri Paul war alkoholisiert!*« Wie in solchen Fällen üblich, wurde diese Meldung zur besten Sendezeit direkt in laufende Sendungen eingeblendet. In fast allen Fernsehsendern liefen zu dieser Zeit Berichte über Diana, ihr Leben und ihre beiden Söhne. Später am Tag folgte noch der Hinweis, daß der Alkoholspiegel bei 1,8 Promille gelegen habe.

66

Einblendung

67

Einblendung

Für alle Hausfrauen dieser Welt war nun klar, Henri Paul hatte ihr Idol Diana in den Tod gefahren. Er war dabei betrunken und auf der Flucht vor wild fotografierenden Paparazzi. So jedenfalls das Ergebnis aller Veröffentlichungen bis zu diesem Zeitpunkt. Zur Untermauerung erscheinen sofort wieder neue Zeugen auf der Bildfläche. In den folgenden Tagen erscheinen fast stündlich neue Meldungen über das angebliche Alkoholproblem Henri Pauls, gestützt auf Zeugenaussagen aus Bars, in denen er getrunken haben soll, und mit ›unsichtbaren Zeugen‹, denen er schon lange als Alkoholiker bekannt war.

Eine zweite Blutprobenuntersuchung fällt mit 1,96 Promille noch höher aus. Henri Paul ist jetzt endgültig als Alkoholiker abgestempelt. Andere Äußerungen wurden sogleich im Keim erstickt. Alle Aussagen von Vorgesetzten, der Familie al Fayed und auch des direkt anwesenden Leibwächters Wingfield wurden als Schutzbehauptungen abqualifiziert. Ihnen sollte keine weitere Beachtung mehr geschenkt werden. Zur Untermauerung der eigenen Glaubwürdigkeit forderten die al Fayeds neue Untersuchungen. Diese wurden von den Untersuchungsbehörden auch umgehend angeordnet. Da bis zu diesem Zeitpunkt alle Verschleierungsmaßnahmen ihren Zweck erfüllt hatten, ist man sich bei den dafür Verantwortlichen sicher, Henri Paul auch weiterhin zum einzigen Sündenbock abstempeln zu können.

10. September 1997
Nun sollen alle Hoffnungen der al Fayeds zerstört werden. Hierzu bietet sich als beste Gelegenheit die dritte Blutprobe an, die man ja auf den Wunsch der Familie, und nicht aus eigenem Kalkül durchgeführt hat. Das Ergebnis schlägt als weitere Bombe in der Medienwelt ein: Nicht nur rund 1,9 Promille Alkohol, sondern zusätzlich auch noch Aufputschmittel sind nachgewiesen worden!

Nun wird ein erster Fehler in dieser inszenierten Beweiskette sichtbar, den jeder logisch denkende Mensch sofort erkennen muß: *Warum wurden die namentlich erwähnten Aufputschmittel ›Tiapride‹ und ›Prozac‹ erst beim dritten Bluttest ermittelt? Wieso hat man eine so brisante Konzentration bei den beiden vorausgegangenen*

Untersuchungen nicht gefunden? Die offizielle Antwort auf diesbezügliche Pressefragen lautet: »*Wir haben zuerst nur auf Alkohol getestet und erst auf den Wunsch der Familie al Fayed hin genauere Untersuchungen durchgeführt.*« Das ist völlig unglaubwürdig. Bei jedem Verkehrsunfall mit drei Todesopfern, auch wenn sie weniger prominent als im vorliegenden Fall waren, wurden auch im Jahre 1997 bereits umfassende Untersuchungen der Blutproben von Unfallfahrern angeordnet. Dies betraf die Untersuchungen auf Alkohol, Drogen und Medikamente. Bei einem so spektakulären Unfall wie diesem, mit der bekanntesten Prinzessin der Welt und einem Milliardärssohn als Opfern, würde sich kein Ermittlungsbeamter den Fehler erlauben und nur Teiluntersuchungen anordnen.

Für so dumm halte ich keinen französischen Kriminalbeamten in verantwortlicher Position. Doch selbst dann, wenn man es bei der ersten Untersuchung vergessen hätte, wäre dies mit Sicherheit nicht bei der zweiten Untersuchung ausgeblieben. Im ›Fall Diana und Dodi‹ war aber alles ganz anders. Hier wurde drehbuchreif eine gewollte Spannung erzeugt: 1,7 Promille, dann 1,9 und obendrauf noch die Aufputschmittel – Hollywood läßt grüßen.

Die Gründe hierfür liegen ebenfalls klar erkennbar auf der Hand:
- Henri Paul war mit diesem Meldungsverlauf für die gesamte weltweite Trauergemeinde als volltrunkener und drogensüchtiger Unfallverursacher abgestempelt.
- Die ihn entlastenden Videos der al Fayeds vom Unfallabend waren völlig entkräftet.
- Auch alle anderen Aussagen aus seinem Umfeld, die ihn vom Alkoholvorwurf entkräfteten, waren nun wertlos.
- Es gab nun keinen Grund mehr, weitere Untersuchungen zu fordern oder weitere Tatverdächtige zu ermitteln. Der Schuldige stand für alle fest.

Doch auch jetzt blieben die kritischen Zweifler nicht stumm. Journalisten begannen intensiver im Umfeld des Toten zu recherchieren.

11. September 1997

Nach einem Interview mit Henri Pauls Mutter, das von der Agentur Reuter verbreitet wurde. Die Frau erklärte glaubwürdig, daß ihr Sohn zu keinem Zeitpunkt ein Alkoholproblem gehabt habe. Wörtlich fügte sie an: »*Er bezahlte für Persönlichkeiten, die er fuhr.*« Sie war fest davon überzeugt, daß ihr Sohn nur als Sündenbock herhalten sollte. Ein enger Freund Henri Pauls, sein langjähriger Tennispartner Claude Garrec, wurde ebenfalls interviewt. Hierbei erklärte er, daß beide an jenem bewußten Samstag, wie bereits seit Jahren an zahlreichen anderen Wochenenden auch, vormittags Tennis gespielt hätten. Nach Spielende seien sie dann in eine Pariser Bar gegangen, um etwas zu trinken. Henri Paul habe nur eine Cola light getrunken, keine Rede von Alkohol. Diese Aussage ist in ihrer Gesamtheit besonders sorgfältig zu werten. Wäre Henri Paul wirklich Alkoholiker und Dauerkonsument von Antidepressiva gewesen, hätte er dies vor seinem langjährigen Tennispartner mit Sicherheit nicht verbergen können. Der zwangsläufige Leistungsabfall hätte sich gezeigt. Auch ein kurzfristiger Alkohol- und Medikamentenexzeß an den Vortagen wäre nicht unerkannt geblieben. Mit Sicherheit haben diese veröffentlichten Aussagen die Initiatoren der Desinformationskampagne erschüttert und auch etwas verwirrt. Durch eine solche Aussage, aus dem direkten Umfeld von Henri Paul, wackelte nun auch das Ergebnis der dritten Blutuntersuchung. Alle Menschen, die ihm nahe standen, erklärten unabhängig voneinander sehr deutlich, daß Henri Paul zu keinem Zeitpunkt übermäßig Alkohol getrunken oder irgendwelche Psychopharmaka eingenommen habe. Das mußte alle, die für eine rasche Klärung der Angelegenheit mit dem Ergebnis »betrunkener und süchtiger Fahrer als einziger Unfallgrund« waren, zu raschen Reaktionen animieren. So dauerte es nur knapp drei Wochen, dann konnte man die neuen Anschuldigungen weltweit nachlesen.

30. September 1997

Reuter Meldung: »*Neue Laboranalysen haben ergeben, Henri Paul, der Sicherheits-Angestellte des Ritz-Hotels, der die Limousine fuhr, in der Prinzessin Diana starb, war seit langer Zeit Alkoholiker...*« Die offizielle Begründung für das Auffinden dieser neuen Informationen wurde von offizieller Seite mit »Untersuchungen an Haaren und der Flüssigkeit der Augäpfel« angegeben. Diese Aussage wirft aber unwillkürlich die Frage auf: Warum plötzlich solche Untersuchungen, wenn man doch anfangs nur auf Alkohol getestet hat? Außerdem hatten die Untersuchungsbehörden bereits am 11. September 1997 den Leichnam offiziell zur Bestattung freigegeben – und nun, mehr als zwei Wochen nach der vollzogenen Beerdigung, überraschend diese neuen Untersuchungsergebnisse; das wirkt auf den neutralen Rechercheur zumindest merkwürdig. Einige Irritationen entstanden dann auch durch Übersetzungsfehler. Da stand in der englischen Version des Untersuchungsberichtes der Begriff »*moderate alcoholism*«. Wer des Englischen ein wenig mächtig ist, weiß, daß *moderate* mit ›angemessen‹ oder ›gemäßigt‹ zu übersetzen ist, also eher abschwächend. Einige deutsche Journalisten machten aber eine »moderat-chronische Alkoholvergiftung« daraus. Dies übernahmen dann wieder Journalisten anderer Länder, und schon war die Mär von der chronischen Alkoholvergiftung geboren, die von nun an immer wieder moderiert wurde. Es meldeten sich auch sogleich wieder die immer bereit stehenden Berufszeugen, die natürlich wieder unerkannt bleiben wollten. Sie überschlugen sich fast mit ihren Aussagen, und so war es nicht weiter verwunderlich, daß Henri Paul gleichzeitig in vier Lokalen beim Trinken gesehen worden sei. Die bisher im Sinne ihrer Betreiber recht gut funktionierende Desinformationsmaschinerie wurde weiterhin mit den passenden Meldungen gefüttert und so in Betrieb gehalten.

Persönliche Einschätzung:

Den letzten Schachzug der ›Desinformations-Planer‹ halte ich persönlich für den bisher besten. Wer soll jetzt noch beweisen können, daß der Mann am Abend des 30. August 1997 nüchtern war? Weitere Beweise, die dagegen sprechen könnten, waren durch diese Meldung bereits im Vorfeld widerlegt, und auch das ominöse zweite Auto, der dunkle Fiat Uno, der immer wieder ins Spiel gebracht worden war, verlor nun in den Augen der Öffentlichkeit an Interesse, denn ein Vollalkoholiker im permanenten Dilerium ist normalerweise Unfallgrund genug. Nicht aber für logisch denkende Menschen, denn wenn dieses Ergebnis wirklich echt gewesen wäre, hätte Henri Paul an jenem Tag nicht bis zum Mittag, von seinem Partner völlig unbemerkt, Tennis spielen, dann normal seinen Dienst versehen und am Nachmittag seinen Chef und Diana vom Flughafen abholen können, ohne daß auch nur die Spur eines Verdachts aufgekommen wäre, er hätte Alkohol getrunken. Eben diese Meldung gab mir den letzten Beweis, daß der Mann nüchtern war und zum Sündenbock abgestempelt werden sollte: In ihrem Eifer, die leidigen Fragen nach dem Alkoholisierungsgrad des Fahrers ein für allemal aus der Welt zu schaffen, sind die Initiatoren der Nachricht nämlich weit über das geplante Ziel hinausgeschossen.

Den Zustand, den man der Öffentlichkeit damit suggerieren wollte, kann niemand vor seiner Umwelt völlig verbergen. Das haben mir verschiedene Ärzte und Psychologen bestätigt, die mit Alkoholkranken zu tun haben. Dies ist ein wichtiger Punkt, der von den Planern des Attentates wohl nicht richtig bedacht wurde. Spätestens zu diesem Zeitpunkt stand für mich und zahlreiche andere Menschen fest: Es war kein normaler Unfall, sondern ein Anschlag, der gut geplant und professionell durchgeführt wurde. Daß der Bericht nicht stimmen konnte, hat sich im Jahre 2004 dann bestätigt. Die britische Polizei bemängelt das Fehlen der exakten DNA-Bestimmung. Hätte man damals einwandfrei Haare und Flüssigkeit aus den Augen des echten Henri Paul entnommen, wäre es eine Leichtigkeit gewesen, daraus die DNA zu bestimmen. Daran glaubt aber offensichtlich noch nicht einmal *Scotland Yard*.

Kapitel 5
Die Motivsuche

Wenn so wie in diesem Fall ein begründeter Verdacht auf eine Straftat vorliegt, muß neben den Indizien auch die Frage: »*Wer hat ein Motiv?*« geklärt werden. In vielen Kriminalfällen gestaltet sich die Suche nach einem Mordmotiv wie die Suche nach einer Nadel im Heuhaufen. Beim Tod von Lady Di und ihrem Geliebten ist es völlig anders. Da drängen sich so viele Motive auf, daß die Auswahl schwierig wird. Sie ist auch der Hauptgrund für die sofort nach dem Unfall zahlreich aufgekommenen Verschwörungstheorien.

Die meisten der bisher geäußerten Mord- und Anschlagtheorien rund um den Autounfall in der Nacht des 31. August 1997 gehen bei der Frage nach dem oder den Auftraggebern von Mitgliedern der königlichen Familie aus. Hierbei steht immer Diana als ausgewähltes Opfer im Vordergrund. Es tauchen auch immer wieder andere Versionen auf, die rasch verbreitet werden. Hierbei bietet das Internet eine wahre Fundgrube an Theorien. Von der Waffen-Mafia ist da die Rede, und selbst Aliens als ausführende Mordgesellen werden ebenso benannt wie religiöse Sekten oder andere Fanatiker. Es wird auch auf verschiedenen Seiten die Mär verbreitet, das Liebespaar hätte seinen Tod nur vorgetäuscht, um jetzt in Ruhe auf einer Karibikinsel zu leben.

All diese Fantastereien sind ebenso logisch wie der Gedanke, daß Marylin Monroe und John F. Kennedy zusammen mit Elvis auf einer Nachbarinsel leben. Wenden wir uns lieber den ernsthaften Möglichkeiten zu, die sich hier logisch anbieten.

Als objektiver Rechercheur steht für mich heute mehr denn je fest, daß es sich nicht um einen bloßen Autounfall gehandelt, der von einem betrunkenen Fahrer ausgelöst worden sei. Die Masse der ermittelten Indizien spricht da leider eine völlig andere Sprache. Jeder Staatsanwalt in unserem Land hätte kein Problem, bei so offensichtlichen Indizien auf Mord zu plädieren und seine Anklageschrift vorzubereiten. Was ihm jetzt noch zur Abrundung fehlen würde, ist das zündende Motiv, das alle Indizien in das rechte Licht rückt.

Wir haben in dieser Angelegenheit zwar zahlreiche Menschen und Interessensgruppen, die Lady Diana Spencer lieber tot als weiter turtelnd in den Klatschspalten der Medien gesehen hätten. Doch reichen diese Motive allein für so einen Anschlag aus? Alle offiziellen Stellen bestreiten dies heftig und liegen sicher nicht so ganz falsch mit ihren Dementis. In den meisten Komplottüberlegungen werden die Queen, Elisabeth II., und ihr Sohn, Prinz Charles, genannt. Dieser steht seit der Veröffentlichung von Dianas Brief aus dem Jahre 1996 und der Veröffentlichung seines Namens im Jahre 2004 natürlich an erster Stelle der Verdächtigen.

Erster Verdacht – die Queen und ihre Vasallen

Wenn man nach Motiven und Verdächtigen für einen möglichen Anschlag gegen Diana sucht, stehen das britische Königshaus und seine Vasallen natürlich ganz oben auf der Liste. Bereits kurz nach ihrer Eheschließung mit Prinz Charles wurde Diana zum Problem. Alle hatten die junge, unerfahrene Frau an der Seite des zukünftigen Thronfolgers zuvor als eine willige und leicht zu leitende Ehefrau eingeschätzt. Ihre Hauptaufgaben sollten das Repräsentieren, natürlich nur an der Seite ihres Gatten und in seinem Schatten, sowie das ›Produzieren‹ von gesunden Erben sein. So war es seit Jahrhunderten den Gattinnen britischer Könige vorbestimmt, und so sollte es auch weiterhin bleiben. Doch Diana interpretierte ihre Rolle zur allgemeinen ›royalen Verwunderung‹ auf eine völlig andere Art. Die Queen mußte bald erkennen, daß ihr Sohn Charles nicht in der Lage war, in dieser Ehe auf Dauer die ihm vorbestimmte dominierende Rolle zu spielen, und das verbitterte sie über die Jahre hinweg.

Mit dem Eintritt in die königliche Familie änderte sich das Leben der jungen Prinzessin Diana auf eine Art, die sie selber sich nicht hatte vorstellen können. Mit ihrer Hochzeit im Juli 1981 hatten die ›Royal Rules‹, die ungeschriebenen und teilweise auch geschriebenen Gesetze und Regeln der britischen Society, als einziger Leitfaden für ihr weiteres Leben von ihr Besitz ergriffen und sollten sie bis zu ihrem Tod nicht mehr loslassen, so sehr sie sich auch dagegen wehrte.

Die ›Royal Rules‹ sind ein Codex aus einem Gemisch von Umgangsformen, Verhaltensweisen, Extravaganzen, Gefühllosigkeiten, Fallen, gesellschaftlichen Normen und Verlogenheiten, über die nur wirkliche Insider völlig informiert sind. Sie haben sich über die Jahrhunderte entwickelt, aber nie dem tatsächlichen Leben angepaßt. Sie dienen zur Aufrechterhaltung einer Tradition und eines Lebensstils, den sich der Normalbürger nicht vorstellen kann. Kurz vor dem Hochzeitstag wurde ihr brutal klar gemacht, was sie demnächst erwarten sollte.

Gulu Lalvani, ein indischer Geschäftsmann und seit Beginn der 80er Jahre väterlicher Freund Dianas, berichtete nach ihrem Tod im deutschen Fernsehen über einen dieser Vorfälle. Bereits in der Verlobungszeit betrog Prinz Charles seine zukünftige Frau mit seiner Geliebten, Camilla Parker-Bowles, und Diana wurde darüber informiert.

Lalvani wörtlich: »*Sie erfuhr es zwei Wochen vor der Hochzeit. Zufällig fand sie einen Liebesbrief von Camilla im Buckingham Palast. Diana wollte damals die Hochzeit absagen, aber Charles bat sie um Verzeihung und versprach, die Beziehung zu Camilla zu beenden, die damals ja auch verheiratet war. Aber schon zwei Monate nach der Hochzeitsreise ging die Geschichte wieder los.*«

68. *Gulu Lalbani*

Ich möchte Herrn Lalvani keine Unkenntnis unterstellen. Wer sich aber etwas genauer mit den Gepflogenheiten im Buckingham Palast befaßt, dem wird sofort klar, daß man dort einen solch brisanten Brief nicht ›zufällig‹ findet. Dazu gibt es zu viele Bedienstete, die ständig aufräumen. Bei den Royals gibt es solche Zufälle seit Jahrhunderten nicht. Da werden diese Dinge gesteuert, sie dienen als altbekannte Mittel für Hofintrigen.

Wie sehr auch im Jahre 1981 die Traditionen noch das höfische Leben bestimmten, zeigt uns eine kleine Begebenheit am Vorabend der prunkvollen Hochzeit. Diana, eine moderne junge Frau, wollte mit ihren beiden Freundinnen Carolyn und Anne eine kleine Party als Abschied vom Ledigenleben feiern. Das war aber bei Royals nicht so geplant. Sie mußte sich unter Tränen belehren lassen, daß man in königlichen Kreisen als Braut den letzten Abend vor der Hochzeit still im Kreise der Verwandten zu verbringen habe. Das gebietet die Tradition, und die Royals stellten sich die Frage: »*Wieso weiß sie das denn nicht? Ist sie nicht von gutem Adel?*«

›Von-gutem-Adel-Sein‹ ist die einzige Wertschätzung, die in der britischen Adelsgesellschaft als Kriterium der Dazugehörigkeit akzeptiert wird. Entweder man entspricht diesem Wert, oder man wird nie wirklich dazugehören können. Glaubt man britischen Insidern, so wurde der ehemalige Chef des weltbekannten Auktionshauses Sotheby's in der Society nur ›Trödler‹ genannt, und für den Bier-König Guinnes hatte man den Spitznamen ›Schnapshändler‹. Die junge Lady Diana wurde nach ihrer Heirat mit Prinz Charles als ›wildgewordene Kanone‹ (*loose cannon*) bezeichnet. Grund hierfür war ihre unbeugsame und oft auf Konfrontation angelegte Art, mit der sie sich den ›Königlichen Regeln‹ (*Royal Rules*) nicht beugen wollte.

Es muß an dieser Stelle nicht auf alle Querelen eingegangen werden, die sich zwischen Diana und den Royals abgespielt haben. Bis ins letzte Detail wurden all diese Vorfälle inzwischen über zwei Jahrzehnte hinweg veröffentlicht. Einige dieser Begebenheiten sind allerdings für unsere weiteren Überlegungen wichtig, rücken sie doch das offizielle Bild ins Licht, in dem Diana kurz vor ihrem Tod bei der britischen High Society stand.

Nach der Scheidung von Prinz Charles zählte sie nicht mehr zu den Mitgliedern der königlichen Familie und verlor ihren Titel ›Königliche Hoheit‹ (*Royal Highnes*). Somit wurde sie automatisch aus der britischen Machtzentrale, dem ›Inneren Zirkel‹ (*Inner Circle*), ausgeschlossen. Dies ist das unmittelbare Umfeld der Queen.

Für Außenstehende ist es sehr schwierig, die Personen genau zu bezeichnen, die diesen besonderen Kreis bilden. Es gehören Familienangehörige, privilegierte Adlige und Würdenträger ebenso dazu wie getreue und verschwiegene Bedienstete. Die Schaltzentrale dieses elitären Kreises war und ist der Buckingham Palast.

Hier galt die Mutter der beiden potentiellen Thronerben und Prinzessin von Wales nach der Scheidung als ›*persona non grata*‹. Dies hatte auch zur Folge, daß sie nicht mehr unter dem allumfassenden Schutz stand, der den Buckingham Palast, seine Bewohner und Freunde überall umgibt. Sie zog in das Anwesen nach Kensington und befand sich so plötzlich außerhalb dieses Schutzschildes. So wurde sie angreifbar, ohne es sofort zu erkennen. Dieser neue Zustand wurde ihr aber schnell klar gemacht. Bald erkannte sie, daß sie von nun ab mit Intrigen und Ränkespielen aller Art rechnen mußte. Ihr Ansehen in der Öffentlichkeit wurde gezielt demontiert.

Der erste große Skandal jener Jahre hatte private Telefonate Dianas zum Inhalt. MI 5, der britische Inlandsgeheimdienst, hatte Telefonate der Prinzessin mit angeblichen Liebhabern abgehört. Durch angebliche Indiskretionen waren die Abhörprotokolle an die Öffentlichkeit gelangt. Jedem normal denkenden Menschen ist aber klar, daß ein Geheimdienst solche brisanten Abhöraktionen nicht grundlos durchführt. Hierzu bedarf es Anweisungen und Genehmigungen. Diese kamen direkt aus dem Buckingham Palast.

Die stets sensationsgierige Presse tat dann das, was ihr Geschäft ist: Sie berichtete intensiv über jede Kleinigkeit, die ihr von den üblichen ›gut informierten Kreisen‹ zugetragen wurde. So kam auch jene Beleidigungsklage an die Öffentlichkeit, die 1996 von den Medien wie folgt verbreitet wurde: »*Die persönliche Assistentin von Prinz Charles liegt im Rechtsstreit mit Prinzessin Diana. Die Anwälte von Tiggy Legge-Bourke teilten heute mit, sie hätten Prinzessin Diana zur Rücknahme ›verletzender Äußerungen‹ gegenüber der Mandantin aufgefordert. Die Noch-Ehefrau von Prinz Charles soll Legge-Bourke – eine ständige Begleiterin des Thronfolgers – auf einer Weihnachtsfeier für Palast-Angestellte im Dezember beleidigt haben. Der Inhalt der Äußerungen wurde nicht mitgeteilt.*«

Der wahre Grund für diesen Streit der beiden Frauen kam erst einige Zeit später ans Tageslicht und zeigt ein weiteres Motiv auf: den Streit um die beiden Söhne und ihre Erziehung. Die Queen wollte, daß die beiden Thronerben von deren Geburt an von denselben Bediensteten erzogen würden wie ihre Kinder zuvor. Prinz Charles, meist ein braver Sohn, beugte sich kommentarlos diesem Diktat seiner Mutter. Diana tat das nicht. Sie brachte laut zum Ausdruck, daß sie ihre Kinder selbst erziehen wolle.

Die gutaussehende Tiggy Legge-Bourke war nicht nur eine Angestellte von Prinz Charles. Sie war von der Queen und ihren Beratern für eine wichtige Rolle in seinem Leben ausgewählt worden. Die zu jenem Zeitpunkt Dreißigjährige wurde nämlich in der britischen Presse bereits als ›Ersatzmutter‹ für die beiden Diana-Söhne William und Harry gehandelt und begleitete Prinz Charles und seine beiden Jungs in den Skiurlaub in die Schweiz. Sie war zu jenem Zeitpunkt auch bereits ständiger Gast im schottischen Schloß Balmoral.

Vor der Scheidung wäre so eine Klage gegen die Prinzessin von Wales und Gattin des Thronerben Charles von keinem britischen Rechtsanwalt ernsthaft in Erwägung gezogen worden. Ein Machtwort aus dem Buckingham Palast hätte dies verhindert. Wie aber die Öffentlichmachung der Geschehnisse um diese Tiggy Legge-Bourke gezeigt hat, war die königliche Familie darum bemüht, die Erziehung der beiden jungen Thronerben völlig zu übernehmen. Ihr leibliche Mutter Diana sollte ausgeschlossen werden. Diese wehrte sich aber vehement dagegen, was ihr in Adelskreisen keine besonderen Sympathien einbrachte. Deshalb suchte sie dann auch den Schritt in die Öffentlichkeit und somit die Nutzung der Medienmacht für eigene Zwecke. Sie wollte repräsentativ wirken, mußte aber bald erkennen, daß man sie aus diesen Pflichten immer mehr ausschloß.

In mehr als zwölf Jahren, in denen Diana nun aber bereits in der Öffentlichkeit stand – wir schreiben inzwischen das Jahr 1993 –, hatte sie sich zur meist fotografierten Frau der Welt entwickelt. Diesen Bekanntheitsgrad genoß sie sichtlich, und sie erkannte auch die Macht der Medien. Sie wollte sich natürlich auch nicht so einfach in die Anonymität eines stillen Heimes, etwa ins ruhige Schottland, zurückziehen. Dazu war sie zu populär, zu jung und zu hübsch.

Außerdem hatte sie noch zahlreiche private Lebensziele. Von nun an setzte sie sich immer mehr für Randgruppen und Minderheiten ein. Öffentlich schüttelte sie AIDS-Kranken die Hand. Sie bemühte sich um die Probleme sozial schwacher Menschen. Das steigerte ihre Beliebtheit in der Öffentlichkeit weiter und brachte sie um so tiefer in die Herzen von Millionen Hausfrauen. All dies konnte weder der Queen und ihrem Sohn noch den anderen Mitgliedern des ›Inneren Zirkels‹ wirklich gefallen. Sie sahen Diana nicht mit den Augen von Millionen die Prinzessin vergötternder Hausfrauen. Für sie war die Princes of Wales zu Lebzeiten nur ein Ärgernis für die Monarchie. Die Adligen und ihre Vasallen sahen nur die Affären mit Personal, Bewachern und anderen Männern. Sie fürchteten den Schaden für die Monarchie und sie sahen immer neuen Schaden auf das britische Königshaus zukommen, dem sie ihre persönliche Macht und ihren Einfluß zu verdanken haben.

Diesen stets gesichts- und namenlosen grauen Eminenzen im Hintergrund der Mächtigen dieser Welt wurde Diana durch ihre Auftritte in der Öffentlichkeit immer unbequemer. Über das Einschalten des Inlandsgeheimdienstes MI 5 haben wir bereits gehört. Nun wurde aber auch der britische Auslandsspionagedienst MI 6 eingesetzt. Dort begannen sich verschiedene Dienststellen Anfang der neunziger Jahre für Diana zu interessieren.

Natürlich geschah auch dies nicht ohne Auftrag. Man kann inzwischen davon ausgehen, daß nicht eine einzige Minute eines Auslandsaufenthalts der jungen Prinzessin unregistriert blieb. So war man im Buckingham Palast nicht nur über die Männer informiert, mit denen sie sich traf, sondern auch über die innenpolitischen Aktivitäten Dianas. Diese streckte inzwischen ihre Fühler in alle Richtungen aus.

So brachte das BBC-Interview am Samstag, dem 30. Januar 1995, und der Zeitungsartikel, die am Montag, dem 1. Januar 1996, über die weltweiten Agenturen verbreitet wurden, nur für die zuvor ahnungslose Öffentlichkeit wirklich Neues. Kein anderer als der damals amtierende britische Premierminister John Major verkündete bei dem BBC-Interview, daß er den Wunsch Dianas nach einem öffentlichen Amt unterstütze, und sagte wörtlich: »*Was sich auch immer zwischen dem Prinzen von Wales und der Prinzessin ereignen wird – sie ist die Mutter eines künftigen Königs und muß daher in der Öffentlichkeit eine Rolle spielen.*«

Spätestens diese Aussage des amtierenden britischen Premiers mußte jener Clique im Buckingham Palast und allen dazugehörigen Hofschranzen klar gemacht haben, daß es mit normalen Mitteln nicht möglich sein würde, die ungeliebte Diana völlig aus den Repräsentationsverpflichtungen und so auch aus der Politik des Landes herauszuhalten. Meiner persönlichen Meinung nach sind in jenen Tagen bei einigen der ›Grauen Eminenzen‹ die ersten Gedanken an eine Beseitigung Dianas entstanden, um so die langsam, aber stetig bröckelnde britische Monarchie wieder zu stützen.

Gegen Ende des Jahres 1996 intensivierte Diana die Beziehung zu Dodi al Fayed, dem ägyptischen Milliardärssohn, dessen Vater neben anderen Wirtschaftsbetrieben auch das Nobelkaufhaus ›Harrods‹ in London und das Hotel ›Ritz‹ in Paris sowie zahlreiche andere geschichtsträchtige Immobilien in Großbritannien erworben hatte.

69. *Barrowgreen Court*

Auch der herrschaftliche Landsitz ›Barrowgreen Court‹ und das Schloß ›Balnagown Castle‹ in Schottland gehören inzwischen den al Fayeds.

Dies hat der Queen nicht gefallen. Sie war nicht nur ›not amused‹, sie war äußerst empört über diese Verbindung und machte auch keinen Hehl aus ihrer Verärgerung. Dies steigerte sich in der Folgezeit zu einer richtigen Wut, als sich eine engere Verbindung zwischen Diana und Dodi immer deutlicher zeigte. Die Gerüchteküche im Buckingham Palast brodelte. ›Verlobung‹, ›Heirat‹, ›Schwangerschaft‹ hießen die sich bedrohlich steigernden Schlagworte über die Verbindung der beiden.

Allein diese Beziehung von Diana zu Dodi bot dem Königshaus und der Queen so viele Motive, daß es vor hundert oder mehr Jahren zu zehn Attentaten ausgereicht hätte. Doch 1997 sah das etwas anders aus. Selbstverständlich wäre der Queen eine tote oder zumindest mundtote Diana lieber gewesen als die Gattin eines Ägypters, die ständig in der Öffentlichkeit stand. Man stelle sich vor, die Mutter der beiden Thronerben wird Mohammedanerin. Sie bringt einen ›Bastard‹ zur Welt, dessen Großvater ausgerechnet jener Mohammed al Fayed ist. Jener Araber, der sich seit mehr als zwanzig Jahren einen erbitterten Kampf mit dem britischen Establishment liefert und mit seinem großen Vermögen einfach alles aufkauft – ›impossible‹!

Wir wissen nicht, ob die Queen selbst jemals an Mord dachte. Ich möchte ihr das auch nicht unterstellen. Wenn aber solche Gedanken in den Köpfen einiger ihrer engsten Vertrauten gespukt hatten, dann werden sie rasch erkannt haben, daß so ein Mord sich auch gegen das Königshaus selbst richten konnte, wenn er jemals aufgedeckt würde. Man hätte meines Erachtens nie solch eine spektakuläre Variante wie die in jenem Pariser Autotunnel gewählt. Es gab wesentlich effektivere Methoden, ein lästiges Mitglied der Königsfamilie loszuwerden. Das zeigt uns die Geschichte fast aller Königshäuser. Reitunfall, plötzlicher Herzstillstand, Schlaganfall, Einweisung in eine Nervenheilanstalt und ähnlich lauten die Möglichkeiten jener Kreise, sich eines populären Menschen zu entledigen. Deshalb bin ich fest davon überzeugt, daß die Queen bei diesem Unfall in Paris keine Finger im Spiel hatte. Es wird ihr natürlich nicht gerade unangenehm gewesen sein, daß Diana ums Leben kam. Doch das ist nicht strafbar, und ihre Gedanken wird sie stets für sich behalten.

2003 kommt auch Prinz Charles ins Visier

Die Veröffentlichung eines persönlichen Briefes von Lady Diana, zehn Monate vor ihrem Unfall geschrieben und durch ihren Butler Paul Burrell im Jahre 2003 veröffentlicht, nährte die Mordtheorien erneut. Die brisante Passage dieses Schreibens, auf offiziellem Briefpapier abgefaßt, wird wie folgt veröffentlicht:

»Ich sitze hier an meinem Schreibtisch, es ist Oktober. Ich sehne mich nach jemandem, der mich umarmt, mir Mut macht, stark zu bleiben, nicht den Kopf hängen zu lassen. Gerade diese Phase in meinem Leben ist die gefährlichste – mein Ehemann plant einen Unfall in meinem Auto, Bremsversagen und ernsthafte Kopfverletzungen, um den Weg zum Heiraten für ihn frei zu machen. Mit seiner langjährigen Freundin Camilla Parker-Bowles.«

Das war schon starker Tobak, der da an die nach Sensationen gierende Öffentlichkeit drang. Zwar waren alle Passagen, die auf Prinz Charles hinwiesen, in den Publikationen geschwärzt und so unkenntlich gemacht. Das war aber noch sensationsträchtiger, als wenn man den Namen gleich veröffentlicht hätte.

Man muß diese Veröffentlichung durch den Butler aber relativieren. Er wollte damit keinen neuen Anlaß für weitere Nachforschungen über die Unfallursache auslösen. Er wollte Publicity für ein Buch machen, das kurz darauf unter seinem Namen erschien. Es war eine reine Werbemaßnahme, die ihr Ziel erreichte. Daß dabei auch Prinz Charles erstmals in die Reihe der Tatverdächtigen eingereiht wurde, war eher nicht beabsichtigt.

Auch die Veröffentlichung, wer diese ominöse Person war, der Diana einen provozierten Autounfall als Anschlag gegen ihr Leben zutraute, diente nicht zur Weiterführung von Ermittlungen. Es war eine werbeträchtige Maßnahme des *Daily Mirror*, die an jenem Tag, als das offizielle Verfahren in England eröffnet wurde, die Auflagen des Blattes in die Höhe schießen ließ und Prinz Charles so unvermittelt zum Tatverdächtigen machte.

Charles reagierte auf diese Vorwürfe so, wie er es am Hofe seiner Mutter gelernt hatte. Er äußerte sich nicht dazu. Statt dessen ließ er offiziell erklären, daß seine Söhne, die Prinzen William und Harry, sehr zufrieden darüber seien, daß die Ermittlungen über den Tod ihrer Mutter endlich eröffnet wurden.

Eigene mögliche Motive hatte Prinz Charles, von dem Streit um die Erziehung beider Söhne einmal abgesehen, natürlich auch. Da war seine Scheidung von Diana, die von der anglikanischen Kirche nicht anerkannt wurde. Die Kirchengesetze machten deutlich klar: Eine Ehe konnte nur durch den Tod eines der beiden Partner aufgehoben werden. Nach dem Tod Dianas war der Prinz nun Witwer und hätte auch nach Kirchenrecht wieder heiraten können.

Außerdem verschwand die Person aus der Öffentlichkeit, die ihn mehrfach besiegt hatte, in der Popularität, bei der Erziehungsfrage und der Scheidung. Dies alles sind zwar bedenkenswerte Motive, meines Erachtens aber nicht ausreichend, Prinz Charles zum Initiator für einen solchen Anschlag zu machen. Indizien und Motiv allein machen noch keinen Mörder. Wer diesen introvertierten und manchmal linkisch wirkenden Mann anschaut, kann ihn sich kaum als eiskalt planenden Mordbuben vorstellen. Wenn er etwas mit dem Tod seiner Frau zu tun haben sollte, dann war eher sein heimlicher Wunsch als ein offiziell erteilter Befehl der Auslöser für den Mordplan.

Persönliche Anmerkung:

An dieser Stelle sei mir eine persönliche Anmerkung erlaubt: Ich halte es für völlig unsinnig und unlogisch, ein Mitglied des britischen Königshauses als direkten Auftraggeber für dieses Mordkomplott zu verdächtigen. Sowohl Prinz Charles als auch die Queen hätten da sicher elegantere Lösungen gefunden, um sich einer lästig gewordenen Diana zu entledigen. Möglichkeiten für einen unspektakulären Unfall, etwa beim Baden, hätte es vorher bereits dutzendweise gegeben. Ebenso wären Schwächeanfälle mit anschließendem Koma und ähnliche Dinge ebenfalls nicht mit solch einem Medienaufschrei bedacht worden wie dieser Unfall in Paris vor den Augen von zahlreichen Zeugen. Viele Spekulationen, die seit mehr als sechs Jahren offen geführt werden, wären erst gar nicht aufgekommen.

Die internationale Waffen-Mafia wird verdächtigt

Kurz vor ihrem Tod machte Diana wieder neue Schlagzeilen in der Weltpresse. Sie begann, sich heftig für Kriegsopfer und die Ächtung von Landminen einzusetzen. Medienwirksam, mit einem großen Troß von Journalisten im Schlepptau, reiste sie nach Bosnien. Dort wurde sie nicht nur von den britischen Soldaten begeistert empfangen.

Diana bei Soldaten

Ebenso wirkungsvoll ließ sie sich in einem natürlich zuvor gründlich geräumten Minenfeld ablichten. Die Unterstützung aller Waffengegner war ihr sicher. Ihre Kampagne begann auch kurz vor ihrem Tod erste Wirkungen zu zeigen. Mehrere Regierungen nahmen die Ächtung der Landminen wieder in den Entscheidungsalltag auf. Dies konnte die Waffenlobby nicht ungerührt lassen.

Hierbei geht es um Milliardengeschäfte. Man verkauft die Minen an Länder der Dritten Welt, dort werden sie dann in Krisen- und Kriegssituationen ausgelegt. Danach kommen Spezialfirmen der Verkäufer und räumen die Minenfelder wieder gegen neue Millionenbeträge. Das erleben wir in nahezu jedem Krieg. So ein sicheres Doppelgeschäft läßt man sich ungern kaputtmachen. Hier bietet die Höhe der Gewinne bereits ein massives Motiv. Doch auch in diesem Fall gehe ich davon aus, daß ein Badeunfall mit sicherem tödlichen Ausgang eher inszeniert worden wäre als dieser spektakuläre Unfall in Paris.

Gab es noch andere Ziele?

Wird aber ein derart auffälliger Unfall in aller Öffentlichkeit inszeniert, so ist für die Motivsuche die spektakuläre Art der Durchführung ebenso beachtenswert wie die Personen, die als Opfer betroffen sind. Wer sich mit den internationalen Geheimdiensten und ihren Operationen intensiv befaßt hat, weiß wohl, daß so ein spektakulärer Anschlag fast immer mehrere Ziele verfolgt. Es geht dann um mehr als nur um die Tötung von Zielpersonen.

So will man beispielsweise anderen Personen oder Gruppen eine Warnung zukommen lassen, oder man verfolgt mit der Tötung weiterführende Ziele. Nach Abwägung aller Fakten, Indizien und Überlegungen erscheint die zweite Variante die wahrscheinlichere zu sein.

Bisher stand in den meisten Überlegungen die Person Diana im Mittelpunkt, um die alle Indizien angelegt und bearbeitet wurden. Was aber, wenn diese prominente und medienwirksame Persönlichkeit nur Mittel zum Zweck war? Wer oder was könnte dann der eigentliche Zweck dieses Anschlages gewesen sein? Bei diesem Gedanken kommt man unwillkurlich auf den Vater des Toten Dodi, Mohammed al Fayed. Das ist gar nicht so abwegig, wie es auf den ersten Blick erscheint, wenn wir uns diese Person und ihre zahlreichen Feinde einmal etwas genauer betrachten.

Wer ist Mohammed al Fayed wirklich?

Diese Frage haben sich seit knapp drei Jahrzehnten bereits Hunderte von Menschen auf der ganzen Welt gestellt. Die Antwort ist nicht leicht zu finden. Vieles aus dem Leben dieses schillernden internationalen Geschäftsmannes bleibt der Öffentlichkeit verborgen. Andere Fakten werden verfälscht oder auch verklärt wiedergegeben.

Viel wird auch vermutet, erdacht und von Feinden und Neidern einfach erlogen und in die Welt gesetzt. Wird eine Information, falsch oder richtig, erst einmal veröffentlicht, ist sie kaum wieder aus der Welt zu schaffen. Dafür sorgen unsere modernen Medien und die inzwischen nach immer größeren Sensationen gierende Gesellschaft.

Mohammed al Fayed ist nicht nur ein reicher und sehr erfolgreicher Geschäftsmann. Er ist ebenso ein Mensch, der sich durch seinen Erfolg auch zahlreiche einflußreiche Feinde gemacht hat. Vor allem mit dem sogenannten britischen Establishment liegt er seit mehr als zwei Jahrzehnten in einem permanenten Kampf.

Geboren ist er am 27. Januar 1933 in Alexandria. In den fünfziger Jahren des vergangenen Jahrhunderts lernte er Adnan Kashoggi kennen, den weltweit bekanntesten internationalen Waffenhändler. Er trat in dessen Dienste und heiratete später Kashoggis Schwester Samira. Als Schwager wurde er rasch zum Vertrauten Adnans. Er bekam engen Kontakt zu nahezu allen arabischen Potentaten und war bald in Wirtschaft und Politik ein bekannter und angesehener Geschäftspartner. Er befaßte sich mit allen nur erdenklichen Geschäften, die Geld einbrachten. Ob er jemals direkt im Waffenhandel tätig war, wird oft vermutet, doch nie bewiesen. Selbst dem britischen Geheimdienst ist es bis heute nicht gelungen, dafür Beweise zu erbringen, obwohl man seitens dieses Geheimdienstes intensivste Nachforschungen betrieben hat.

71. Mohammed und Dodi al Fayed

Dank seiner Intelligenz, dem Gespür für lukrativen Handel und seiner angeborenen Geschäftstüchtigkeit vermittelte er bald alle möglichen Güter bis hin zu kompletten Industrieanlagen in die arabischen Emirate. Er managte im großen Stil Pilgerfahrten nach Mekka, erwarb Grundstücke und Immobilien weltweit für seine arabischen Freunde und half ihnen bei internationalen Kapitalbeteiligungen. Hierbei lernte er in den siebziger Jahren dann auch reiche und einflußreiche britische Adlige und Geschäftsleute kennen. Ihnen vermittelte er die besten Rassepferde aus arabischer Zucht. Bei allen seinen Unternehmungen flossen Provisionen in Millionenhöhe auf seine Konten.

Durch geschickte Anlage verstand er es, das eigene Geld ebenso rasch zu vermehren, wie er neues dazu verdiente. Sein heutiges Vermögen wird irgendwo bei zwei bis drei Milliarden Euro geschätzt. Genaue Zahlen wissen nur Mohammed al Fayed und seine engsten Vertrauten, zu denen bis zu seinem Tod auch sein Sohn Imameddin gehörte, den alle einfach Dodi nannten.

72. Schloß Balnagown Castle in Schottland

Bei seinen Geschäften mit den Reichen und Einflußreichen auf der britischen Insel fand er auch immer mehr Gefallen an dem Leben dort. In seiner Kindheit hatte Großbritannien als Kolonialmacht in seinem Heimatland geherrscht. Nun wollte er es diesen Menschen zeigen, wozu ein Ägypter geschäftlich fähig ist. Er wollte die Anerkennung der britischen Society für seine Leistungen. In den folgenden Jahren hielt er sich am liebsten in England auf. Er beantragte in den siebziger Jahren erstmals die britische Staatsangehörigkeit und erlebte seine erste persönliche Niederlage. Das Establishment der Insel wollte ihn nicht. Er war und blieb für diese Menschen stets der »*anrüchige Ägypter*«. Man nahm seine Spenden, man kaufte seine Pferde und man war froh, wenn er eine heruntergekommene Immobilie erwarb und sie für viel Geld renovieren ließ.

So gingen neben dem weltbekannten Kaufhaus ›Harrods‹ in London und dem Hotel *Ritz* in Paris auch geschichtsträchtige Immobilien wie das Schloß Balnagown Castle und der herrschaftliche Landsitz ›Barrowgreen Court‹ oder das bereits erwähnte Schloß ›Windsor‹ in Paris in den Besitz der Familie al Fayed über. So erhielt Mohammed al Fayed zahlreiche Immobilien, die ansonsten verrottet wären, weil ihre Besitzer sie nicht mehr instand halten konnten oder wollten. Das alles aber zählt in der britischen ›High Society‹ ebenso wenig wie seine wohltätigen Spenden in Millionenhöhe.

Alle Versuche, einen britischen Paß zu bekommen, schlugen fehl. So wandelte sich die Einstellung des stahlharten Geschäftsmannes langsam in Zorn gegen diese Menschen, die ihn als ›impossible person‹ und somit als nicht tragbar für ihren Stand betrachteten. Mohammed al Fayed kaufte weiter. So erwarb er den Fußballverein Fulham Soccer Club, die satirische Zeitung *Punch* und verschiedene Firmen. Er war und ist ein brillanter Geschäftsmann und zeigte den Briten, daß er mehr vom Geschäft verstand als die meisten adligen Snobs, die ihr Vermögen nur durch Erbschaft erworben hatten. Mit Tiny Rowlands, einem britischen Industriellen, lieferte er sich jahrelang eine wahre Schlacht um die Übernahme des Kaufhauses ›Harrods‹ in London. Er gewann auch diesen Kampf und zog als Besitzer des weltbekannten Nobelkaufhauses in London ein.

Dann wurden Gerüchte laut, er hätte Regierungsmitglieder bestochen, um endlich die Staatsbürgerschaft zu bekommen. Dies beschädigte natürlich sein Ansehen in der britischen Öffentlichkeit weiter. Für erfolgreiche Menschen aus orientalischen Ländern hat die ›Society‹ in England den Begriff ›wog‹ geprägt. Dies ist die Abkürzung für ›worthy oriental gentleman‹ und heißt übersetzt ›geachteter orientalischer Herr‹. Dies ist in Adelskreisen ein Ausdruck höchster Verachtung, der auch diesen harten Geschäftsmann aus Ägypten nicht gänzlich unbeeindruckt ließ, als man ihn so bezeichnete.

Eine Hochzeit als Ziel aller Wünsche

Wir werden wohl nie erfahren, welche Gedanken durch den Kopf von Mohammed al Fayed gingen und was ihn dazu bewog, Lady Di im Herbst 1996 zu einem Urlaub einzuladen. Natürlich wurde sogleich gemunkelt, daß er seinen Sohn mit der geschiedenen Mutter der beiden Thronenkel verkuppeln wollte. Doch das sind Gerüchte. Fakt ist, daß Dodi zur selben Zeit ebenfalls an der Riviera bei seinem Vater weilte. Tatsache ist ebenfalls, daß in jenen Tagen das begann, was sich später zum Liebespaar entwickelte und mit dem Unfalltod der beiden verliebten Menschen endete. Diana und Dodi fanden Gefallen aneinander und bauten eine Liebesbeziehung auf. Beide wußten, daß dies kein einfaches Unterfangen sein würde, zumal die Paparazzi um Diana schwirrten wie die Mücken um das Licht. Dennoch fanden sie zueinander und zeigten dies auch deutlich in der Öffentlichkeit.

Mohammed al Fayed hat in jenen Monaten kein Hehl daraus gemacht, daß ihm diese Entwicklung gefiel. Er unternahm alles, um dem Paar das Beisammensein so leicht wie möglich zu machen. Irgendwann im Sommer 1997 muß er sich dann bereits wie Dianas Schwiegervater gefühlt haben. Das gab er selbst unumwunden in verschiedenen Interviews nach dem Unfall zu. Die veröffentlichten Paparazzi-Fotos zeigten auch durch die Körpersprache, wie sehr sich Diana und Mohammed mochten und wie eng sie bereits innerlich miteinander verbunden waren.

Mit Sicherheit hat Mohammed al Fayed zu diesem Zeitpunkt gewußt, welche Vorteile eine Hochzeit zwischen der britischen Lady und Mutter der Thronerben und seinem Sohn für ihn persönlich bringen würde. Als Schwiegervater von Lady Diana Spencer hätten sich einige Türen der einflußreichen Adligen auf den Britischen Inseln öffnen müssen. Zu bestimmten Anlässen wäre eine Einladung an ihn und seine Schwiegertochter unerläßlich gewesen. Als Krönung dann noch ein Kind der beiden, und Mohammed al Fayed, der ungeliebte Ägypter, wäre direkt mit dem britischen Königshaus verwandt gewesen. Er wäre der leibliche Großvater eines Halbbruders oder einer Halbschwester der beiden jungen Thronerben gewesen. Das wäre über seine persönlichen Ziele der vergangenen zwanzig Jahre weit hinaus gegangen.

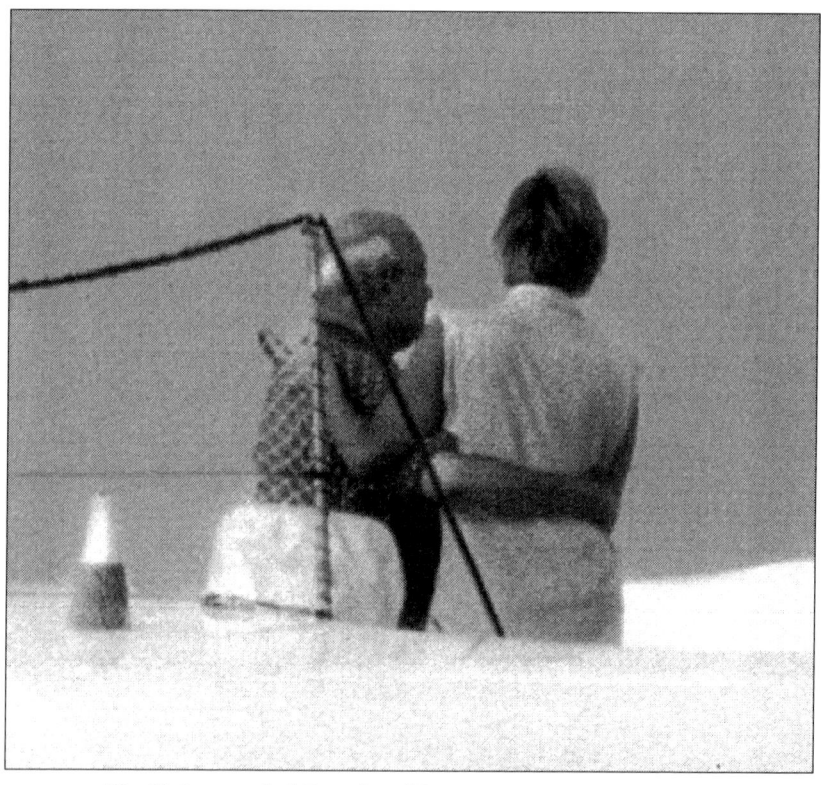

73. *Mohammed al Fayed und Prinzessin Diana Arm in Arm*

Dieses Foto mit den beiden sich umarmenden Menschen ging durch alle Medien und war natürlich auch in England nicht verborgen geblieben. Es muß den Feinden des Mohammed al

Fayed die Zornesröte in die Augen getrieben haben. Da legte doch dieser ›wog‹ seinen Arm um die Mutter der Prinzen Harry und William. Diese hatte vor einer öffentlichen Scheidung mit dem offiziellen Thronfolger Prinz Charles nicht zurückgeschreckt. Sie hatte sich seit Jahren gegen die Windsors gestellt und auch noch öffentlich Kritik geäußert. Dieser unkontrollierbaren Frau mußte die Society einfach alles zutrauen. In der Kombination mit dem verhaßten reichen Ägypter bahnte sich da eine Allianz an, die das Empire erschüttern könnte. Das konnte man so einfach nicht zulassen.

Man stelle sich vor, diese Frau tritt, ihrem neuen Mann zuliebe, auch noch zum mohammedanischen Glauben über. Die Mutter der beiden britischen Prinzen plötzlich eine Muslima mit Kopftuch! Ein völlig unvorstellbarer Gedanke bei allen Verantwortlichen in der anglikanischen Kirche, aber auch in der weltlichen Society. Dieser Gedanke war nicht abwegig, denn für die anglikanische Kirche war Diana ja nicht geschieden. Nur der Tod kann dort eine Heirat auflösen, nicht aber das Scheidungsurteil eines weltlichen Gerichts. Diana hätte also ihren Glauben wechseln müssen, um Dodi kirchlich heiraten zu können. Mit Sicherheit hat das Foto der Umarmung dem Mohammed al Fayed keine neuen Freunde gemacht, sondern eher neue Feinde gebracht. Einzig seine zahlreichen arabischen Freunde fanden diese Entwicklung gut.

Die Gerüchte um eine bevorstehende Hochzeit wurden immer deutlicher geäußert. Wie richtig die Verbreiter dieser Gerüchte dabei lagen, hat sich inzwischen gezeigt. Dodi wollte an jenem verhängnisvollen Augustwochenende des Jahres 1997 um die Hand der Lady Di bitten, und sie hätte ihn mit Sicherheit erhört.

Erste familiäre Vorbereitungen hatte sie bereits in den Wochen davor unternommen. Sie hatte ihre beiden Söhne zu einem Urlaub auf die Yacht ›Jonikal‹ eingeladen. Dort sollten sie wohl ihren neuen Stiefvater Dodi besser kennenlernen. Das Ergebnis war für Diana offensichtlich positiv. In den Tagen danach wirkte sie auf alle Vertrauten, das Personal und die zahlreichen Beobachter so glücklich wie schon lange nicht mehr. Aus diesem Glücksgefühl heraus läßt sich auch dieser verhängnisvolle Zuruf an die wartenden Paparazzi erklären: »*In einer Woche werdet Ihr eine große Überraschung erleben!*«

Großvater Mohammed

Zu allem Überfluß berichtete in jenen Tagen auch noch die Sensationspresse über einen ungewöhnlichen Bauch bei Diana. Auf einem Foto, das Diana von der Seite in einem Leoparden-Badeanzug zeigt, ist ein leichter Bauchansatz deutlich zu erkennen. Natürlich war dies für alle Sensationsreporter und die Masse der begeisterten Hausfrauen das sicherste Zeichen für eine Schwangerschaft. Für die Royals und das britische Establishment muß das der Gipfel der Unmöglichkeit gewesen sein. Daß es diese Schwangerschaft wirklich gegeben hat, obwohl sie heute von verschiedenen öffentlichen Stellen immer wieder dementiert wird, scheint einwandfrei belegt zu sein.

Neben verschiedenen britischen und französischen Quellen aus dem Bereich der Medizin gibt es auch in Deutschland solche Unterlagen. So berichtete die Zeitschrift *die aktuelle* in ihrer Ausgabe 39/1997 über eine Geheimakte. Als Quelle wird ein Professor aus dem Krankenhaus *Pitié Salpétrière* angegeben. Die Zeitschrift berichtet über die Vorgänge wie folgt:

»*Um 9 Uhr morgens, fünf Stunden, nachdem Professor Riou im Operationssaal Dianas Tod festgestellt hatte, setzt sich Professor Pierre Coria an seinen Schreibtisch und liest die Ergebnisse der Blutanalysen. Danach schreibt der Professor einen Bericht an den Innenminister Jean-Pierre Chevènement: ›Monsieur le Ministre, hiermit möchte ich Ihnen das Ergebnis der von Ihnen angeforderten Blutuntersuchung mitteilen. Madame Diana Frances Spencer war schwanger. Sie war in der neunten oder zehnten Woche. Mit freundlichen Grüßen.‹ Den streng geheimen Untersuchungsbericht faxt dann Prof. Coriat sofort dem Innenminister. Kurz darauf wird ein Bote ins Zimmer des Professors gerufen. Ihm werden drei verschlossene Couverts übergeben. Einen muß er ins Gesundheitsministerium bringen, zu Minister Bernard Kouchner, den zweiten ins Außenministe-*

rium zu Minister Hubert Védrine und den dritten ins Polizeipräsidium, zu Martine Monteil, Chefin der Kripo. Der geheime Bericht wird später auch dem britischen Botschafter überbracht, der ihn seinem Innenministerium nach London weiterreicht.«

Der Professor erklärt dazu, daß man mit einer Blutuntersuchung rasch und einfach feststellen kann, ob eine Schwangerschaft besteht. Der Spiegel des Hormons ›beta hcg‹ (hcg ist die Abkürzung für ›human chorion gonadotropin‹) weist dies aus. Das ›beta hcg‹ wird vom Mutterkuchen gebildet und ist somit ein untrüglicher Nachweis für eine Schwangerschaft – sowohl im Blut als auch im Urin. Die genaue Bestimmung der Schwangerschaftswoche ist in diesem Fall allerdings nicht so einfach. Dies liegt an den leichten Schwankungen, denen der Hormonspiegel immer unterliegt.

Meines Wissens hat bis heute noch niemand die Zeitschrift wegen dieses Berichtes verklagt, eine einstweilige Verfügung erwirkt oder um den inhaltlich korrigierenden Abdruck einer Gegendarstellung gebeten. Das spricht meines Erachtens für sich. Auch das Krankenhaus *Pitié Salpêtrière* hat diesen Artikel bisher nicht dementiert.

Die Rolle als Großvater eines Halbbruders oder einer Halbschwester der englischen Prinzen war am Abend des 30. August 1997 so nahe bei Mohammed al Fayed wie nie zuvor und wohl auch nie in der Zukunft. Die Möglichkeit einer direkten Verwandtschaft zum Hause Windsor wird sich für den Chef des Fayed-Clans nie wieder ergeben. Auch Sohn Dodi hat nie wieder die Möglichkeit, sich einer britischen Lady auf seine charmante und gewinnende Art zu nähern. Diese Optionen sind mit dem Autounfall in Paris beseitigt worden. Doch das war noch nicht alles, was die Initiatoren meiner Meinung nach erreichen wollten.

Kaum ein anderer Aspekt rund um den Tod Dianas ist so umstritten wie ihre angebliche oder tatsächliche Schwangerschaft. Während angesehene Mediziner in einigen Publikationen die Schwangerschaft bestätigten, sind die offiziellen britischen und französischen Stellen darum bemüht, das Gegenteil zu beweisen. Dem Autor dieser Zeilen ist es allerdings nicht so wichtig, ob

Diana in jenen Augusttagen des Jahres 1997 nun wirklich schwanger war oder nur Anlaß zu dieser Vermutung bot. Allein die Möglichkeit einer Schwangerschaft wäre bereits Grund genug, das britische Königshaus zu erschüttern. Die Möglichkeit nicht nur einer Schwangerschaft, sondern mehrerer mit einem Vater Dodi hätte noch jahrelang bestanden, wenn es nicht zu diesem tödlichen Autounfall gekommen wäre.

Fayed-Bedienstete als Schuldige präsentieren

Wenn irgend jemand auf dieser Welt vorgehabt hätte, das Liebespaar nur einfach zu beseitigen – das habe ich bereits angeführt –, wäre eine dezentere Unfallvariante wesentlich sinnvoller gewesen. An jenem Augustwochenende 1997 bot sich aber auch die Möglichkeit, mehrere ›Fliegen mit einer Klappe‹ zu schlagen. Allen Beteiligten, Auftraggebern, Ausführenden und eventuellen Mitwissern mußte bereits bei den ersten Gedanken an einen Anschlag klar geworden sein, daß ein Mohammed al Fayed den Tod seines Sohnes und seiner potentiellen Schwiegertochter nicht so einfach hinnehmen würde. Bei den Kontakten und dem Vermögen des Mannes war nicht auszuschließen, daß möglicherweise Details über das Vorhaben an die Öffentlichkeit dringen könnten. So etwas ist bei hohem Geldeinsatz heutzutage nie völlig auszuschließen. Wie der Alltag uns heute lehrt, sind selbst einige Topmanager und hohe Politiker in aller Welt den zusätzlichen steuerfreien Zuwendungen einer Bestechung nicht ganz abgeneigt. Wenn es um acht- oder neunstellige Summen geht, können auch sehr reiche Männer schwach werden. Das hat uns der Parmalat-Skandal in Italien überdeutlich gezeigt.

Will man aber dieses Risiko bei der Planung eines Anschlages so gering wie möglich halten, so ist es sehr hilfreich, wenn der potentielle Entdecker bereits im Vorfeld so unglaubwürdig wie möglich gemacht wird. Dieser Grundsatz ist auch die Grundlage für zahlreiche Gerichtsprozesse in den USA und Großbritannien. Wir erleben solche geschickten Anwaltstricks immer wieder in spektakulären Prozessen – so etwa im O. J. Simpson-Prozeß oder bei den Ermittlungen gegen Michael Jackson. Da werden noch vor Prozeßbeginn Detektive angesetzt, die Zeugen der Gegenseite unmöglich machen sollen. Sie wühlen dann im Umfeld des entsprechenden Zeugen herum und suchen nach allen Details, die ihn in der Öffentlichkeit und somit bei den Geschworenen als unzuverlässig oder lügnerisch erscheinen lassen. Dieser Zeuge kann dann sagen, erklären oder beweisen, was er will. Niemand wird ihm je wirklich Glauben schenken. Dieses System verfolgen die Anwälte und die Staatsanwälte in den anglophilen Ländern bereits seit Jahrhunderten, und es ist ein völlig normales Vorgehen für sie und somit natürlich auch für ihre Ermittlungsbehörden und Geheimdienste.

Persönliches Fazit:

Die Mehrzahl aller Indizien spricht für einen gut geplanten und professionell durchgeführten Anschlag. Zielscheibe waren hierbei zwar Diana und Dodi; für mich steht aber inzwischen ebenso fest, daß der Anschlag hauptsächlich Mohammed al Fayed galt. Hierbei nutzte man die beiden prominenten Personen, deren man sich natürlich auch entledigen wollte.

- Keine Diana mehr bedeutet auch: freie Bahn für Charles und Camilla; keine Probleme mehr bezüglich der Erziehung der beiden Thronerben; keine Schlagzeilen mehr über die geschiedene Gattin; keine das Königshaus kompromittierenden Paparazzi-Fotos mehr; keine Heirat mit einem Ägypter; kein Wechsel zum Islam; keine ›Mischlings-Babys‹ in Verwandtschaft zum Königshaus; keine Landminen-Kampagne mehr mit ihrer Unterstützung; keine politische Laufbahn in Gegnerschaft zu Tony Blair; eine aktuelle Schwangerschaft ist kein Thema mehr.

- Kein Dodi mehr bedeutet auch: keine weiteren Veröffentlichungen über ein gemeinsames Leben mit Diana;

keine vom ihm weiter betriebenen Nachforschungen; kein Antritt des Fayed-Erbes.

- Der Tod dieser beiden Menschen in Paris, verursacht durch einen Mitarbeiter der Fayeds, bedeutet aber auch: weltweite Diskriminierung des Fayed-Sicherheitsdienstes; Schädigung des Ansehens von Mohammed al Fayed; Schädigung des Rufes des Hotel *Ritz*; keine Aussicht mehr für Mohammed al Fayed auf die britische Staatsangehörigkeit; keine Hoffnung mehr auf ein mögliches Verwandtschaftsverhältnis zum Königshaus; keine Enkel mit Diana als Mutter; kein männlicher Erbe mehr; keine Schwiegertochter Diana.

In diesem Fall wurden mehrere Probleme mit einem Schlag gelöst. Es war sozusagen ein ›Superanschlag‹, wie er sich nur selten bietet. Doch wer kann so präzise Anschläge ausführen? Bei dieser Frage denken die meisten Menschen sofort an einen Geheimdienst. Mir erging es auch nicht anders.

Kapitel 6
Auftraggeber, Täter und ihre willigen Helfer

Ich maße mir nicht an, an dieser Stelle mit den Namen von Auftraggebern aufwarten zu können. Hierzu fehlen mir die Beweise. Diese zu finden ist Aufgabe der ermittelnden Behörden. Momentan ist das die legendäre britische Kriminalbehörde *Scotland Yard*, die von Coroner Michael Burgess damit am 6. Januar 2004 beauftragt wurde.

Nach Abwägung aller Informationen, wie ich sie in diesem Buch ausführlich dargestellt habe, bin ich aber davon überzeugt, daß dieser oder diese Menschen im britischen Adel zu finden sind. Hierbei schließe ich allerdings die Mitglieder der Königsfamilie aus den bereits genannten Gründen aus. Es hat eine Verschwörung gegeben, die nicht erst bei den Gerüchten um Heirat und Schwangerschaft der Lady Di entstanden ist. Hier sind alte Ressentiments immer weiter eskaliert. Das provozierende Verhalten Dianas in jenem Sommer hat dann das Faß zum Überlaufen gebracht. Die Clique, die seit mehr als zwei Jahrzehnten den Kleinkrieg mit Mohammed al Fayed führte, beschloß, dem Ganzen nun ein Ende zu bereiten. Hierzu wandte man sich an einen Vertrauten beim britischen Geheimdienst und beauftragte ihn mit der Ausarbeitung eines entsprechenden Plans.

Für die Durchführung eines so komplizierten, zeitlich exakt abgestimmten und durch gezielte Desinformationen unterstützten Auftrages kommt normalerweise nur eine gut ausgebildete Spezialeinheit in Frage, die in ständigem Training steht und auf Kommando, ohne störende Fragen zu stellen, losschlagen kann. Da wir inzwischen davon ausgehen müssen, daß der Auftrag aus England erteilt wurde, müssen wir uns den britischen Geheimdienst und seine Verbündeten etwas genauer ansehen.

Es ist eine unbestrittene Tatsache, daß der britische Geheimdienst Mohammed al Fayed und seine Familie bereits seit den achtziger Jahren als ›Sicherheitsrisiko‹ eingestuft hat. Doch was verbirgt sich hinter dem Allgemeinbegriff ›britischer Geheimdienst‹? Bevor wir uns dem britischen Geheimdienstwesen etwas genauer widmen, müssen wir uns die gesetzliche Grundlage vor Augen führen, auf der alle geheimdienstlichen Tätigkeiten in Großbritannien beruhen, nämlich den »Official Secrets Act«.

Der Official Secrets Act – *das geheimste aller Gesetze*

Als der britische Geheimdienst im 1909 neu organisiert wurde, mußte auch ein bereits 1889 verabschiedetes Gesetz geändert werden, das die Geheimdiensttätigkeiten regelte. Das Gesetz mit dem Namen *»Official Secrets Act«* (OSA) wurde ins Leben gerufen, um die Enthüllungen sicherheitsrelevanter Informationen durch Regierungsbeamte zu verhindern.

Bereits 1908 hatte die amtierende Regierung versucht, auch die Medienberichterstattung in das Gesetz einzubeziehen. Durch den massiven Aufschrei der damals noch großteils freien britischen Presse verhinderte dies aber im Ansatz. Mit einem Trick gelang es dem Kabinett ein Jahr später aber doch, das Gesetz mit den erwünschten Verschärfungen durchzudrücken. Es wurde zu diesem Zweck an einem späten Freitagnachmittag vorgelegt.

Zu diesem Zeitpunkt waren nur noch 117 Parlamentarier anwesend. Die Initiatoren dieses Gesetzes befanden sich natürlich in der Mehrzahl. Das Gesetz wurde so verschärft, daß allein »die moralische Gewißheit« bestehen mußte, um jemanden wegen Spionage verurteilen zu können. Beweise waren dann gar nicht erst nötig. Der Anklagevertreter mußte nur noch aufzeigen, daß die Umstände des Falles, die Persönlichkeit des Angeklagten oder sein Verhalten es »zum Ausdruck brachten«, daß er ein Spion war. Außerdem wurde im Gesetz aufgenommen, daß die Regierung ab sofort die Existenz eines Geheimdienstes leugnen konnte. Die Behörden durften ab sofort jede Akteneinsicht verweigern, und die Strafe für feindliche Agenten wurde drastisch erhöht. Jahrzehntelang stand meist die Todesstrafe fest.

Die gesamte gültige Fassung des OSA ist heute nur Eingeweihten in vollem Umfang bekannt. Bestimmte Teile dieses immer wieder geänderten und den neuen Gegebenheiten angepaßten Gesetzes sind so geheim, daß sie noch nicht einmal für alle Dienststellen der britischen Regierung veröffentlicht werden dürfen. Daß diese Behauptung der Medien richtig ist, erfuhr die erstaunte Öffentlichkeit erst 1983. Bis zu diesem Zeitpunkt hatte die britische Regierung stets die wahre Bedeutung des GCHQ, Abkürzung für ›*Government Communication Headquarters*‹ (Bezeichnung des Kommunikationshauptquartiers der britischen Regierung), geleugnet und alle Veröffentlichungen darüber untersagt.

So wurde auch die Ausstrahlung eines Fotos des Hauptquartiers in Cheltenham, Gloucestershire, im britischen Fernsehen im Jahre 1973 von der ›Unabhängigen Rundfunkbehörde‹ einfach verboten. 1983 wurde der GCHQ-Mitarbeiter Geoffrey Prime als sowjetischer Spion enttarnt und deshalb vor Gericht gestellt. So drangen dank findiger Journalisten erste Informationen über das Hauptquartier trotz aller weiteren Verschleierungs- und Einschüchterungsversuche an die Öffentlichkeit.

Wie weit der Eingriff in die Berichterstattung der Medien in England inzwischen wirklich geht und wie kooperativ sich alle britischen Behörden, Ämter und Dienststellen verhalten, wenn der OSA ins Spiel kommt, zeigte im nachhinein auch der Fall des enttarnten KGB-Spions George Blake im Jahre 1961 auf. Die britische Regierung traf alle ihr zur Verfügung stehenden Maßnahmen und erreichte so einen Prozeß unter Ausschluß

74. Altes GCHQ-Hauptquartier in Cheltenham

der Öffentlichkeit. Natürlich konnte damals auch verheimlicht werden, daß Blake aktiver Mitarbeiter des MI 6 war. Es wurde eine völlig neue ›offizielle Blake-Geschichte‹ geschrieben, die seinen Verrat verharmloste. Die damals recht geschickt gestreuten Desinformationen sind bis heute noch nicht völlig entwirrt und richtiggestellt worden.

1989 wurde der *Official Secrets Act* noch verschärft. Es kamen Gesetzesteile hinzu, die Premier Tony Blair als »*Gesetzesvorlage zum Terrorismus*« (*Terrorism Bill*) gegen alle aufkommenden Proteste durchdrückte. Vor allem Journalisten werden durch diese Gesetze in der Ausübung ihres Berufes beschnitten, aber auch Autoren. Seit 1989 genügt der bloße Verdacht auf Terrorismus, um sofort polizeiliche Maßnahmen durchführen zu können.

Liberty (das ehemalige nationale Komitee für Bürgerrechte / *National Council for Civil Liberties*) schreibt über diese Gesetze:

»*Die Anti-Terrorismusgesetze haben zu einigen der krassesten Menschenrechtsverletzungen geführt, die dieses Land in den letzten 25 Jahren gesehen hat; sie haben zu Justizirrtümern beigetragen und zur Inhaftierung Tausender unschuldiger Menschen, vor allem Iren, geführt. Nur ein winziger Prozentsatz dieser Inhaftierten wurde je angeklagt, und beinahe ohne Ausnahme hätten sie auch nach den üblichen*

Strafgesetzen festgehalten werden können. Solche drakonischen Anti-Terrorismusgesetze sollten abgeschafft und nicht erweitert werden.«

Zusätzliche Ergänzungsgesetze wie der »*Gesetzesentwurf zur Regelung der Ermittlungsgewalt*« (Regulation of Investigatory Powers) verschärfen die Situation der Medien noch weiter. In diesem Gesetz ist der staatliche Zugriff auf sämtliche privaten Emails und telefonischen Informationen, einschließlich verschlüsselten Materials, gerechtfertigt. In einem Kommentar zu diesem Gesetzentwurf konnte man im Internet nachlesen, welche Auswirkungen sich daraus in der Praxis ergeben können:

»*Sollten die behördlichen Spione den Wunsch verspüren, die Computer einer Firma zu durchforsten, dann können sie einen individuellen Angestellten auswählen und von ihm verlangen, als ihr Stellvertreter zu handeln, während sie ihn gleichzeitig daran hindern, seinen Vorgesetzten über diesen Vertrauensbruch zu informieren. Die Behauptung, daß man ein Paßwort vergessen habe, das benötigt wird, um an verschlüsselte Information zu kommen, wird nicht als Ausrede für Verweigerung der Einwilligung akzeptiert. Der Staat wird auf einen solchen Gedächtnisverlust mit Nötigung reagieren, einschließlich einer zweijährigen Haftstrafe. Wir wissen noch nicht, was jemandem blüht, der unverlangt verschlüsselte Materialien erhält, die er aber selbst ohne den entsprechenden Schlüssel nicht dekodieren kann: womöglich ein neues Verbrechen der Nicht-Allwissenheit?*«

Hinzu kommt noch der »*Gesetzesentwurf zur Informationsfreiheit*« (Freedom of Information Bill). Die Kritiker dieses Gesetzesentwurfs beschimpfen ihn als »*infame Fehlbezeichnung*«: Er wird die eingeschränkten Rechte, die den Briten zur Kontrolle der Mißbräuche seitens der Regierung zugestanden wurden, mit ziemlicher Sicherheit weiter einchränken. Informationen, deren Veröffentlichung untersagt wird, schließen beispielsweise solche öffentlichen Gefahrenbereiche wie die Ursachen von Zugunglücken, polizeiliche Untersuchungen und Amtsmißbrauch ein.

Dann gibt es noch den »*Gesetzesentwurf zur Regionalverwaltung*« (Local Governement Bill), der die öffentliche Debatte von Fragen, die das Alltagsleben Tausender Menschen betreffen, hinter verschlossene Türen verlegt. In geheimen Sitzungsentscheidungen wird nun über Schulbildung, staatliche Sozialleistungen und Wohnungen beraten. Dem Durchschnittsbürger ist es nicht mehr gestattet zu wissen, was diskutiert werden soll oder wann und wo das ›Kabinett‹ tagen könnte.

Zu welchen Auswüchsen diese Form der Geheimhaltung inzwischen führte, haben wir bei den vorgebrachten Gründen für einen Kriegszug gegen den Irak ganz deutlich erlebt und werden auch heute noch damit konfrontiert. Waren es bisher immer die US-Geheimdienste, denen man unbegrenzte Freiheiten und völlige Geheimhaltung nachsagte, ist es heute die britische ›Central Intelligence Machinery‹, wie die Briten die Führungsstruktur ihrer Geheimdienste selbst bezeichnen.

Die britischen Geheimdienste

Das britische Geheimdienstwesen besteht im wesentlichen aus vier Diensten:

- dem Sicherheitsdienst MI 5 (*Security Service*),
- dem Geheimdienst *SIS* (*Secret Intelligence Service*); er hieß bis in die dreißiger Jahre *MI-IC*, dann *SIS*, danach MI 6 und heute wieder *SIS*,
- dem funkelektronischen Aufklärungsdienst *GCHK* (*Government Communication Headquarters*) und
- dem militärischen Nachrichtendienst *DIS* (*Defence Intelligence Staff*).

Der *DIS* ist ein Dienst, der normalerweise ausschließlich für militärische Belange eingesetzt wird. Er arbeitet mit beiden anderen Diensten nicht eng zusammen.

MI 5 – die Spionageabwehr

Der *Security Service*, bekannter als MI 5, wurde 1909 im Rahmen des *Secret Service Bureaus* geschaffen. Erster Leiter war der Army

Captain Vernon Kell, der später zum Sir geadelt wurde. Er startete die Spionageabwehr aus einem einzigen Büroraum mit zwei Helfern. Sein Hauptziel war die Bekämpfung deutscher Spione.

Mit Beginn des Ersten Weltkriegs wuchs der Dienstapparat dementsprechend rasch an. Bei Kriegsende waren es bereits rund 700 Mitarbeiter. Diese Zahl steigerte sich im Verlauf des Zweiten Weltkriegs weiter. In den ersten Jahren des sogenannten ›Kalten Krieges‹, ab 1952, entstanden erstmals Direktiven, die sowohl die Struktur als auch die Aufgabenbereiche regelten. Diese wurden aber vor der Öffentlichkeit verheimlicht und erst 1989 offiziell in den »*Security Service Act*« aufgenommen.

Heute ist dieser Inlandsdienst dem Parlament direkt unterstellt und wird offiziell beim Innenministerium (*Home Secretary*) geführt. Er ist hauptsächlich im Inland tätig und mit Aufgaben der Spionageabwehr und der Terrorismusbekämpfung betraut, wird aber auch in der Wirtschaftsspionage eingesetzt.

SIS oder MI 6 – die Auslandsspionage

Im Rahmen des 1909 entstandenen *Secret Service Bureaus* wurde Captain Mansfield Smith-Cumming mit der Leitung der Auslandsabteilung betraut. Er galt als totaler Exzentriker. Bald rankten sich zahlreiche Legenden um den ›Einbeinigen‹, der es liebte, vor Publikum ein Messer in seine Holzprothese zu rammen. Er war als Frauenliebhaber und äußerst trinkfest bekannt. Auf ihn geht die bis heute für den Chef dieser Abteilung gültige Codebezeichnung ›C‹ (Abkürzung für *Commander*) zurück. Erster Sitz der Auslandsspionageabteilung waren das Liberator Building in Whitehall und einige Räume im Watergate House.

1911 wurde der Name MI 6 (*Military Intelligence Section 6*) eingeführt. Während des Ersten Weltkrieges schwoll der Personabestand dieser Abteilung rasch an. In jenen Jahren unterstand der MI 6 direkt dem Kriegsministerium, wurde aber nach Kriegsende dem Außenministerium zugeordnet. Auch die bis dahin von beiden Abteilungen genutzte Dechiffrierabteilung, die im sogenannten ›Zimmer 40‹ des ›Alten Blocks‹ der Admiralität untergebracht war, wurde dem Außenministerium unterstellt und offiziell als ›Code- und Chiffrierschule der Regierung‹ bezeichnet.

Nach der bolschewistischen Oktoberrevolution 1917 richtete sich das Augenmerk des MI 6 auch auf Rußland und begann sich in den Folgejahren zunehmend dem »*Kampf gegen die bolschewistische Gefahr*« zu widmen. Dies hatte natürlich auch Auswirkungen auf die Personalpolitik der Abteilung. Als in den dreißiger Jahren ein leichter Linksrutsch in der Bevölkerung zu spüren war, suchte sich der MI 6 Männer aus, deren Ziel die Erhaltung des Empires war.

Weiterhin sollten sie Privilegien und ererbten Reichtum schützen und die Klassengesellschaft bewahren. So beschreiben jedenfalls die besten Kenner des britischen Geheimdienstes unter den Autoren, John Le Carré und Phillip Knightley, die Einstellungspolitik für Führungskräfte und Agenten. Der ab diesem Zeitpunkt angeworbene Nachwuchs kam also aus den oberen Schichten der britischen Gesellschaft. Es waren reiche Adlige, die ihren eigenen Lebensstil als den absoluten Wert des Lebens betrachteten.

John Le Carré beschrieb sie 1968 wie folgt:

»*In ihren eigenen vier Wänden, ihren Clubs und Landhäusern, bei geflüsterten Tischgesprächen mit ihren profanen Kontaktpersonen überhöhten sie die Heiligkeit eines Britanniens, das im Verschwinden begriffen war. Wenigstens hier galt England so viel wie eh und je, was in der großen Welt draußen auch geschehen mochte. ›Das Empire mag zerfallen, doch innerhalb unserer geheimen Elite wurde die saubere Tradition der englischen Macht überlebt. Wir glauben an nichts als uns selbst...‹*«

Eine solche Einstellung, die sich bei den Verantwortlichen bis heute gehalten, ja eher noch vertieft hat, ist der Garant für die unerschütterliche Treue der Führungskräfte. Sie waren alle speziell ausgewählt und lebten jahrzehntelang nach diesen Grundsätzen.

Diese Lebensart und Einstellung übertrugen sie wie selbstverständlich auch auf ihren Untergebenen. Diese waren ebenfalls

›handverlesen‹. Beim MI 6 konnte man sich nicht so einfach bewerben, man wurde dorthin berufen. Man darf eines nicht vergessen: Bis 1994 gab es den SIS oder MI 6 ja offiziell überhaupt nicht. Dies zeigt auch heute noch die offizielle Internetseite des SIS. Die dort aufgeführten Geschichtsdaten gehen von der Gründung bis 1922 und weisen als nächste Jahreszahl 1994 aus. Die manchmal erscheinenden Bücher und Aussagen von ehemaligen Mitarbeitern werden auch heute noch entweder unterdrückt oder als Unsinn abgetan. Dennoch drangen immer wieder Informationen an die staunende Öffentlichkeit.

Anfang 1940 wurde beim MI 6, der damals bereits offiziell ›SIS‹ hieß, eine Abteilung ›D‹ ins Leben gerufen. ›D‹ stand für das englische Wort ›Destruction‹. Diese Abteilung war von nun an für Sabotage, Anschläge und Subversion zuständig. In den Anfängen litt diese neue Abteilung stark unter Geldmangel, und ihre Mitarbeiter wurden von den anderen Abteilungen mißtrauisch beäugt, doch das sollte sich in den folgenden Jahren ändern.

Bereits nach wenigen Monaten, im Frühsommer 1940, wurde die Abteilung ›D‹ wieder aufgelöst. Die deutschen Truppen hatten einen Großteil Frankreichs besetzt, und die britischen Einheiten waren wieder auf die Insel zurückgekehrt. Auf aktiven Druck Churchills hin entstand eine neue MI 6-Abteilung mit der Bezeichnung ›SOE‹ (*Special Operation Executive*), die nun mit Anschlägen gegen das Deutsche Reich aktiv werden sollte. Churchills Definition für den Auftrag dieser Einheit ist überliefert: »*Setzt Europa in Flammen!*«

Zur besseren Umsetzung dieser Forderung wurde die Abteilung SOE direkt Hugh Dalton, dem damaligen Minister für wirtschaftliche Kriegführung, unterstellt. Dessen Dienststelle übernahm sofort die ehemaligen Mitarbeiter der Abteilung ›D‹, ohne deren bisherige Vorgesetzte um Erlaubnis zu bitten. Hier aus entstand eine langjährige Feindschaft innerhalb des MI 6, die der ehemalige SIS-Mitarbeiter Henry Kirby als »*den größten und erbittertsten Kampf in der Geschichte der britischen Geheimdienste*« bezeichnete. Die SOE nannte er eine »*Sammlung von talentierten Schlägern, Aktivisten, Saboteuren und Mördern – einen Abschaum!*«

Er war nicht der einzige Insider, der die neue Abteilung des MI 6 mit solchen Augen sah. Auch der damalige Leiter des Amtes für politische Kriegsführung, Bruce Lockhart, war von der SOE nicht angetan, und seine Beschreibung gipfelte in den Worten: »*ein Schwindel, eine verantwortungslose, korrupte Gesellschaft, die aufgelöst werden sollte*«.

Der anerkannte Fachautor Phillip Knightley schreibt in seinem Buch *Die Spionage im 20. Jahrhundert*:

»*Die moralischen Aspekte der SOE-Tätigkeit ist kaum beachtet worden. Bei ihren Versuchen ›Europa in Flammen zu setzen‹, tötete die SOE nicht nur Nationalsozialisten, sondern auch viele unschuldige Zivilisten, darunter loyale Helfer der Alliierten. Wenn ein SOE-Team in Frankreich einen Zug in die Luft sprengte, unterbrach es nicht nur den deutschen Nachschub, sondern tötete auch oft das französische Zugpersonal.*«

Das waren sie also, die neuen Mitarbeiter der MI 6-Abteilung SOE, die mit Sabotage, Spreng- und Mordaufträgen ausgesendet wurden. Jene Männer, die im Verlauf des II. Weltkriegs zur vollsten Zufriedenheit ihrer Vorgesetzten bombten und mordeten, wurden hoch dekoriert und rasch befördert. Sie stiegen natürlich auch nach Kriegsende in der Hierarchie des Geheimdienstes weiter nach oben. Heute leben sie alle im Ruhestand (Jahrgänge 1920–1926), haben aber immer noch großen Einfluß auf ihre derzeit aktiven Kollegen. Wären sie nicht Briten, sondern Araber, würde man sie heute eher als ›Terroristen‹ bezeichnen.

Fragt man heute nach dem größten Erfolg des britischen Geheimdienstes, wird meist sofort die Operation ›Ultra‹ genannt. Hinter diesem Codewort verbirgt sich das Entschlüsseln der deutschen Funksprüche. Diese, mit Hilfe des mechanischen Codiergerätes ›Enigma‹ gut verschlüsselt, wurden auf deutscher Seite sorglos versendet. Das Geheimnis des Entschlüsselungserfolges der britischen Code-Abteilung blieb bis Kriegsende völlig unentdeckt. Das brachte den Alliierten unbestreitbare Vorteile bei kriegswichtigen Entscheidungen.

Des weiteren konnten auf alliierter Seite zahlreiche Sabotageakte der SOE und der LRDG (*Long Range Desert Group*) verzeichnet werden. Auf dem Gebiet der wichtigen militärischen, wirtschaftlichen und politischen Informationsbeschaffung durch Spione waren die Briten in jenen Jahren weitaus weniger erfolgreich.

Als der Zweite Weltkrieg beendet war, blieben die MI 6-Abteilungen weiter aktiv. Inzwischen hatte sich die Sowjetunion als neuer Gegner herauskristallisiert. Die Aktionen jener Jahre wurden später von »schlecht geplant« bis »professionell, wenn auch moralisch zweifelhaft« eingestuft. Die großen Fehlschläge jener Agenten drangen erst Jahrzehnte später an die Öffentlichkeit.

Der Begriff ›geheim‹ wird in Großbritannien auch heute noch im wahrsten Sinne seiner Bedeutung ausgelegt. Jede Information, die den Geheimdienst betrifft, wird jahrzehntelang unter strengstem Verschluß gehalten. Aus diesen Gründen ist über die Arbeit von MI 5 und MI 6 während der Zeit des Kalten Krieges nur wenig bekannt geworden. So wie die Aktionen, bleiben selbstverständlich auch die Kosten für die Geheimdienste im Dunkel der Amtsstuben verborgen. So erfuhr die britische Öffentlichkeit nichts über die Kostenexplosion in den achtziger Jahren. Kosten für Technik und Elektronik überrollten die Geheimdienste weltweit und verschonten auch den MI 6 nicht. Von offizieller Seite wurde in den achtziger Jahren ein Etat von rund 90 Millionen £ angegeben. Neutrale Experten lagen mit ihren Schätzungen für den gleichen Zeitraum aber bei mindestens 300 Millionen £.

Wie eine solche Geheimhaltung in der heutigen Zeit überhaupt noch möglich ist, haben wir für Großbritannien bereits geklärt. Dies alles konnte nur mit Hilfe des ebenso geheimen *Official Secrets Acts* geschehen, der heute noch wesentlich effizienter ausgelegt ist als vor fünfzig oder mehr Jahren. Selbstverständlich arbeiten SIS und die CIA direkt zusammen, doch zwischen diesen beiden Diensten herrscht stets eine leichte Konkurrenz.

Die Briten sahen sich häufig einer gewissen amerikanischen Hochnäsigkeit ausgesetzt. Dies beruhte auf dem Fall des britischen SIS-Abteilungsleiters Harold Adrian Russel ›Kim‹ Philby, dem es als sowjetischem Agent gelang, die Leitung der Abteilung IX des SIS zu übernehmen. Dies war zu allem Übel die antisowjetische Abteilung des Geheimdienstes. Es ist bis heute nicht möglich, den Schaden abzuwägen, den Philbys Tätigkeit für die westliche Verteidigungsbereitschaft, aber auch für die Wirtschaft hatte. Sowohl das FBI als auch die CIA verdächtigten Philby bereits Jahre vor seiner Enttarnung, doch die Briten reagierten auf alle Vorwürfe und Beweise nicht, bis es dann zu spät war. Ehe man Philby verhaften konnte, gelang ihm am 23. Januar 1963 eine zunächst spurlose Flucht aus Beirut. Ein halbes Jahr später tauchte er dann in Moskau wieder auf und wurde dort für seine Dienste geehrt. Dies rief einen großen Bruch in den Beziehungen des SIS zu den amerikanischen Sicherheitsbehörden FBI und CIA hervor.

Da Geheimdienstler nachtragend sind, halten die Auswirkungen noch heute an. Dennoch arbeiten die Dienste in allen wichtig erscheinenden Dingen weiter zusammen, als wäre nichts geschehen. Dies hat sich spätestens 2003 wieder gezeigt, als die Geheimdienste der USA und Großbritanniens gemeinsam gefälschte Informationen präsentierten, die zur Grundlage

75. SIS *Hauptquartier, 85 Vauxhall Cross, London*

76. SIS-*Kommando beim Training*

des Krieges im Irak wurden. Das hat zwar Tausende von Menschenleben gekostet, wird aber wohl nie rechtlich geahndet werden.

Sollte auf Druck der Öffentlichkeit doch etwas geschehen müssen, wird ein politisches Bauernopfer gebracht. Mehr geschieht meist nicht. Die »Lizenz zum Töten«, wie es in den James Bond-Büchern und -Filmen immer wieder heißt, ist für die Mitarbeiter dieser Geheimdienste Realität.

77. Das neue GCHQ Gebäude in Cheltenham

GCHQ – die Kommunikationszentrale

Die Kommunikationszentrale der britischen Regierung, GCHQ (*Government Communications Headquarters*) genannt, arbeitet seit Jahrzehnten direkt mit der amerikanischen NSA (*National Security Agency*), der Nationalen Sicherheitsbehörde der Vereinigten Staaten, zusammen.

Diese aktive Partnerschaft wurde 1947 in einem speziellen Abkommen festgelegt. Der britische Geheimdienst war den Amerikanern bei der Gründung der NSA behilflich und galt in den Jahren direkt nach Kriegsende für zahlreiche Länder als vorbildlich. Das Image eines geheimen Dienstes, der weltweit mit Superagenten alle Informationen bekommen und jeden Gegner ausschalten konnte, wurde von den Briten auch stets gepflegt. Die James Bond-Filme der beginnenden sechziger Jahre waren fast Werbefilme für den MI 6 und die anderen britischen Spionageorganisationen.

Sowohl GCHQ als auch NSA sind inzwischen mit allen nur erdenklichen Mitteln unseres High-Tech-Zeitalters ausgestattet. In der gemeinsamen Spionage- und Überwachungstätigkeit haben im Laufe der vergangenen Jahrzehnte die Amerikaner die Führung übernommen. Sie hören alle politischen, diplomatischen, militärischen und kommerziellen Nachrichten ab. Dies gilt für alle Bereiche der Kommunikation, ob Telefonleitungen, Handys, Telefax, Funkverkehr, Morsezeichen oder auch Briefe und Pakete, NSA und GCHQ fangen alles ab, speichern die wichtigsten Informationen und werten diese dann für sich aus. Seit Ende des Kalten Krieges stehen immer mehr die wirtschaftlichen Interessen im Vordergrund der Spionagetätigkeiten.

Neben der Bekämpfung von Terroristen haben fast alle Geheimdienste der Welt den Weg zur Industriespionage beschritten. Dieser Bereich gilt auch als wesentlich lukrativer als der militärische oder politische. Für die Zusammenarbeit zwischen GCHQ und NSA ist die SLU (*Special Liaison Unit*) zuständig. Dies ist eine Dienststelle zur direkten Koordination der gemeinsamen Tätigkeiten zwischen britischen und amerikanischen Geheimdienststellen.

Verbündete Dienste

Bis Ende des Zweiten Weltkrieges arbeiteten die verschiedenen Geheimdienste und Spionageabwehrorganisationen in Großbritannien, Frankreich und den USA zwar offiziell zusammen, doch wegen der Vielzahl der Dienste und der sich teilweise überschneidenden Zuständigkeitsbereiche war diese Zusammenarbeit nicht immer besonders erfolgreich. Erst nach Kriegsende setzten in fast allen Ländern ein Neuaufbau und eine strukturelle Zusammenfassung der verschiedenen Dienste ein. Die Bedrohung aus dem Osten nahm mit Beginn des sogenannten ›Kalten Krieges‹ spürbare Formen an, und die Westmächte rückten näher zusammen. Es entstanden geheime Strukturen, die sich bis heute weiterentwickelt haben und Orwells Vision vom weltweiten »Big Brother-Staat« in immer realistischerer Form erscheinen lassen.

NSA und CIA – die großen amerikanischen Dienste

In den USA sind im Laufe der vergangenen Jahrzehnte zahlreiche Dienste und Ermittlungsbehörden entstanden, die oft miteinander konkurrieren und manchmal sogar gegeneinander tätig sind. Neben den drei großen Organisationen NSA (*National Security Agency*), CIA (*Central Intelligence Agency*) und FBI (*Federal Bureau of Investigations*) gibt es noch:

- Secret Service des Weißen Hauses
- DIA (*Defense Intelligence Agency*),
- DEA (*Drug Enforcement Administration*),
- NCIS (*Naval Crime Investigations Service, Marine*)
- DIS (*Defense Investigations Service*)
- OSI (*Office of Special Investigations, Air Force*)
- PSRI (*Personal Security Research Institute*)
- US-Zollbehörde, Ermittlungsabteilungen
- US-Schatzamt, Ermittlungsabteilungen
- US-Finanzbehörde, Ermittlungsabteilungen
- US-Handelsministerium, Ermittlungsabteilungen
- Hinzu kommen noch weitere nicht näher bekannte Ermittlungsabteilungen anderer Staatsbehörden.

Für den vorliegenden Fall kommen nur zwei dieser Dienste in Frage, die seit Jahrzehnten mit den britischen Organisationen eng zusammenarbeiten: NSA und CIA. Während der Begriff ›CIA‹ zum allgemeinen Sprachgebrauch gehört und inzwischen mit brutaler Geheimdiensttätigkeit schlechthin gleichbedeutend ist, wurde die NSA erst gegen Ende der achtziger Jahre bekannt.

Die CIA kann auf eine etwas längere Geschichte zurückblicken. Sie wurde als OSS (*Office of Strategic Services*) im Jahre 1943 gegründet. Auslöser soll der japanische Angriff auf Pearl Harbor am 7. Dezember 1941 gewesen sein. Die US-Militärs seien völlig überrascht worden; fehlende Informationen auf einen bevorstehenden Angriff feindlicher Mächte sollten nicht wieder vorkommen – so die offizielle Darstellung. Der zu

78. *CIA-Hauptquartier in Langley im Jahre 1968*

jenem Zeitpunkt bereits pensionierte Colonel William ›Wild Bill‹ Donovan, ein persönlicher Freund des damals amtierenden Präsidenten Roosevelt, übernahm den Aufbau der neuen Organisation OSS.

Im Oktober 1945, als auch Japan besiegt und der Zweite Weltkrieg beendet war, wurde der OSS aufgelöst. Die Tätigkeitsbereiche und die Mitarbeiter gingen an das Verteidigungsministerium. Dort wurde in der Folgezeit die ›Central Intelligence Group‹ gebildet, die mit dem »*National Security Act of 1947*« im Oktober jenen Jahres offiziell zur CIA wurde. Der inzwischen regierende Präsident Truman setzte sie an die Spitze aller Tätigkeiten der Informationssammlung. Somit wurde die CIA bereits in den Anfangsjahren zur ersten Quelle für politische Entscheidungen.

Die weiteren Entwicklungsschritte und unrühmlichen Verknüpfungen dieser Organisation sind größtenteils bekannt, Kubakrise in den sechziger Jahren, Vietnameinsätze in den siebziger, organisierter Drogenhandel zur Eigenfinanzierung,

Waffenhandel in Südamerika und die Beteiligung an Watergate. Alles keine positiven Meldungen, die den Ruf der CIA als »staatlich geduldete Verbrecherorganisation« rasch untermauerten. Neben diesen zahlreichen unrühmlichen Vorkommnissen arbeiteten aber auch Tausende von Agenten im Dienste der Informationsbeschaffung. Es ist wie so häufig im Leben: Ein paar faule Äpfel können einen ganzen Korb schlecht machen.

Die NSA wurde 1952 in aller Stille gegründet. Sie entstand aus verschiedenen militärischen Abteilungen, die sich mit dem Entschlüsseln gegnerischer Codes befaßt hatten. Die NSA-Zentrale befindet sich seit 1957 auf einem 1600 Hektar großen Gelände der Armee-Basis Fort Meade in Maryland, USA. Das zentrale Gebäude dieser Basis wurde in den achtziger Jahren aufwendig abgeschirmt, um elektromagnetische Abstrahlungen zu vermeiden. Die Existenz dieser geheimen Organisation kam erst an die Öffentlichkeit, als die Abhöranlage im deutschen Bad Aibling enttarnt wurde.

Die *Field Station F-81* des *Echelon Systems* in Mietraching bei

79. *Die Abhöranlage bei Bad Aibling, aus dem Internet*

Bad Aibling liegt auf dem Gelände eines ehemaligen Militärflugplatzes. Nach Ende des Zweiten Weltkriegs wurde die Basis zuerst als Kriegsgefangenenlager, dann als Flüchtlingslager und Waisenhaus genutzt. 1952 übernahm die US Army die Anlagen bis 1971. Von 1971 bis 1994 stand Bad Aibling unter der Kontrolle der NSA und des US-Verteidigungsministeriums. 1994 übernahm die oberste militärische Geheimdienstbehörde das Hauptquartier der *US Army Intelligence and Security Command* (INSCOM) offiziell die Kontrolle. INSCOM ist das Geheimdienst-Hauptkommando der US Army und für alle SIGINT (*Signal Intelligence Operationen*) und kryptographischen Aktivitäten zuständig.

Die NSA betreibt ›Echelon‹ mit den Ländern der sogenannten UKUSA-Allianz, das sind neben den USA noch Kanada, Neuseeland, Australien und Großbritannien, bereits seit mehr als zwanzig Jahren im geheimen. Erst im Jahre 1998, also ein Jahr nach dem Tod von Diana und Dodi, kamen diese Geheimdiensttätigkeiten an die Öffentlichkeit. Ein Zeitungsartikel aus jenen Tagen begann folgendermaßen:

»*Do, 26. März 1998:* NSA fängt weltweit E-Mails ab. *Was bislang nur als Gerücht kursierte, wurde von einer Kommission des Europäischen Parlaments im Januar bestätigt. Gemäß EU-Report läßt die weltgrößte Geheimdienstorganisation, die* US National Security Agency *(NSA), mit ihrem Echelon-System E-Mails, Telefongespräche und Faxe routinemäßig überwachen. In Europa werden die Informationen im englischen Menwith Hill (nahe Leeds) gesammelt und von dort per Satellit nach Fort Meade im US-Bundesstaat Maryland weitergeleitet...*«

Nachdem der Standort bei Bad Aibling so enttarnt war und sich deutsche Behörden und Politiker mit dieser Situation, auf den Druck der Öffentlichkeit hin, befassen mußten, begann sich die NSA und das US-Militär von dort abzusetzen. Die *Sunday Times* bestätigte dies auch in einem Artikel:

»*Die NSA und angeschlossenen INSCOM Truppenteile ziehen sich nach Großbritannien und aus Deutschland zurück, weil der öffentliche Druck seitens der Medien, der interessierten Bevölkerungsanteile und einzelner Parteien und Politiker in Deutschland zu groß geworden, das verfügbare Informationsangebot zu umfangreich ist, um darauf noch mit Desinformationskampagnen kontern zu können. Auch die Untersuchung des Echelon-Systems durch den Ausschuß des Europäischen Parlaments wird mit dazu beigetragen haben, daß man sich in das*

Land zurückzieht, das als Mitglied des ECHELON-UKUSA-Verbundes stets damit aufgefallen ist, eng mit den amerikanischen Streitkräften und der NSA zusammenzuarbeiten. Aus diesem Grund wäre es jetzt an der Zeit, die Rolle der Stationen Menwith Hill und Morwenstow mehr ins Licht zu rücken und die Rolle Großbritanniens als Mitglied der Europäischen Union einerseits und intimes Mitglied des Echelon-System andererseits politisch auf europäischer Ebene zu thematisieren.«

Wie eng und von der Öffentlichkeit unbemerkt der britische Geheimdienst mit seinen amerikanischen Kollegen zusammenarbeitet, ist eine feststehende Tatsache. Daß die Briten auch mit den französischen Diensten einen guten Umgang pflegen, hat sich in den beiden Weltkriegen bereits gezeigt und danach noch vertieft.

80

Eine von zwei Abhöranlagen im britischen Cornwall, aus dem Internet.

Frankreichs Sicherheits- und Nachrichtendienste

Frankreich besitzt, neben verschiedenen nachrichtendienstlichen Organisationen, die dem Justiz- und/oder dem Innenministerium unterstehen, fünf große Nachrichtendienste. Diese unterstehen der Regierung und werden vom SGDN (*Secrétariat Général de la Défense Nationale*), das dem Premierminister unterstellt ist, überwacht und koordiniert.

- DGSE ist die Kurzbezeichnung für den berühmt berüchtigten Auslandsspionagedienst Frankreichs.
- DST ist die Kurzbezeichnung für die französische Spionageabwehr.
- DPSD ist ein Dienst, dessen Aufgaben im militärischen Bereich liegen. Er ist für die Spionageabwehr im Bereich der französischen Streitkräfte zuständig.
- DRM ist die Kurzform für einen militärischen Dienst, der für die aktive Aufklärung zuständig ist.
- RG ist ein Dienst, der sich auf ausländische Minderheiten in Frankreich und deren Aktivitäten sowie den politischen Extremismus im eigenen Land konzentriert.

Die wichtigsten dieser Dienste sind der Auslandsspionagedienst und die Spionageabwehr. (Aus: *Die Geschichte der Spionage im 20. Jahrhundert*, Berlin 1990).

DGSE (Direction Générale de la Sécurité Extérieure):
Der französische Auslandsnachrichtendienst entstand 1946 durch den Zusammenschluß mehrerer Geheimdienste aus dem Zweiten Weltkrieg. Die erste Bezeichnung war SDECE, *Service de la Documentation Extérieure et Contre-Espionage* (Dienst für Auswärtige Dokumentationen und Gegenspionage). Er war dem Premierminister direkt unterstellt. 1962 wurde er auf Beschluß Charles de Gaulles dem Verteidigungsminister unterstellt. Die heutige Bezeichnung erhielt der Dienst im Zuge von

Umstrukturierungen im Jahre 1982. Der DGSE ist zuständig für Nachrichtenbeschaffung im Ausland. Dabei sind alle Bereiche von Interesse, militärische Daten, strategische und sicherheitspolitische Informationen und zunehmend auch Industrie- und Wirtschaftsspionage.

Der technische Dienst ist zuständig für die elektronische Aufklärung und betreibt eine Vielzahl von Abhörstationen in Frankreich und weltweit. Er arbeitet direkt mit der NSA zusammen. Die strategische Abteilung analysiert Informationen, wertet sie aus und bedient so Anfragen aller berechtigten Stellen. Die Nachrichtenbeschaffung setzt Agenten ein und wirbt Informanten an. Die Abteilung für Spezialoperationen plant geheime Aktionen und führt diese mit eigenen militärischen Spezialkräften durch. Das können Sabotageakte, gezielte Anschläge und Attentate sein. Unfreiwillige Berühmtheit erlangte diese Abteilung auch durch den Greenpeace-Skandal 1985: Agenten des DGSE versenkten mittels einer Bombe ein Schiff von Greenpeace im Hafen von Auckland, Neuseeland. Hierbei kam ein Mensch ums Leben. (Anm. des Autors: *Solche Vorgehensweisen sind dem deutschen BND ausdrücklich nicht erlaubt.*) Hauptsitz des DGSE ist immer noch Paris, nachdem ein lange geplanter Umzug aus finanziellen Gründen nicht stattfinden konnte.

DST (Direction de la Surveillance du Territoire):
Der französische Inlandsnachrichtendienst geht geschichtlich auf die Umwandlung der militärischen Gegenspionage in einen Dienst für die Überwachung des Territoriums unter der Verantwortung des Innenministers im Jahre 1899 zurück. Danach folgten allerdings Auflösungen und Neugründungen: Im Jahre 1937 entstand dann der *Surveillance du Territoire* (S.T.). Der heutige DST wurde 1946 gegründet, untersteht immer noch dem Innenminister und ist der Polizei angegliedert. Gesetzliche Grundlage ist eine Verordnung aus dem Jahre 1982. Danach hat der DST die Aufgabe, auch mit nachrichtendienstlichen Methoden den Schutz des Landes zu gewährleisten, also

ermittelt und beobachtet er Extremisten, Terroristen und Ausländer im Bereich der Spionageabwehr. Neben der Terror- und Spionageabwehr ist er auch zuständig für Schwerkriminalität in den Bereichen Waffenhandel und organisierter Kriminalität sowie für den Geheimschutz französischer Behörden und betroffener Wirtschaftsunternehmen. Der DST soll nur auf französischem Hoheitsgebiet tätig werden. Seine Mitarbeiter sind vornehmlich Polizisten in allen Diensträngen. Hauptsitz ist Paris.

Agenten als willige Helfer?

Bereits 1997, als ich über den Unfall und seine Hintergründe zu recherchieren begann, stellte ich mir die Frage, wer überhaupt in der Lage ist, einen befohlenen Anschlag solcherart durchzuführen. Das müssen schon besondere Menschen sein, ein ganzes Team mit großem Fachwissen auf mehreren Gebieten und der Kaltblütigkeit von Killern. Gibt es solche Menschen wirklich, oder sind sie nur Romanfiguren wie der berühmte James Bond von Ian Fleming?

Man fragt sich unwillkürlich: Wie sieht eigentlich das Persönlichkeitsprofil von Agenten aus? Die Antwort ist einfach: Es gibt kein gemeinsames Profil. Agenten sind Menschen, wie man sie überall sieht. Sie kommen aus allen Gesellschaftsschichten. Sie haben die unterschiedlichsten Ausbildungen hinter sich, tragen kein besonderes Kennzeichen auf der Stirn und sind in ihrem alltäglichen Verhalten nicht vom Nachbarn nebenan zu unterscheiden. Dennoch gibt es in der Persönlichkeitsstruktur aber auch bestimmte Parallelen, wie Ausarbeitungen der CIA über ihre eigenen Mitarbeiter in den achtziger Jahren nachweisen. Eine besonders elitäre Haltung und ein gewisses Überlegenheitsgefühl steigern das Selbstwertgefühl von Geheimdienstmitarbeitern. Die Zugehörigkeit zu einer geheimen Elite ist für sie ein besonderes Privileg. Für den britischen Geheimdienst gelten auch heute noch die bereits erwähnten Auswahlkriterien. Seine Mitarbeiter sind der

Monarchie treu. Privilegien zu schützen, die Klassengesellschaft zu bewahren, Reichtum zu sichern, empfinden sie als persönliche Aufgabe. So finden sich zahlreiche Mitglieder aus den oberen Schichten der britischen Gesellschaft im Kreis der Agenten. Es sind reiche Adlige und ihre Söhne, die den eigenen Lebensstil als den Wert des Lebens schlechthin betrachteten.

Die Lehrzeit eines jungen Agenten ist mit der Studienzeit eines engagierten Studenten an einer Eliteuniversität zu vergleichen, der von einem väterlichen Professor geführt und geleitet wird. Diese Form der intensiven persönlichen Betreuung erstreckt sich auch auf den privaten Bereich. Es entsteht eine bestimmte Art von Familienzusammengehörigkeit. Man bringt den Neulingen bei, sich keinem Außenstehenden anzuvertrauen. Jeder Fremde stellt eine potentielle Bedrohung dar. Nur unter seinesgleichen kann man sich sicher fühlen. Als logische Folge verkehren die Geheimdienstmitarbeiter dann letztendlich nur noch untereinander. Dies trifft meist auch auf ihre direkten Familienangehörigen zu. So entsteht eine eigene Kaste, eine autarke Gesellschaft Gleichgesinnter. Die Welt außerhalb ihres Lebenskreises wird zur Fremde, auch wenn sie nur wenige Meter vor der eigenen Haustür beginnt.

Die permanente Bedrohung durch die Umwelt außerhalb dieses Clubs, die zwar nicht konkret, aber ständig präsent zu sein scheint, führt dann aber auch zu einer andauernden und sich steigernden Streßsituation bei den Betroffenen. Mit zunehmender Dienstzeit nehmen auch die berufsbedingten Belastungen immer mehr zu. Die meisten Agenten müssen ein langjähriges Doppelleben führen. Sie haben eine Tarnidentität und leben als Techniker, Manager oder kleine Angestellte möglichst unauffällig. Sie bekommen sogenannte ›Legenden‹ vorgesetzt, die sie auswendig lernen müssen. Dazu erfinden sie meist noch eigene Tarngeschichten für Nachbarn und Arbeitskollegen in den jeweiligen Firmen, in denen sie ihrer Tarntätigkeit nachgehen. So verschwimmen Realität und Legenden immer mehr, und der betroffene Agent löst sich von der Wirklichkeit des Alltags. Bei fast allen Geheimdiensten ist der sich so entwickelnde ›ganz normale Wahnsinn‹ (*obligatory paranoia*) ein Kriterium zur Einschätzung der Einsatzfähigkeit. Wenn ein Agent nach Meinung seiner Vorgesetzten nicht mehr einsatzfähig ist, so wird er als ›verbrannt‹ (*burn out*) bezeichnet. Dieser Begriff wird auch verwendet, wenn seine Tarnung aufgeflogen und er somit für diesen Auftrag nutzlos geworden ist.

Daß die ›*obligatory paranoia*‹ ein erkanntes Problem ist, weisen zahlreiche diesbezügliche Studien der verschiedenen Geheimdienste auf. Welche direkten Folgen für den Betroffenen sich daraus ableiten lassen, darüber streiten sich allerdings die Fachleute. Bei den Briten und den US-Diensten geht man davon aus, daß diese Art von Wahnsinn sich positiv auf die Geheimdiensttätigkeit auswirken kann. Osteuropäische Dienste vertreten aber die Meinung, daß derart erkrankte Agenten Neurosen bekommen, zu Fehlern neigen und deshalb nicht mehr voll einsatzfähig sind.

Gleich welche These man vertritt, Tatsache ist, daß alle Geheimagenten unter größter Nervenanspannung stehen. Zum Schutz des eigenen Gehirns legen sie sich oft eine besondere ›eigene Wahrheit‹ zu und machen sich diese für ihr Leben zu eigen. Hierbei steht fast immer die Erfüllung des befohlenen Auftrags im Vordergrund alles Denkens. Dabei gibt es keinen Unterschied mehr, ob es darum geht, einen Terroristen oder eine zur Gefahr gewordene Prinzessin und ihren Liebhaber zu ermorden.

Kapitel 7
Der tatsächliche Unfallhergang

Nach Abwägung aller Fakten, Indizien und Überlegungen muß man zu der Einschätzung kommen, daß der Unfall auf keinen Fall durch einen betrunkenen Fahrer Henri Paul verursacht wurde. Er war an jenem Abend völlig nüchtern, das muß bei diesem Stand der Ermittlungen und den zahlreichen Zeugenaussagen als gesichert angesehen werden. Auch eine überhöhte Geschwindigkeit von 180 km/h oder mehr fällt als Unfallursache aus. Eine Beteiligung anderer Fahrzeuge ist als gesichert anzusehen. Somit ist der offizielle Abschlußbericht der französischen Polizei in meinen Augen bestenfalls ein ›Gefälligkeitsbericht‹ ohne realen Wahrheitsbezug. Wenn die nun einsetzenden Untersuchungen auf der Britischen Insel nicht in die gleiche Schublade der Vertuschung abgelegt werden wollen, müssen die britischen Ermittler noch einmal ganz von vorn beginnen und dabei die französischen Ermittlungsergebnisse völlig ignorieren.

Wie wir inzwischen wissen, wurde Diana bereits seit 1992 vom britischen Geheimdienst ständig überwacht und abgehört. Der Skandal um ihre Telefonate deckte dies auf. Welche Möglichkeiten der SIS in Zusammenarbeit mit der amerikanischen NSA damals bereits hatte, ist nach dem Tod Dianas auch an die Öffentlichkeit gedrungen. Wir können also davon ausgehen, daß sie und ihr Geliebter keinen Schritt unbeobachtet taten und keines ihrer Telefonate nicht mitgeschnitten wurde.

Während Dodi al Fayed sich des Abhörens bewußt war und sich stets besonders vorsichtig am Telefon verhielt, ist von Diana bekannt, daß sie beim Telefonieren eher sorglos war. Und sie telefonierte sehr viel. So waren die einflußreichen Leute der britischen Society durch ihre persönlichen Kontakte zu den Diensten über jedes Detail im Leben der jungen Frau bestens informiert.

Titelseiten über das Paar

Im April oder Mai des Jahres 1997 spitzte sich dann die Situation dramatisch zu. Diana intensivierte ihre Beziehung zu dem Milliardärssohn Dodi al Fayed. Sie war glücklich und teilte dies auch allen Freunden mit. Das konnte nicht wirklich geheim bleiben.

Der Auftrag – eine halboffizielle Angelegenheit

Obwohl ich nicht dabei war, kann ich mir die Situation bei der Auftragserteilung gut vorstellen. Sie könnte in einem Thriller verwendet werden. Da treffen sich drei oder vier ältere Männer völlig unverfänglich in einem Polo- oder Golfclub in der Nähe Londons. Sie kennen sich schon seit Jahrzehnten und sind durch ihre adlige Abstammung möglicherweise auch weitläufig verwandt. Sie unterhalten sich zuerst über belanglose Dinge, ehe dann das Hauptthema bei einem Drink zur Sprache kommt. Es ist die *»unselige Liaison der verrückten Diana mit diesem*

Diana und Dodi im Urlaub

Nigger aus Ägypten«, die derzeit viele Mitglieder der britischen Society bewegt. Da muß man unbedingt eingreifen. Man kann doch nicht einfach zulassen, was sich da so offensichtlich für das Land so alles anbahnt.

Einer der Männer erklärt dann, daß er sich darum kümmern und am nächsten Tag einige Gespräche in der Vauxhall Cross in London führen werde. Damit ist die Angelegenheit für diesen Tag abgehakt. Man widmet sich dem Polo- oder Golfturnier und geht später wieder auseinander, als ob nichts geschehen wäre. Der Mann, der sich um die Angelegenheit kümmern wolle, trifft sich am nächsten Tag in der SIS-Zentrale mit einigen Abteilungsleitern und gibt ihnen Anweisungen, die offiziell niemals erteilt wurden. Ein Apparat wird in Gang gesetzt, dessen wahre Möglichkeiten bis heute verborgen geblieben sind.

Die Planung gestaltet sich schwieriger als erwartet

Was nun beginnt, ist für alle unmittelbar Beteiligten ein ganz normaler Vorgang. Dafür sind sie eingestellt und ausgebildet worden. Das ist ihr Job beim Geheimdienst. Dafür werden sie bezahlt. Es wird eine Planungsgruppe zusammengestellt, die sich mit der Problematik beschäftigt, wie man das angesprochene Problem möglichst effektiv und relativ unauffällig lösen kann. Die Aufgabenstellung – das Ausschalten von zwei prominenten Zielpersonen – ist nicht einfach. Es muß aber wie ein ›wasserdichter‹ Unfall aussehen.

Hierbei sollte möglichst auch noch eine dritte Person geschädigt werden, die der Vater einer der beiden Zielpersonen ist. Jetzt rauchen die Geheimdienstköpfe und brüten über verschiedene Möglichkeiten der Ausführung, während in einer anderen Abteilung zur gleichen Zeit alle nur erreichbaren Informationen zusammengetragen werden.

Hierzu werden befreundete Dienste vorsichtig kontaktiert. Das ist Geheimdienstalltag auf der ganzen Welt. Zu jenem Zeitpunkt wissen nur wenige Eingeweihte, daß es sich nicht um ein Planspiel, sondern um einen wirklichen Auftrag handelt. Die Hauptakteure werden dies erst kurz vor dem Einsatz erfahren. Bis dahin läuft alles wie eine Übung ab, die ebenfalls zum Routinealltag der Kommandos gehört.

In der Planungsgruppe werden die Möglichkeiten für einen schweren Unfall mit großem Personenschaden erörtert.

• Als Flugunfall einen Anschlag auf das Privatflugzeug der Familie al Fayed durchzuführen bietet sich zwar an, birgt aber auch zahlreiche Risiken, aufgedeckt zu werden. Man denke zunächst an den hauseigenen Sicherheitsdienst und natürlich dann an die Flugaufsichtsbehörde. Nach jedem Flugzeugabsturz finden umfangreiche Untersuchungen statt. Die Teile der verunfallten Maschine werden geborgen und, soweit vorhanden, wieder zusammengesetzt. Eine Bombenexplosion an Bord oder einen Raketenabschuß würden die untersuchenden

Spezialisten bald entdecken. Der durch solche Enthüllungen entstehende Schaden für das britische Königshaus wäre nicht abschätzbar und kaum wieder zu beheben. Auch der Versuch, einen solchen Anschlag auf Terroristen zu schieben, würde in der Öffentlichkeit kaum angenommen werden.

• Ähnlich problematisch wäre es auch, die Yacht der al Fayeds zum Kentern zu bringen. Wird das Schiff später geborgen, so würden die zuständigen Seebehörden ebenfalls peinlich genau nachforschen, was zum Untergang dieser Yacht führte; außerdem gäbe es da auch noch die Besatzung und die Sicherheitsleute an Bord.

• Von einem Badeunfall, eventuell von Froschmännern inszeniert, war ebenfalls abzuraten. Das würde nur bei einer Person sinnvoll durchführbar sein und somit die gestellte Aufgabe nur teilweise lösen.

• Ein Autounfall bietet sich als mögliche Variante an. Zwar sind auch hierbei zahlreiche Dinge zu bedenken, die zur Entdeckung eines Anschlages führen können, doch bietet sich hier eine Möglichkeit an, die spätestens seit Krimi-Meister Hitchcock jedem Geheimdienst bekannt sein dürfte: Bei einem Unfall vor möglichst vielen Zeugen, unter die man noch eigene ›Desinformanten‹ steckt, läßt sich später kaum noch der Hergang im einzelnen nachvollziehen. Je mehr Zeugen, desto mehr abweichende und einander widersprechende Versionen des Unfallhergangs. Wenn man dann noch rasch eine plausible Erklärung und einen passenden Schuldigen bietet, wird der zu erwartende Aufschrei über das Ereignis richtig zu kanalisieren sein.

Wie wir heute wissen, hat man sich damals für die letzte Variante entschieden. Als diese Entscheidung gefallen war, machte man sich sofort an die Detailplanung. Die Zeit drängte. Doch welchen Ort für einen solchen Unfall sollte man auswählen? Ein Land war bei diesen Planungen natürlich tabu: Großbritannien. Ein Unfall auf der Insel hätte zu ähnlichen Folgen geführt wie die Todesschüsse in Dallas auf John F. Kennedy. Die Mordthesen würden nie verstummen. Es mußte aber eine europäische Stadt sein, denn nur dort können sich britische

Kommandos relativ unbelästigt von den lokalen Behörden bewegen.

In den USA hätte das FBI dem Ganzen sofort einen Riegel vorgeschoben. Dort mag man Geheimdienste nicht besonders, die eigene CIA eingeschlossen. Letztendlich fiel die Wahl auf Paris. Dort hatten die al Fayeds mit dem Hotel *Ritz* einen sicheren Sitz, und es war abzusehen, daß Diana und Dodi dort irgendwann im Sommer einmal auftauchen würden. Erste Informationen über eine engere Verbindung der beiden waren den Abhörspezialisten ja bereits bekannt. Wenn nicht, konnte man mit gezielten Maßnahmen etwas nachhelfen. In Paris, sozusagen ›auf eigenem Territorium‹ und weit weg von den Royals, würden die al Fayeds die Möglichkeit eines Anschlages nicht ernsthaft in Erwägung ziehen – ebenso wie die danach mit Sicherheit völlig entsetzte Öffentlichkeit.

Für den geplanten Anschlag ebenfalls positiv war die Entwicklung, daß sich Diana vom Sicherheitsdienst der Familie al Fayed schützen ließ. So waren keine offiziellen britischen Personenschützer involviert. Diese hätte man einweihen, ebenfalls umbringen oder aus der Schußlinie bringen müssen. Alles birgt Gefahren der Entdeckung in sich.

Ein ebenso wichtiger Grund für Paris als Tatort bot sich an: Der *Secret Service* und die französischen Geheimdienste haben ein traditionell gutes Verhältnis, das auf die Zeit des gemeinsamen Kampfes gegen Deutschland (1939–45) zurückgeht. In der französischen Hauptstadt würde es für den SIS wesentlich leichter sein, auf die Ermittlungen und einen gezielten Informationsfluß einzuwirken, als in anderen europäischen Ländern. Zudem verfügt der britische Geheimdienst bereits seit Jahrzehnten über ein gut funktionierendes Informantennetz in Frankreich, das sich bei der Planung und Vorbereitung des Anschlages hervorragend eignen würde.

Zur grundsätzlichen Planung eines Auto-Attentates ist zu sagen, daß Geheimdienste wie der MI 6 solche Situationen bereits bei der Grundausbildung in den Spezialeinheiten durchspielen. Das heißt, die Grundzüge bestimmter Unfallvarianten werden immer wieder trainiert, ebenso wie Befreiungen aus

Flugzeugen, Entführungen und Anschläge. Das ist die Arbeit bestimmter Spezialeinheiten.

Die ganze Welt hat damals begeistert miterlebt, wie die deutsche Spezialeinheit GSG 9 die Menschen aus der entführten Lufthansa-Maschine ›Lanshut‹ befreite. Auch hier lagen nur wenige Tage zwischen der Entführung und der Befreiung. Dieser rasche Einsatz war nur möglich, weil die GSG 9 solche und ähnliche Befreiungsaktionen immer wieder trainiert, um ohne großen Zeitverlust eingreifen zu können. So sieht die Praxis in den Spezialeinheiten aus: Das gehört zum Alltagsleben dieser Spezialisten. Wir können also davon ausgehen, daß man beim SIS solche Spezialisten jederzeit griffbereit hat. Dies trifft auch für den MI 5 zu, dessen Ausbildungsstätte, genannt ›K-Ranch‹, berühmt und berüchtigt ist.

Da der britische Geheimdienst in Verbindung mit der amerikanischen NSA jedes Telefonat der beiden abhörte, war er auch über jede Verabredung informiert. Weiterhin werden solche abgehörten Gespräche von Spezialisten für Linguistik und Psychologie ausgewertet, die aus der Wortwahl, der Satzstellung und der Stimmlage auch Aussagen über Stimmungen und Gefühle der beteiligten Personen machen können.

Bereits die Verwendung bestimmter Vertrautheiten oder Koseworte lassen Aufschluß über die Veränderung persönlicher Beziehungen geben. Daß Diana und Dodi sich jeden Tag ein Stück näherkamen, war im Frühsommer 1997 nicht mehr zu verbergen.

Sofort nach dem Eingang diesbezüglicher Meldungen setzte sich die Planungsabteilung des SIS mit den Spezialisten für Autounfälle zusammen, und man begann mit der praktischen Planungsphase. Hierzu benötigten die Männer des Spezialkommandos auch Kenntnisse der Verhältnisse vor Ort, ebenso detaillierte Fotos möglicher Unfallpunkte. Die diesbezüglichen Beobachtungen und das Bildmaterial konnten von Agenten beschafft werden, die in und um Paris ansässig waren.

Nach zahlreichen Ideen und Vorschlägen einigte man sich dann mit Sicherheit auf zwei Unfallvarianten, die mit wenig Eigenrisiko und ebenso wenigen nachverfolgbaren Spuren durchführbar waren. Zu einer professionellen Planung gehört auch der Einbau von Flexibilität. Ändern sich Situationen, muß vor Ort rasch auf die geänderten Verhältnisse reagiert werden. Die Voraussetzung hierbei lautet: »*Wenn Plan A nicht funktioniert, gehen wir zu Plan B über.*« So arbeiten Profis, und so wurde auch bei dieser Planung vorgegangen.

83

Diana und Dodi im Urlaub Sommer 1997

84

Man kann davon ausgehen, daß sich die verantwortlichen Planer Gedanken darüber gemacht haben, wie ein modernes Auto mit Hilfe von High-Tech-Maßnahmen zu manipulieren und zu kontrollieren ist. Der Fuhrpark des *Ritz* mit seinen modernen Luxuslimousinen bot sich für solche Überlegungen geradezu an. Die Manipulation von Computer-Software hält bei den Geheimdiensten immer mehr Einzug und ist zu einem probaten Mittel der Sabotage geworden. Den westlichen Geheimdiensten stehen inzwischen alle erforderlichen Hilfsmittel zur Verfügung. Dies gilt auch für Spezialisten, ohne die man solche Aktionen nicht durchführen kann. Das Herstellen, Präparieren und danach auch Löschen veränderter Software ist für keinen Geheimdienst ein Problem.

Wie sehr die Software in einem Auto das Fahrverhalten abrupt und völlig unerwartet beeinflussen kann, habe ich im Jahre 1997 selbst erfahren können. Ich fuhr zu jenem Zeitpunkt einen drei Jahre alten Audi 100 der letzten Baureihe. Als ich im Sommer 1997 von Bremen nach Bremerhaven fuhr, die A27 war dort noch nicht so stark befahren wie andere Autobahnabschnitte, begann der Wagen ohne jegliche Vorankündigung beim Überholen plötzlich abzubremsen. Von mehr als 200 km/h fiel die Geschwindigkeit rasch auf 60 km/h, und der Motor begann stark zu stottern. Da es auf der Autobahn passierte, konnte ich auf die rechte Fahrbahn einscheren und den nächsten Parkplatz ansteuern. Auf einer Landstraße wäre beim Überholen sicherlich eine weitaus kritischere Situation entstanden.

Da ich bei einer Nachschau unter der Motorhaube nichts Auffälliges entdecken konnte, fuhr ich weiter. Mein Auto tat auch so, als ob nichts gewesen wäre. Erst kurz vor dem heimischen Wohnort stotterte der Motor wieder. So fuhr ich am folgenden Morgen in die örtliche VW-Werkstatt und schilderte das Problem. Am nächsten Tag konnte ich den Wagen wieder abholen. Man hatte die Kraftstoffpumpe erneuert. Alles schien in Ordnung zu sein, leider aber nur drei Tage lang, dann ging das Stottern wieder los. Es folgte ein weiterer Werkstattaufenthalt, dem noch zwei folgen sollten. Das Problem schien niemand in den Griff zu bekommen. Ich unterhielt mich daraufhin mit einem befreundeten Kfz-Meister in Bayern über dieses Problem. Er ahnte gleich, was es sein könnte: Das Steuergerät war defekt: jener kleine schwarze Kasten, der per Software alles steuert. Nachdem das Steuergerät ausgetauscht worden war, lief mein Audi gut und ohne Murren wie zuvor. Durch diese eigene Erfahrung habe ich zwei wichtige Erkenntnisse zu diesem Thema gewonnen:

1. Ein Elektronikausfall am Auto bei hoher Geschwindigkeit kann gefährlich werden.
2. Bei einer normalen Untersuchung läßt sich ein Fehler oder gar eine bewußte Manipulation an der Steuersoftware nur schwer feststellen. Das können meist nur Markenspezialisten.

Nach dem Unfall in Paris habe ich mich privat mit einem befreundeten Techniker von Daimler-Benz über die Möglichkeiten unterhalten, wie man einen Mercedes der S-Klasse mit Hilfe elektronischer Manipulationen beschleunigen und verunfallen lassen könnte. Dabei habe ich recht bemerkenswerte Informationen bekommen, die mir verschiedene Computerspezialisten bestätigt haben. Nach Meinung dieser Fachleute ist es kein Problem, den entsprechenden Steuerchip für die Elektronik im Auto mit einem Miniempfänger zu versehen. Man müßte einfach einen neuen Chip herstellen und einen Kleinstempfänger eingießen.

Dieser neue Steuerchip muß dann aber dem Originalteil aufs Haar gleichen. Das winzige Einbauteil führt nur zu einer kaum erkennbaren Erhöhung von etwa ein bis zwei Millimetern. Solcherart wäre es möglich, die Wagengeschwindigkeit über die in Luxuslimousinen inzwischen obligatorische Tempomatschaltung zu beeinflussen. Es wäre zusätzlich dann noch möglich, den gesamten Stromkreislauf des Wagens mit dem Chip innerhalb des Bruchteils einer Sekunde komplett auszuschalten. Also zuerst das Auto voll beschleunigen und dann abrupt Motor, Lenk- und Bremshilfe und alle Sicherheitsschaltungen abschalten. Was danach passiert, kann sich auch ein Laie unschwer vorstellen. Das Ergebnis wäre ein zuerst unerklärbarer Unfall – wie im Fall von Diana und Dodi. Wie wir wissen, wurde der verunfallte Mercedes 280 S tatsächlich einige

Wochen vor jener verhängnisvollen Fahrt gestohlen und später wieder aufgefunden. Es waren verschiedene Teile aus dem Auto ausgebaut, darunter auch die Sicherheitselektronik, die nachträglich in einer Werkstatt wieder eingebaut werden mußte.

Diese Möglichkeit eines provozierten Unfalls wird sicher Einzug in die Planung gefunden haben, doch wird man eine zweite ›mechanische‹ Lösung neben dieser Softwaresteuerung ebenfalls bedacht haben. Am einfachsten kann man ein Auto während der Fahrt verunfallen lassen, wenn man es überraschend von der Seite rammt. Die Fliehkraft erledigt meist den Rest. Je höher die Geschwindigkeit des gerammten Autos, desto stärker der Aufprall auf ein Hindernis und somit auch die Schäden am Fahrzeug und an den Insassen. Das erleben wir täglich im normalen Straßenverkehr.

Die Vorbereitung läuft an

Zur Vorbereitung gehört die Auswahl der Männer und Frauen für das Special-Team: In diesem Fall wird man zwei Teams gebildet haben. Die Hintermänner wußten, daß sie nur einen Versuch hatten. Schlug dieser fehl, würden sich die Sicherheitsmaßnahmen rund um Diana und Dodi vervielfachen und weitere Anschläge wesentlich schwieriger werden lassen. Das Üben von Unfallversionen mit verschiedenen Fahrzeugen ist dabei eine der leichtesten Übungen. Auch der bereits angesprochene merkwürdige Diebstahl des am Unfalltag verwendeten Mercedes 280 S ist in die Rubrik Vorbereitung einzureihen. Dann mußten die später verwendeten Wagen ›besorgt‹ werden. Dies geschah am einfachsten in Paris. So blieben diese Fahrzeuge vor frühzeitiger Entdeckung geschützt, die ein Weg von England nach Frankreich automatisch mit sich gebracht hätte.

Man benötigte eine Garage oder einen anderen Ort in Paris, wo man diese Fahrzeuge für ihren Einsatz herrichten konnte. Sie mußten in technisch gutem Zustand sein und außerdem wie Stuntfahrzeuge für einen Anprall bei hoher Geschwindigkeit präpariert werden. Meines Erachtens ist der auslösende Befehl zur Ausführung des Anschlages erteilt worden, nachdem Diana durch ihren unüberlegten Ausruf den Paparazzi gegenüber, in den kommenden Wochen würde eine sensationelle Nachricht über sie erscheinen, die ersten offenen Anspielungen auf eine bestehende Schwangerschaft gemacht hat. So wurden ihre Worte auch gleich von den Medien interpretiert. Über eine bevorstehende Verlobung war man auf der Insel zu dem Zeitpunkt dank Telefonüberwachung sicherlich bereits längst informiert. Sowohl das gemeinsame Aussuchen des Verlobungsringes in Monte Carlo als auch Telefonate mit Freunden des Paares und dem *Ritz*-Direktor Klein konnten nicht unentdeckt bleiben.

Nun wurde die Zeit knapp, wenn man eine mögliche Schwangerschaft nicht offiziell werden und an die Öffentlichkeit dringen lassen wollte. So eine bestätigte Meldung hätte die Gerüchteküche nur unnötig kochen lassen. Dieser Punkt mußte auch rasch in den Gesamtplan eingebaut werden.

Ein weiterer Punkt wurde nun wichtig, nämlich die Präsentation eines oder mehrerer Schuldiger. Zusätzlich benötigte man noch Gründe für die hohe Geschwindigkeit des Unfallwagens innerhalb einer Stadt. Hier boten sich ganz logisch drei verschiedene Schuldige an:

- der Fahrer des Wagens,
- der Fahrer eines anderen am Unfall beteiligten Fahrzeuges,
- der Unfallwagen selbst.

Der Grund für das Rasen des Autos bot sich eigentlich von selbst an: Die ständig um Diana und Dodi herumkreisenden Paparazzi wurden immer mehr zum Ärgernis für die Verliebten, und das hatte seine Gründe. In der Praxis würde eine Meute von wild fotografierenden Leuten auf Motorrädern und Rollern wohl nicht ausreichen, um die Prinzessin und ihren Liebhaber in eine derartige Panik zu versetzen, daß sie ihren Fahrer zu schnellster Fahrt auffordern würden.

Dieses Problem ließ sich rasch in zwei Etappen lösen: Zuerst mußte die Paparazzi-Gefahr sowohl für die Betroffenen als auch für die Öffentlichkeit noch akuter und bedrängender gestaltet werden. Hierzu wurde rasch ein spezielles Team, im Normalfall zwei bis drei Leute, ausgewählt. Diese Männer mußten ein möglichst südländisches Aussehen haben und wurden unverzüglich nach Sardinien geschickt. Dort traten sie dann besonders aggressiv auf. Die Situation zwischen dem Paar und den Paparazzi eskalierte in den Tagen vor ihrem Abflug wie geplant und führte letztendlich zu einem etwas verfrühten Rückflug. Damit war die vorbereitende Aufgabe dieses Teams erledigt.

Als sehr wichtiger Punkt mußte noch die dem Unfall folgende Desinformationswelle vorbereitet werden. Wie wir aus dem jahrelangen Umgang mit den Medien in unserem Land wissen, gibt es überall die Quelle »*aus gut informierten Kreisen*«. Ich selbst habe diese Floskel als Journalist auch stets dann benutzt, wenn mir ein befreundeter Insider interne Informationen gab, aber darauf bestand, nie genannt zu werden. Natürlich haben alle Geheimdienste dieser Welt auch Mitarbeiter, die gute Kontakte zu einigen Journalisten haben. Oft wissen die betroffenen Medienleute gar nicht, daß der »*gute Freund mit den tollen Informationen*« in Wirklichkeit Mitarbeiter eines Geheimdienstes ist und die Aufgabe hat, bestimmte Informationen gezielt zu plazieren.

Es gibt auch die Möglichkeit der ›zufälligen Zeugen‹. Hierbei arbeiten Dienste verschiedener Länder gern zusammen. Das ist für die Öffentlichkeit wesentlich glaubhafter. All diese Maßnahmen, die wir im Fall Diana und Dodi bereits ausführlich erläutert haben, mußten genau vorbereitet werden. Das ist keine einfache Angelegenheit, doch auch dafür gibt es Profis. Für diese galt nun, die richtigen Agenten auszuwählen, die nach dem Anschlag die Desinformationskampagne durchführen sollten. Auch sie mußten einige Tage vor dem geplanten Attentat nach Paris reisen, damit sie einen Grund hatten, zum richtigen Zeitpunkt am richtigen Ort zu sein. Als Tourist in Paris ist man nicht besonders auffällig. Hierzu mußte man ihnen aber auch eine glaubwürdige Identität geben, die sogenannte ›Legende‹, damit ihre später benötigten Aussagen richtig zur Wirkung kommen konnten. Wer zu diesem Zweck ausgewählt wurde, ob hier auch bei der CIA und beim französischen DSGE um Hilfe gebeten wurde, wissen nur die direkt an der Planung und Ausführung Beteiligten. Was dann in den Tagen und Wochen durch die Medien ging, hat gezeigt, daß gerade auf diesem Gebiet recht gut geplant und vorbereitet worden war.

Schwierig hat sich mit Sicherheit das Problem gestaltet, den Fahrer als einzig möglichen Schuldigen darzustellen. Es ist auch für einen Geheimdienst kein einfaches Unterfangen, genau vorauszubestimmen, welcher Fahrer an welchem Abend einen bestimmten Wagen der Fahrbereitschaft des Hotels *Ritz* fahren würde. Man mußte also eine Lösung finden, die den Fahrer unwiderlegbar zum Schuldigen abstempelt und die jederzeit und an jedem Ort kontrollierbar durchzuführen ist. Jetzt waren Mediziner und Chemiker gefragt, und sie fanden auch für dieses Problem eine Lösung. Sie bereiteten entsprechende Blutproben für die drei möglichen Fahrer vor, dazu auch die passenden DNA-Analysen für den Fall möglicher Nachuntersuchungen, wie wir sie derzeit in England erleben.

Dann wurde das ›Einsatz-Team‹ (›*Operation-Command*‹) in Bewegung gesetzt, um die notwendigen Vorbereitungen vor Ort durchzuführen. Meines Erachtens bestand dieses Team aus vier bis fünf Personen, die aus Vereinfachungsgründen mit der Kurzfassung OC und einer Ziffer bezeichnet werden. Sie mußten die zeitlich genau koordinierten Abläufe mehrfach testen, die entsprechenden Orte für einen potentiellen Anschlag auswählen und die Plätze finden, an denen man die Tatfahrzeuge hinterher möglichst rasch verschwinden lassen konnte.

Weiterhin gehörte zu ihren Aufgaben, mit dem Spitzel in Kontakt zu treten, den der SIS schon vor längerer Zeit beim Personal des *Ritz* eingeschleust hatte. Waren alle Vorbereitungen abgeschlossen, begann das quälende Warten auf den eigentlichen Einsatzbefehl. Am Samstag, dem 30. August 1997, war es dann so weit. Aus England kam der Anruf per abhörsicherem Satelliten-Telefon: »*Zielobjekte landen gegen 15.20 auf Le Bourget. Operation beginnt 15.10.*«

Der Anschlag in Paris

15.00 Uhr, Flughafen Le Bourget bei Paris
Zwei Männer des *Operation-Command* (OC bezeichnet), treffen vor dem Flughafen Le Bourget ein. Einer fährt ein schweres Motorrad der Marke Honda, der andere einen schwarzen Peugeot. Beide Fahrzeuge und Fahrer sind nachweislich dort von seriösen Zeugen gesehen worden.

85. Ankunft in Le Bourget

15.20 Uhr, Flughafen Le Bourget bei Paris
Der Privatjet mit Diana und Dodi landet zu einem geplanten Zwischenstop. Dort wird das Paar bereits von sechs Fotografen erwartet, die über den Flug informiert worden waren. Zwei Wagen, ein Mercedes 600 SEL und ein Range Rover als Begleit-

fahrzeug, stehen bereit, ebenso Henri Paul. Das Paar steigt in die Wagen, wird von der Flughafenpolizei bis zur Ausfahrt eskortiert und fährt in Richtung Stadtmitte weiter. Die beiden OC-Männer folgen dem kleinen Konvoi. Der OC 1 im Peugeot setzt sich vor den Mercedes 600 SEL, dann bremst er kurz ab. Durch diese Aktion wird in den anderen Wagen mehr Aggression aufgebaut. Dies bestätigt später die Aussage des Leibwächters Alexander Wingfield. OC2 auf dem Motorrad fährt von hinten dicht auf. Fotografen, die ebenfalls am Flughafen gewartet haben, folgen in einigem Abstand. Sie bekommen von der kurzen Aktion nicht viel mit, wie Zeuge Romuald Rat später bestätigen wird.

16.20 Uhr, Place Vendôme
Die beiden Wagen nähern sich mit ihren Verfolgern dem Hotel *Ritz* am Place Vendôme. In den beiden Wagen des *Ritz* hat man sich inzwischen entschlossen, nicht an der Vorderseite des Hotels vorzufahren. Sie nähern sich dem *Ritz* durch die Rue Cambon, eine schmale Einbahnstraße auf der Rückseite. Das prominente Paar betritt das Hotel dann relativ unbemerkt durch den Personaleingang. OC1 und 2 setzen sich auf dem Place Vendôme von dem kleinen Konvoi ab.

Per Funk informieren sie OC 3, der zu jenem Zeitpunkt bereits vor dem Hotel wartet. Er hat sich als Fotograf getarnt und eine Fotoausrüstung dabei. Nach dem Anruf begibt er sich unauffällig in Richtung Rue Cambon auf der Rückseite des Hotels. Dort beobachtet er, wie das Paar das Hotel durch den Hintereingang betritt.

19.00 Uhr, Rue Cambon, Hintereingang des Ritz
Dodi, Diana und die beiden Leibwächter verlassen gemeinsam mit Sicherheitschef Henri Paul das Hotel durch den Hintereingang. Diesmal werden sie dort aber bereits von Fotografen erwartet, die diesen Moment fotografisch festhalten. Unter die Fotografen hat sich OC 3 gemischt, der ebenfalls die Szene fotografiert und dann seine beiden Kollegen anruft. Die beiden sind inzwischen an den vorgeschriebenen Plätzen. Der

schwarze Peugeot wartet in der Rue de Rivoli. Da an diesem Tag in ganz Paris reger Verkehr herrscht, ist es für den Fahrer des schweren Mercedes 600 SEL unmöglich, die für einen geplanten Unfall nötige Geschwindigkeit zu erreichen.

Die verfolgenden OC-Männer bleiben deshalb passiv. Sie beobachten nur das Geschehen hinter ihnen und fahren zu den Champs Elysées voraus. Das Fahrziel ist für sie klar. Es kann nur Dodis Wohnung sein. Dort angekommen parken sie ihre Fahrzeuge und begeben sich, als Fotografen getarnt, mit einigen anderen Paparazzi in Stellung.

86. *Ankunft Rue Cambon*

19.15 Uhr, Champs-Elysées
Die Champs Elysées ist die Pariser Prachtstraße. An jenem Samstagabend ist sie von einem regen Betrieb belebt. Unterdessen hat sich ein gutes Dutzend Fotografen vor Dodis Appartement eingefunden. Unter ihnen befinden sich auch die beiden OC-Männer. Wingfield und Rees-Jones, die beiden Leibwächter, versuchen die wild fotografierenden Paparazzi zur Seite zu drängen. Diese bilden einen immer enger werdenden

Ring um die beiden Wagen. Wingfield berichtet später über diese Augenblicke:

»Ich ging mit Trevor raus, um mit den Paparazzi zu reden und sie zu bitten, das Paar in Ruhe zu lassen, ihnen ein bißchen Distanz zu gewähren. Später würden sie dann schon ihre Bilder bekommen und das Paar würde sich nicht so gestört fühlen. Manche Fotografen waren aggressiver als andere.«

Einige der Fotografen fanden das in Ordnung, andere nicht. Einige, dabei auch die beiden OC-Leute, provozierten und drängelten weiter. Es kam zu einem leichten Gerangel und Geschubse.

Diese besonders aufdringlichen Paparazzi beschäftigen Diana noch, als sie bereits in der Wohnung saß. Wie Wingfield später berichtete, diskutierte sie mit den Leibwächtern über das unmögliche Verhalten der Presse. Die gezielten Provokationen des Tages zeigten bereits erste Wirkungen bei dem prominenten Paar.

Zwischen 19.30 und 21.30 Uhr, genauer Zeitablauf nur den Beteiligten bekannt

In diesem Zeitrahmen treffen zwei Männer des britischen Geheimdienstes im *Ritz* ein. Ihre Ankunft ist gesichert, nicht aber, ob es sich um Mitarbeiter von MI 5 oder SIS handelte. Sie reden mit einem Mann in der Sicherheitszentrale und informieren auch den stellvertretenden Sicherheitschef Henri Paul per Handy.

Dieser ist an jenem Abend ›Chef vom Dienst‹ und somit für alle Sicherheitsbelange direkt verantwortlich. Den genauen Wortlaut kennen nur die an dem Gespräch beteiligten Personen. Nach meinen Erkenntnissen wurde im Verlauf dieses Gesprächs zumindest Andeutungen darüber gemacht, daß für dieses Wochenende ein Anschlag gegen das Paar oder zumindest gegen Diana geplant sei. Möglicherweise wurden auch Andeutungen geäußert, daß Personen aus dem hauseigenen Sicherheitsdienst involviert sind. Diese Informationen gab Henri Paul natürlich unverzüglich per Handy an seinen Chef und Freund Dodi weiter.

87

Dodi und Diana im Auto

Die Besucher vom Geheimdienst hatten ihren Zweck erreicht. Die Unsicherheit der Betroffenen steigerte sich. Die NSA hörte wie üblich alle Telefonate mit und konnte zufrieden den Vollzug dieser Aktion melden. Dodi behielt die Informationen für sich. Er wollte Diana nicht weiter ängstigen und hatte bereits ganz die Beschützerrolle eingenommen, wie in verschiedenen Situationen klar sichtbar wurde. Spontan entschloß sich Dodi deshalb, die Pläne für den weiteren Ablauf des Abends abzuändern. Er ließ den bereits bestellten Tisch im Restaurant *Le Benoit* wieder abbestellen. Bei der großen Glasfront des Restaurants kam er sich mit Diana wohl vor wie auf dem Präsentierteller. Die gewohnte und ihm bestens bekannte Sicherheit des *Ritz* schien ihm die bessere Umgebung für diesen Abend zu sein.

Wie nervös er in jenen Stunden war, zeigte später, daß er den Verlobungsring in der Wohnung liegenließ und ihn zum geplanten Verlobungsessen nicht mitnahm. Für den kultivierten weltmännischen Dodi ein unvorstellbarer *faux pas*. Noch vor der Abfahrt von seiner Wohnung rief er dann seinen engen Vertrauten Henri Paul und bat ihn, ebenfalls in das *Ritz* zu kommen. Er benötigte dort dringend seine Hilfe.

21.30 Uhr, Champs-Elysées
Dodi und Diana fahren von Dodis Appartement ins *Ritz*. Die Paparazzi folgen den Fahrzeugen. Die beiden wartenden OC-Männer setzen sich inzwischen wieder ab und treffen die nötigen Vorbereitungen. Möglicherweise könnte der geplante Einsatz in den folgenden Stunden ablaufen.

21.48 Uhr, Place Vendôme
Bei der Anfahrt zum Hotel verlangsamen die beiden Wagen deutlich ihr Tempo. Die Fotografen können überholen und sich mit ihren bereits am Hotel wartenden Kollegen für neue Fotos in Positur bringen. Inzwischen haben sich auch einige unbeteiligte Schaulustige vor dem Hotel eingefunden. Unter sie mischt sich OC-Mann 3. Er beobachtet die Situation. Der vierte OC-Mann hat vorsichtshalber gleich auf der Rückseite des Hotels einen Beobachtungsplatz eingenommen. Den Agenten war nicht entgangen, wie nervös Dodi und die ihn Begleitenden inzwischen waren. Er hat von unterwegs sein Kommen telefonisch angekündigt. Dabei muß er wohl auch einiges über das Gespräch mit den britischen Geheimdienstleuten erzählt haben, denn das Hotelpersonal ist ungewöhnlich nervös. Diese Unruhe läßt sich kaum verbergen und fällt auch den wartenden Journalisten auf. Bei ihnen wird diese plötzliche Nervosität auf das Auftauchen des Prominentenpaares geschoben. Der wirkliche Grund ist ihnen nicht bekannt. Wer sich ein wenig in der Hotelszene auskennt, weiß: Das Personal eines Hotels in der Kategorie des *Ritz* ist gewohnt, täglich mit Stars, Wirtschaftsbossen, Politikern und Adligen umzugehen. Es wird kaum wegen des Auftauchens des Juniorchefs und seiner Freundin in Panik ausbrechen. Bei allen anderen Besuchen Dodis konnte bisher diese Aufregung auch nicht festgestellt werden. Dies bestätigten später einige der Fotografen, die sich häufiger im *Ritz* aufhielten.

22.05 Uhr, Hotelhalle des Ritz
Dodi und Diana gehen die Treppe zur *Imperial Suite* hinauf, um dort alleine zu speisen. Die hauseigene Überwachungs-

kamera zeigt deutlich, wie nervös das Hotelpersonal auch im Innern des Hotels ist. Die Angestellten laufen hektisch herum und wirken wie aufgescheuchte Hühner.

22.09 Uhr, Place Vendôme, vor dem Hotel Ritz

Henri Paul fährt mit seinem schwarzen Minicooper vor. Er hält an, steigt aus und betritt das Hotel durch die Drehtür. Danach geht er klar erkennbar durch die Hotelhalle zu seinem Büro. Von dort meldet er Dodi telefonisch, daß er nun im Hause ist. So erfährt Paul, daß Dodi seine weiteren Pläne für diesen Abend geändert hat. Dodi bittet ihn, die Journalisten vor dem Hotel zu beruhigen und vom Hintereingang abzulenken. In den kommenden beiden Stunden begibt sich Henri Paul deshalb mehrfach vor den Eingang des Hotels. Er teilt der dort wartenden Menschenmenge immer wieder mit, was sich momentan im Hotel ereignet. Er findet anscheinend so viel Spaß an diesem Spiel, daß er dabei ein wenig übertreibt. Das fällt einigen Fotografen auf, die ihn bereits seit längerer Zeit kennen. Unterdessen holen drei der OC-Männer die benötigten Fahrzeuge aus den jeweiligen Verstecken. Es handelt sich um einen weißen und einen dunkelroten Fiat Uno sowie um ein Honda-Motorrad. Nun warten sie nur noch auf ihr Einsatzzeichen, um den so oft geprobten Plan endlich in die Tat umzusetzen. Für die Ausführung sind drei verschiedene Stellen vorgesehen, denn der Zielwagen fährt nicht immer die gleiche Route. Eines der Ziele ist der Tunnel unter der Pont de l'Alma, der als Abhängeroute bekannt ist.

00.06 Uhr, Hotel Ritz

Diana und Dodi sind mit dem Essen fertig und gehen in die Hotelhalle hinunter. Dort erklärt Dodi seinen Leibwächtern, daß er sich für eine andere Abfahrtsmöglichkeit entschieden hat. In einem unauffälligen Mercedes 280S, den Henri Paul fahren soll, will er mit Diana vom Hintereingang abfahren. Gleichzeitig soll der offizielle Mercedes 600 an der Vorderseite eine Abfahrt mit anderer Route darstellen. Es ist der Öffentlichkeit bis heute unbekannt, welche Informationen Dodi durch die

88. *Hintereingang Ritz*

Geheimdienstler erhalten hatte. Tatsache ist aber, daß er nur die beiden Männer, denen er am meisten vertraute, bei Diana und sich im Auto haben wollte. Das waren Henri Paul und sein ›persönlicher Schatten‹ Trevor Rees-Jones. Bodyguard Wingfield wurde zwecks Durchführung des Ablenkungsmanövers an die Vorderseite des Hotels beordert.

00.19 Uhr, Rue Cambon, Hintereingang des Ritz

Dodi, Diana und Paul gehen zu dem wartenden Mercedes 280 S. Dabei werden sie von vier Menschen beobachtet, drei davon werden von der außen am Gebäude angebrachten Videokamera erfaßt, Nummer 4 hält sich außerhalb des Kamerablickwinkels auf und wird erst auf späteren Videoauswertungen schattenhaft entdeckt. Während das Paar mit den beiden Begleitern Paul und Trevor Rees-Jones in den Mercedes steigt, nähern sich zwei Fotografen und machen Bilder, der dritte Mann telefoniert mit einem Handy, der vierte setzt sich rasch ab. Offensichtlich ist er der Motorradfahrer des OC,

89. Die Lockwagen fahren los

der sich auf den Weg zu seiner Maschine macht. Die Polizei analysierte später die schlecht ausgeleuchteten Videoaufzeichnungen von diesem Moment und war der Meinung zu erkennen, daß Leibwächter Rees-Jones die Sonnenblende im Wageninneren herunterklappt, während Diana sich nach den Fotografen umsieht. Dann fährt der Wagen in normalem Tempo los.

00.21 Uhr, Place Vendôme, vor dem Hotel Ritz
Unruhe ergreift die wartenden Fotografen und Schaulustigen auf dem Vorplatz. Handys klingeln hektisch, es werden aufgeregte Gespräche geführt. Die Menschen erfahren nach und nach von der Abfahrt des prominenten Paares an der Rückseite des Gebäudes. Die meisten Fotografen machen sich überstürzt auf den Weg dorthin. Jetzt fahren auch die beiden Wagen vor dem Hotel los. Einige Paparazzi werden unsicher und können sich nicht entscheiden, welchem Auto sie folgen sollen. OC-Mann Nummer drei hat sich inzwischen auf sein Motorrad ge-

schwungen, um dem Mercedes 280 S an der Rückseite zu folgen. Die ihm zugewiesene Aufgabe ist nicht einfach zu bewältigen: Er muß gleichzeitig fahren und die Gespräche im Mercedes mittels eines extra präparierten Richtmikrofons abhören. Mit der heutzutage zur Verfügung stehenden Technik ist das Abhören von Gesprächen in fahrenden Autos eigentlich ein Kinderspiel, doch dabei im Pariser Straßenverkehr auch noch sicher und schnell zu fahren ist nicht ganz so leicht. Ich gehe davon aus, daß sein Richtmikrofon in die Fotoausrüstung eingerabeitet wurde. Eine Tasche für ein Teleobjektiv bietet sich hierfür geradezu an. Während OC 3 dem Wagen in einigem Abstand folgt, erkennt er, daß sich das Fahrziel geändert hat. Dodi fährt nicht in sein Appartement zurück, dorthin sind die Wagen vom Vordereingang unterwegs. Der Wagen mit Dodi und Diana nimmt Richtung auf den Tunnel, der als eines der Operationsziele ausgewählt worden war. Jetzt kann der Plan endlich durchgeführt werden. Per Helmfunk gibt OC 3 diese Informationen an seine wartenden Kollegen weiter. Diese müssen sich nun blitzschnell in die richtigen Positionen für den Anschlag bringen. Mit jedem Meter, mit dem der Mercedes 280 sich dem Pont de l'Alma nähert wird klarer, daß der Tunnel der beste Operationsplatz wird. Will der Fahrer die verfolgenden Fotografen wirklich abhängen, muß er dort kräftig Gas geben. Die Strecke ist für solche Manöver allgemein bekannt.

00.23 Uhr, Rue de Rivoli
Der Mercedes 280 S mit Diana und Dodi fährt aus der Rue Cambon in Richtung Place de la Concorde. An einer Ampel muß er wegen Rotlicht halten. Als die Ampel umschaltet, braust er dann mit hoher Geschwindigkeit los. Die Fotografen auf ihren kleinen Motorrädern und Rollern können kaum noch folgen. OC 3 mit seiner schweren Maschine kann aber relativ gut mithalten. Schließlich ist ein 280 S kein Rennwagen, auch wenn es später in den Medien manchmal so dargestellt wird.

00.24 Uhr, Einfahrt zum Tunnel unter der Pont de l'Alma
Die beiden OC-Männer stehen bereit, um den heraneilenden

Mercedes zu übernehmen. Der Fiat muß vor der schweren Limousine in den Tunnel einfahren, soll der Plan genau funktionieren. Mit oft geübter Präzision fahren OC 1 und 2 langsam auf der rechten Fahrspur in den Tunnel hinein. OC 3 folgt auf seinem Motorrad. In diesem Moment biegt der Mercedes 280S mit hoher Geschwindigkeit ebenfalls in den Tunnel ein. Wäre das Fahrtziel an jenem Abend das Appartement Dodis gewesen, vor dem mit Sicherheit inzwischen bereits wieder Fotografen lauerten, hätte der Fahrer, statt in den Tunnel einzubiegen, genau die entgegengesetzte Fahrtrichtung einschlagen müssen. Dies wird für jeden Menschen mit einem Blick auf die vorliegende Karte leicht erkennbar. Henri Paul fuhr aber in den Tunnel. Das untermauert die These, daß an diesem Abend ein völlig anderes Fahrtziel geplant war. Der gesamte Plan zum Abhängen der Paparazzi hätte sonst keinen Sinn gemacht. *Warum sollte man am Hintereingang des Ritz losfahren, wenn das Fahrtziel, Dodis Wohnung, doch allen Beteiligten schon längst bekannt sein mußte? Welchen Sinn soll da ein Ablenkungsmanöver machen, wenn das Ziel so einfach lokalisierbar ist?* Nur um während der wenigen Minuten der Fahrt unbeobachtet zu sein, hätte Dodi nie einen solchen Aufwand getrieben. Der Grund für Dodi Entscheidung, das Hotel durch den Hintereingang heimlich zu verlassen und dann mit hoher Geschwindigkeit unerkannt wegzufahren, kann nur den einen Grund gehabt haben: ein den Verfolgern unbekanntes Fahrziel, das schnell zu erreichen war.

00.25 Uhr, Tunnel unter der Pont de l'Alma
Der Mercedes fährt mit einem für den Stadtverkehr relativ hohem Tempo. Im Tunnel muß er rasch auf die linke Fahrspur wechseln, weil auf der rechten Fahrbahn ein Motorrad und ein kleiner Wagen mit langsamem Tempo fahren. Als die schwere Limousine auf Höhe des Fiat ist, schert dieser plötzlich und völlig unerwartet nach links aus und knallt mit seinem hinteren linken Kotflügel gegen den rechten vorderen des Mercedes. Dies wirft den schnellen und schweren Wagen sofort nach links aus der Bahn. Nach einigen Metern schrammt der Wagen am dritten Tunnelpfeiler entlang. Henri Paul reagiert so, wie

man es ihm beim Sicherheitstraining auf der Rennstrecke von Hockenheim beigebracht hat: Er steuert behutsam gegen. Aber diesmal hat er Pech: Weder Lenkhilfe noch Bremsanlage reagieren wie gewohnt. Die Softwaremanipulation setzt urplötzlich ein. Die schwere Limousine fährt mit nahezu unverminderter Geschwindigkeit weiter, bis er dann nahezu frontal gegen den dreizehnten Tunnelpfeiler kracht. Die Fliehkraft schleudert das Auto seitlich weg. Es dreht sich um die eigene Achse und kommt auf der anderen Fahrspur in entgegengesetzter Fahrtrichtung zum Stehen. Weißer Wasserqualm kommt aus dem Bereich des Motorraums, und die Hupe untermalt die schreckliche Szene mit einem durchdringenden Dauerton. Der Fiat stoppt kurz an der Unfallstelle. Der Fahrer gibt seinem Kollegen auf dem Motorrad ein verabredetes Zeichen. So signalisiert er, daß sein Auto noch fahrbereit ist. OC 2 steigt aus. Dann braust OC 1 davon, um den Blicken heraneilender Neugieriger zu entgehen. Der Motorradfahrer, OC-Mann 3 hält dicht bei dem verunfallten Mercedes an. Inzwischen sind auch andere Menschen auf den Unfall aufmerksam geworden, und er muß sich beeilen. Zur Unterstützung und zur Absicherung gegen neugierige Blicke kommt jetzt vom Tunneleingang her auch OC-Mann 4 herbei.

00.26 Uhr
OC-Mann 2 und 3 informieren sich rasch, in welchem Zustand sich der Fahrer des Mercedes befindet. Dies ist für den weiteren Verlauf der geplanten Maßnahmen äußerst wichtig. Schlägt das Herz des Fahrers noch, so könnten ihm die OC-Leute eine vorbereitete Spritze in eine Wunde setzen, damit der Einstich später nicht erkannt wird. Die Spritze enthält den gewünschten Cocktail aus Alkohol und Aufputschmitteln. Ist der Fahrer bereits tot, so entnimmt der OT-Mann ihm mit einer zweiten, weitaus größeren Spritze Blut, das für spätere Blutproben benötigt wird. Ich persönlich tendiere zu der Version des ›Alkohol-Aufputschmittel-Cocktails‹, den man dem Sterbenden gespritzt hat. Daß dieses Verfahren gern bei Geheimdiensten eingesetzt wird, ist spätestens seit der Barschel-Affäre

allen klar denkenden Menschen bekannt. Auch erfuhr die staunende Öffentlichkeit im Oktober 1997, als der Gründer der Moslemorganisation *Hamas*, Scheich Ahmed Jassin, freigelassen wurde, daß dies im Gegenzug für zwei israelische Geheimdienstagenten geschah, die vor Jahren versucht hatten, in Amman einen hohen *Hamas*-Politiker auf offener Straße mit einer Giftspritze zu töten. Dieses Tötungsverfahren ist bei Geheimdiensten sehr beliebt, weil es sich im nachhinein kaum noch nachweisen läßt. Spritzen lassen sich leicht und unauffällig überall verstecken, zum Beispiel auch in umgehängten Fototaschen. Nachdem sie ihren Auftrag ausgeführt haben, werden die OT-Männer zu fotografierenden Paparazzi. Einer der beiden Agenten bemerkt, daß sich hilfsbereite Passanten rasch der Unfallstelle nähern. In Französisch ruft er ihnen aus dem Qualm zu, daß der Wagen gleich explodieren werde. Die Leute laufen daraufhin wieder zum Tunneleingang zurück. So werden kostbare Sekunden gewonnen. Rasch überzeugen sich die Männer noch, daß Dodi tot und Prinzessin Diana sehr schwer verletzt sind. Um den Beifahrer, Trevor Rees-Jones, können sie sich nicht mehr kümmern, denn in diesem Moment erscheinen weitere Fotografen, und die beiden OC-Männer müssen sich so schnell wie möglich absetzen. Danach spielen sich die bereits zu Beginn des Buches genauer erklärten Szenen ab.

Die Nachbearbeitung bringt neue Probleme

Direkt nach dem Anschlag im Tunnel setzt nach meinen Erkenntnissen bereits die sogenannte ›Nachbearbeitung‹ ein. Wer zu diesem Zweck in der Nacht zum 31. August 1997 von der entsprechenden SIS-Abteilung an oder in den Tunnel beordert wurde, können wir natürlich nicht mehr nachvollziehen. Wir wollen uns davor hüten, irgendwelche Menschen, die möglicherweise in bester Absicht gehandelt haben, grundlos zu verdächtigen. Dennoch ist es für jeden aufmerksamen Beobachter klar, daß so viele Falschmeldungen und -aussagen, wie nach diesem tragischen Unfall, selten zuvor so schnell gemacht wurden.

Auch die Medien und ihre Vertreter vor Ort haben dazu beigetragen, daß sich jetzt plötzlich jeder vor einer Kamera und einem Mikrofon wiederfinden konnte. Er mußte nur behaupten, Augenzeuge gewesen zu sein. Prüfen ließen sich die verschiedenen Versionen des Geschehens kaum. Meist waren es Lifesendungen, und die Zeit war zu knapp. Jeder Fernsehsender, jede Rundfunkanstalt wollte zuerst die *»neuen Entwicklungen und Hintergründe«* des Unfalls ausstrahlen. Jeder Journalist war auf der Suche nach einer Sensation, und die Agenturen rissen sich um jegliches verwertbare Material, gleich, ob Video, Bild oder Ton. Diese Entwicklung hat der SIS-Planungsstab mit Sicherheit in seine Überlegungen einbezogen. Auf die unterschiedlichen Aussagen und Behauptungen ist in diesem Buch bereits ausführlich eingegangen worden. Zwei Punkte der sogenannten Nachbearbeitung erscheinen mir aber für die Einordnung der Fakten wichtig zu sein.

Zuerst mußte der wirkliche Grund für das von Dodi befohlene Ablenkungsmanöver verschleiert werden. Das wollte man mit den immer wieder vorgetragenen Augenzeugenberichten über die wild um das Auto kreisenden Paparazzi. Das ist nach meinen Erkenntnissen in den Bereich der Fabel zu verweisen. Diese Meldungen dienen einzig dem Zweck, das Täuschungsmanöver mit den Fahrzeugen und die hohe Geschwindigkeit zu rechtfertigen und zu untermauern.

Der wichtigste Punkt war für mich aber die lückenlose Präsentation des festgelegten Schuldigen. Hierauf muß man einen beträchtlichen Anteil der Planungszeit verwendet haben. Zentraler Punkt aller diesbezüglichen Überlegungen war die unangreifbare Beweisführung für Alkohol und Rauschmittel im Blut von Henri Paul. Ein volltrunkener Fahrer würde vor den Augen der gesamten Welt auf der Stelle als Alleinschuldiger akzeptiert werden. Hierzu bedarf es aber genauer Untersuchungsergebnisse der mit Sicherheit veranlaßten Blutproben. Nun wissen wir aus dem Sportbereich, daß auch dort hin und wieder Proben ›vertauscht‹ worden sind, und ich traue den Geheimdienstmitarbeitern zu, daß das Einstudieren solcher Tätigkeiten bereits zur Grundausbildung von ›Geheimdienstlehrlingen‹ in der zweiten oder dritten Ausbildungswoche gehört. Vor allem in der Hektik eines Krankenhauses, in das gerade so prominente Unfallopfer eingeliefert werden, fällt ein neues Gesicht im altbewährten Laborkittel nicht wirklich auf. Dieses Vertauschen trifft natürlich auch auf andere zu untersuchende Dinge zu, wie etwa Haare, Augenflüssigkeit oder Gewebeproben. Es ist bezeichnend, daß die Haaruntersuchung erst nach vier Wochen veröffentlicht wurde, als Henri Paul längst beerdigt war. Mit Sicherheit hatte man auch beim SIS eine geeignete männliche Leiche parat, der man die gewünschten Proben entnehmen konnte.

Es sind heute bei den verschiedenen Geheimdiensten wahre Legionen von Psychologen und anderen Spezialisten beschäftigt, die keine andere Aufgabe haben, als Meldungen auszuwerten, ihren Wahrheitsgehalt zu überprüfen und sie so umzusetzen, wie es gerade erforderlich ist. Vor allem im Bereich der Wirtschaftkriminalität, heutzutage der größte Aufgabenbereich jedes Geheimdienstes, werden Informationen so gezielt gesteuert, daß man damit sogar Großkonzerne ins Wanken bringen kann. Hierbei ist natürlich das Medienverhalten äußerst hilfreich, denn je sensationeller eine Meldung klingt, desto leichter läßt sie sich der Öffentlichkeit präsentieren.

Man kann aber auch Meldungen ganz anders verkaufen, indem man beispielsweise bei einer Zeitung oder einem Fernsehsender bestimmte Werbeblöcke (Anzeigen oder Fernseh-Spots) kauft und dabei vereinbart, daß diese oder jene Meldung, meist zur Unterstützung der Werbung, in den Magazinen übernommen wird. Das ist ein inzwischen völlig normales und oft praktiziertes Verfahren. Es läuft im gängigen Sprachgebrauch unter der Bezeichnung ›PR-Maßnahme‹. Wie man sieht, ist es in unserer sensationslüsternen Zeit gar nicht so schwierig, gezielt Meldungen in den Medien unterzubringen. Dies wissen natürlich auch die Geheimdienste und nutzen es für entsprechende Operationen.

Aber nicht nur die Geheimdienste nutzten die Medien für ihre Interessen. Es gab auch andere Personen, die mit bewußten Fälschungen das große Geld machen wollten. So tauchten

90

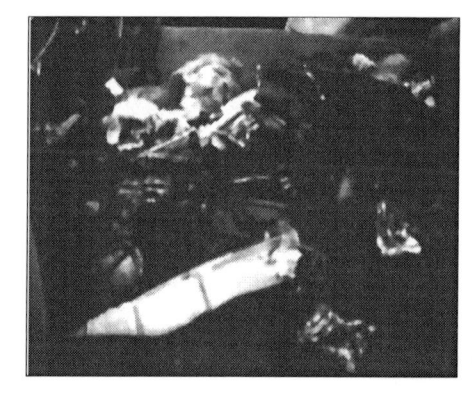

Fälschung Nr. 1

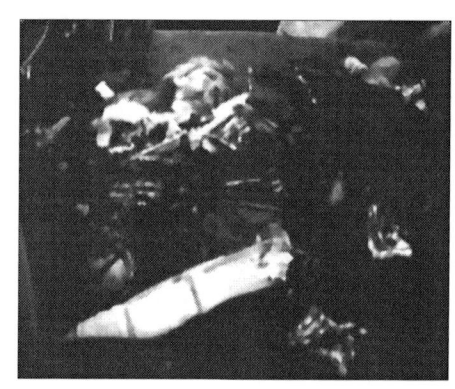

91

Fälschung Nr. 2

bereits wenige Stunden nach Dianas Tod mehrere angebliche Fotos vom Innenraum des Unfallwagens mit der verletzten Prinzessin und einigen Utensilien auf. Sie wurden gegen Entgelt zum downloaden angeboten. Dank der Hilfe einiger Internet-Fachleute gelang es mir, zwei dieser Fotos zu besorgen. Es ist erschreckend zu sehen, wie mit den Gefühlen von Menschen umgegangen wird, wenn es um Geld geht. Da ist einmal eine schlechte Fälschung, auf der das Gesicht von Diana in ein Unfallfoto einkopiert wurde.

Zum anderen eine Aufnahme mit der aufgeplatzten Handtasche von Diana, aus dem das Bild ihres jüngeren Sohnes herausschaut. Das sind in meinen Augen ganz makabre Versuche, ein angebliches Sensationsfoto zu vermarkten. Hier wird nicht nur mit den Gefühlen der Zuschauer, sondern auch und vor allem mit denen der Hinterbliebenen bedenkenlos umgegangen.

Wir wissen heute, daß es 1997 keine veröffentlichten Bilder aus dem Innenraum des verunglückten Mercedes gab. Die geschossenen Aufnahmen sind direkt nach dem Unfall ausnahmslos von der französischen Polizei konfisziert worden. Auch die bereits angebotenen Fotos wurden noch in jener Nacht beschlagnahmt oder zumindest deren Veröffentlichung untersagt. Dies hat auch der Inhaber der Agentur *Solar* bestätigt. So war gesichert, daß wirklich nur diejenigen Fotos an die Öffentlichkeit kamen, die auch gewünscht waren. Erst im April 2004 tauchten einige dieser Fotos in einer US-Fernsehsendung auf. Sie stammten aus den offiziellen Untersuchungsunterlagen. Es ist bisher ungeklärt, wie und warum sie in die Hände der US-Journalisten gerieten. Sie wurden aber genau zu jenem Zeitpunkt veröffentlicht, als die Frage nach einem möglichen Mord langsam wieder öffentlich gestellt wurde. Auch das war meines Erachtens ein wohlüberlegter Part des Planes zum provozierten Unfall in der Nacht zum 31. August 1997 in Paris. Somit können Auftraggeber und Ausführende mit der Planung und Durchführung bis heute zufrieden sein. Gäbe es da nicht die vielen Ungereimtheiten und Indizien, die auf diesen Mord hinweisen, wäre es beinahe ein perfektes Verbrechen geworden, aber nur beinahe.

Das Jahr 2004 bringt neue Aufgaben für Ermittler

Die wohl wichtigste Frage, die sich seit Januar 2004 für alle an der Aufklärung des Unfalls interessierten Menschen stellt, lautet: »*Wollen die Untersuchungsbehörden in England den Unfall wirklich aufklären, oder wollen sie nur das Untersuchungsergebnis aus Frankreich bestätigen?*« Eine erste Antwort auf diese Frage wird die Welt frühestens zu Beginn des Jahres 2005 erhalten, höchstwahrscheinlich aber noch später. Wenn der SIS und seine Geheimdienstpartner tatsächlich den Unfall provoziert haben, ist leider zu befürchten, daß dieser Fall, wie zahlreiche andere politische Morde im Verlauf der Weltgeschichte zuvor gezeigt haben, ebenso unaufgeklärt bleiben wird. Diana Frances Spencer und Dodi al Fayed werden zu ähnlichen Mythen aufsteigen wie vor ihnen John F. Kennedy und Marilyn Monroe. Die Mordthesen werden dann wohl noch Jahrzehnte lang durch die Medien und die Köpfe der Menschen geistern, bis die Realität immer mehr verblaßt. Die Hoffnung, doch noch die Wahrheit öffentlich ans Licht zu bringen, liegt nun in den Händen der Ermittler von Scotland Yard. Man sollte ihnen genauer auf die Finger schauen, soweit das in England überhaupt möglich ist.

Leider hat sich in den vergangenen Jahrzehnten eine besondere politische Kultur um das Wort ›geheim‹ eingeschlichen. Sobald die Mächtigen dieser Welt ein Geschehen mit diesem gewaltigen Wort versehen, wird seitens ihrer Beamten alles unternommen, damit der normale Bürger nichts mehr darüber erfährt. Automatisch fällt dann jeder weitere Umgang mit der so deklarierten Angelegenheit an den jeweils zuständigen Geheimdienst. Somit sind alle Informationen darüber nicht nur dem öffentlichen, sondern auch dem parlamentarischen Zugriff entzogen. Das war früher das zweifelhafte Vorrecht von Diktatoren, alles Unangenehme geheimzuhalten. Heute nutzen auch die Demokratien unserer Welt dieses Mittel der Verschleierung immer häufiger. Das haben wir mit den Vorgängen, die zum Irakkrieg des Jahres 2003 geführt haben, erlebt. Hier wurden offensichtlich Lügen und Falschmeldungen dazu benutzt, den Irak wider geltendes Völkerrecht und ohne entsprechenden Beschluß der UNO anzugreifen, zu besiegen und zu besetzen. Die gesamte Welt wurde von den Staatsführern der USA und Großbritanniens schamlos belogen. Die tatsächlichen Kriegsgründe sind in wirtschaftlichen, macht- und innenpolitischen Problemen dieser Staaten zu finden. Wenn dies heutzutage aber bereits ausreicht, einen kompletten Krieg zu inszenieren, wie wenige Gründe haben da bereits ausgereicht, 1997 zwei unbequeme Menschen zu beseitigen?

Eine Begebenheit, die mich immer noch daran glauben läßt, daß die Wahrheit um Diana und Dodi doch noch aufgedeckt wird, ereignete sich am 5. Februar 2004. Der amtierende CIA-Chef George Tennet nahm öffentlich im US-Fernsehen erstmals live Stellung zu den Ausreden von Präsident George W. Bush. Dieser hatte wenige Tage zuvor erklärt, der Geheimdienst habe ihn mit falschen Informationen über die drohende Gefahr der Massenvernichtungswaffen im Irak informiert. Tennet stellte bei seinem Fernsehauftritt richtig, die angebliche Bedrohung, somit den Hauptkriegsgrund, nie in dieser Form dargestellt zu haben. Er relativierte die Falschinterpretation zwar vorsichtig, aber bestimmt. Der gesamte Fernsehauftritt hinterließ bei vielen Zuschauern den Eindruck, daß sich hier der mächtigste Geheimdienst der Welt rechtfertigen wollte. Die CIA hat nicht vor, weiter den öffentlichen Sündenbock für alle unpopulären Entscheidungen und Maßnahmen der Mächtigen des Landes zu spielen. Ähnliche Einsicht wünsche ich nun den Verantwortlichen in England, die mit der Aufklärung der Todesfälle Diana Spencer und Dodi al Fayed beauftragt sind. Sie sollen endlich in alle möglichen Richtungen ermitteln, nicht von vorgegebenen Tätern ausgehen und die Wahrheit über die Hintergründe des Unfalls aufdecken. Ich möchte ihnen zum Abschluß meiner Ausführungen noch die Worte des deutschen Dichters Johann Wolfgang von Goethe (1749–1832) mit auf den Weg geben: »*Der Irrtum wiederholt sich immerfort in der Tat. Deswegen muß man das Wahre unermüdlich in Worten wiederholen.*«

Anhang

Finten und Plagiate – Meister der Desinformation. *Mit welchen teilweise plumpen Fälschungen die amerikanischen und britischen Geheimdienste arbeiten.* (H. Leyendecker, Süddeutsche Zeitung *online v. 27.03.2003*)

Die Moskauer Zeitung *Iswestija* kam zu einer verblüffenden Feststellung. Es klinge ›paradox‹, sei ›aber Tatsache‹: Die irakischen Berichte über den Krieg vermittelten inzwischen mehr Glaubwürdigkeit als die amerikanischen. Das Pentagon sei mehrmals „bei offenen Falschinformationen ertappt" worden. *„Was soll man von Angaben halten, daß sich eine irakische Brigade bei Basra"* ergeben habe, *„wenn diese Brigade die Stadt bis heute verteidigt?"*

Finten aus der Abteilung dirty tricks

Nun ist zweifelhaft, ob der Begriff ›Glaubwürdigkeit‹ auch nur andeutungsweise mit den zensierten und vom Staat gesteuerten irakischen Medien in Verbindung gebracht werden darf. Aber das Urteil der russischen Journalisten, früher selbst Meister der Desinformation (›Desinformazija‹), zielt auf die amerikanischen Nachrichtendienste und den britischen Auslandsgeheimdienst MI 6.

Seit Monaten verwirren diese Dienste Freund und Feind mit Finten aus der Abteilung *dirty tricks*. ›Active measures‹ nennen das die Amerikaner. Bei den konspirativen Täuschungsversuchen spielen sich vor allem der britische MI 6 und der Nachrichtendienst des Pentagon, die *Defense Intelligence Agency (DIA)*, die Bälle zu.

Peinliches Plagiat

Die Briten machten sich vor Wochen weltweit zum Gespött, als bekannt wurde, daß ein 19-seitiges Dossier, das unter dem Titel *Irak – seine Infrastruktur des Verstehens, der Täuschung und der Einschüchterung"* präsentiert wurde, weitgehend ein Plagiat war: teilweise wörtlich abgeschrieben aus Arbeiten von Studenten, die Material der kurdischen Opposition aus dem Jahr 1991 verwendet hatten.

Peinlich auch für den US-Außenminister Colin Powell, der das Papier im Februar während seiner Multi-Mediashow im UN-Sicherheitsrat als ein *„schönes britisches Dokument"* gelobt hatte, das in *„exquisiten Details irakische Täuschungsmanöver beschreibt"*.

Die Niger-Connection

Bei Geheimdiensten ist es keine Seltenheit, daß sie auch altes, öffentlich zugängliches Material zu einem Geheimpapier (*„Top Secret"*) destillieren. Gravierender ist eine Fälschung, die der UN-Chefinspekteur Mohammed el Baradei Anfang März publik machte. Amerikanische Nachrichtendienste und die US-Regierung hatten lange behauptet, der Irak habe im Jahre 2000 versucht, große Mengen Uran zur Herstellung der Atombombe im afrikanischen Staat Niger zu kaufen.

Plumpeste Fälschungen
Unter anderem diese angebliche Niger-Connection hatte am 24. September vorigen Jahres die Demokraten im Kongress angeregt, sich dem harten Irak-Kurs des Präsidenten anzuschließen. Am 28. Januar hatte Bush noch einmal darauf verwiesen, daß Saddam Hussein keinen Versuch unternommen habe, seine Aktivitäten im Niger zu erläutern. Konnte er auch nicht. Die amerikanischen und britischen Dienste mussten wissen, daß es sich um plumpeste Fälschungen handelte. Auf einem Brief, der den Handel beweisen sollte, fand sich die Unterschrift des Außenministers des Niger mit dem Datum 10.Oktober 2000.

Getürkte Unterschrift
Der Politiker gehörte aber schon seit 1989 nicht mehr der Regierung an. Helfer el Baradeis konnten binnen weniger Stunden zudem feststellen, daß eine Unterschrift des Präsidenten des Niger, Mamadou Tandja, gefälscht war. Als der Schwindel aufflog, wurde beschwichtigt. Die Behörden seien wohl hereingelegt worden, meinte Powell. Also ein Opfer von Desinformation? Es ist ein Politikum, daß die Fakes Mitte Dezember Bush vorgelegt wurden. Musste der Präsident noch überzeugt werden? Bei den meisten active measures scheint der britische Dienst MI 6 die Regie geführt zu haben.

Suche nach einem Kriegsgrund
Spätestens 1999 hatte der Geheimdienst, dessen Top-Personal mit der staatlichen Lizenz zum Töten ausgestattet ist, damit begonnen, zweifelhaftes Material über den Irak auserwählten Journalisten in den USA und Europa auszuhändigen. Dies erklärt auch, daß in der heißen Phase Ende vergangenen Jahres ältere Papiere kursierten, die gründlicheren Untersuchungen nicht standhielten.
Zum offenen Dissens kam es zwischen den Falken des Pentagon-Dienstes DIA und Auswertern der CIA über die Frage, ob Saddam Hussein mit der Terrororganisation *al-Qaida* zusammenarbeite.

Knüpfen an der hauseigenen Indizienkette
Auf der Suche nach einem Kriegsgrund war das nicht unwichtig. Wichtige Abteilungen der CIA waren äußerst skeptisch, die CIA-Führung und Agenten der DIA beharrten auf der These und knüpften ihre eigene Indizienkette. Viele seltsame Geheimdienst Storys beruhen auf Erzahlungen von Überläufern. Bei ihrer Jagd nach dem verbotenen Schatz haben US-Truppen jüngst bei Nadschaf eine Fabrik durchsucht, in der angeblich Chemiewaffen produziert wurden.
Diese Fabrik war den UN-Inspekteuren als Fabrik zur Herstellung von PVC bekannt. Fünf Beschäftigte wurden von den US-Spurensuchern wie Überläufer behandelt und an einen unbekannten Ort gebracht. Sie sollten auspacken.

Ein Diktator vor dem Spiegel
Berühmt wurde Parisoula Lampsos, eine Griechin, die viele Jahre in Bagdad lebte. Sie behauptete, sie habe den Diktator beobachtet, wie er vor einem Spiegel gerufen habe: *„Ich bin Saddam. Heil Hitler."* Auch sei Osama bin Laden bei ihm gewesen, und Saddam habe ihn mit Geld ausgestattet. Die DIA verbreitete die Geschichte samt dem Hinweis, die Griechin habe den Test mit dem Lügendetektor bestanden.

Die Dame trat im amerikanischen Fernsehen auf, aber etwas hilflose Geheimdienstler der CIA wiesen in Hintergrundgesprächen darauf hin, daß sie ihr kein Wort glaubten, außerdem habe die CIA keinen Lügentest gemacht. Immerhin will sich jetzt das FBI darum kümmern, wer die Niger-Dokumente fabriziert hat.

Die „Central Intelligence Machinery"

So wird das Organisationskonstrukt von Ämtern und Behörden genannt, das die britischen Geheimdienste koordiniert, leitet und überwacht. An der Spitze steht der Premierminister.

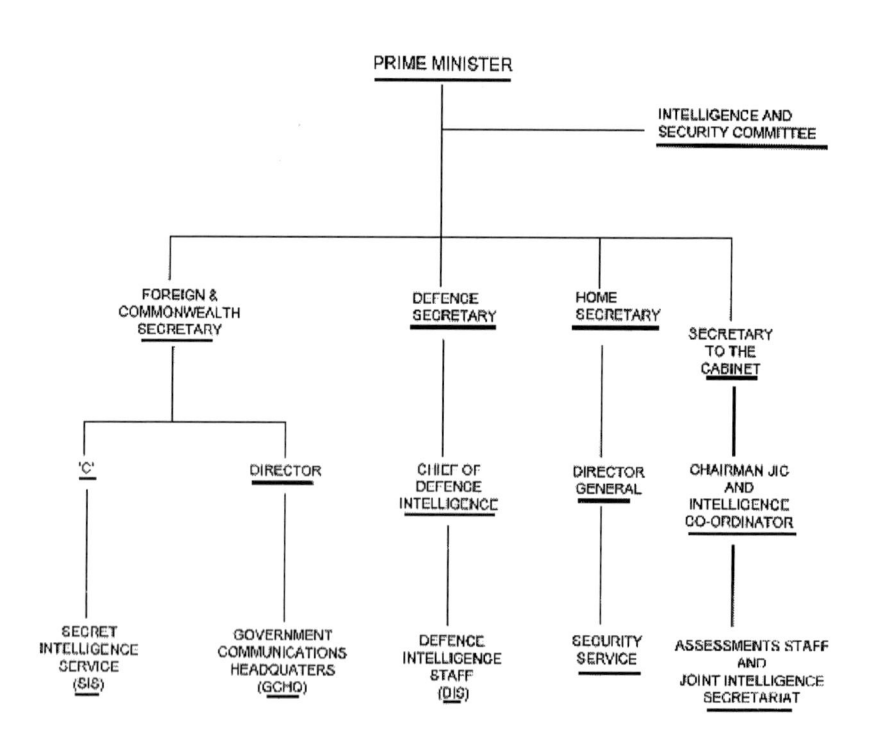

```
                              PRIME MINISTER
                                    |
                                    |───────────────── INTELLIGENCE AND
                                    |                  SECURITY COMMITTEE
          ┌─────────────────┬───────┴───────┬──────────────────┐
     FOREIGN &           DEFENCE          HOME
   COMMONWEALTH         SECRETARY       SECRETARY
     SECRETARY                                        SECRETARY
                                                      TO THE
                                                      CABINET
     ┌──────┬───────┐        |              |              |
    'C'   DIRECTOR        CHIEF OF       DIRECTOR      CHAIRMAN JIC
                          DEFENCE        GENERAL           AND
                        INTELLIGENCE                   INTELLIGENCE
                                                       CO-ORDINATOR
     |       |              |              |              |
   SECRET  GOVERNMENT    DEFENCE        SECURITY     ASSESSMENTS STAFF
 INTELLIGENCE COMMUNICATIONS INTELLIGENCE SERVICE         AND
   SERVICE  HEADQUATERS     STAFF                    JOINT INTELLIGENCE
    (SIS)    (GCHQ)         (DIS)                       SECRETARIAT
```

Das offizielle Dokument zur Legalisierung des SIS/MI 6

The *Intelligence Services Bill* (artdoc February 1994)
The Intelligence Service Bill *introduced in parliament on 23 November is intended to legitimise MI 6 (also known as the* Secret Intelligence Service (SIS), *or the Intelligence Service). It is the UK's overseas intelligence agency (similar to the CIA) founded in 1909. The Bill also covers Government Communications Headquarters (GCHQ), founded in 1946, at Cheltenham, which together the American National Security Agency (NSA), monitors telecommunications throughout the world. This Bill, which has been introduced in the House of Lords, supplements the Security Service Act 1989 which covers MI 5's activities. The provisions are in many ways the same as in the 1989 Act with the proposed appointment of a Commissioner (a senior judicial figure) reporting to the Prime Minister and a Tribunal to which complaints can be made. Neither of which has engendered much public confidence. The Bill does not cover the activities of the Defence Intelligence Staff (DIS) or the Joint Intelligence Committee (JIC), which is in the Cabinet Office.*
Section 1 of the Bill sets out the role of MI 6. Its functions are defined as:
(a) to obtain and provide information relating to the actions or intentions of persons outside the British Islands; and
(b) to perform other tasks relating to the actions or intentions of such persons...[in relation to] the interests of national security, with particula reference to defence and foreign policies...the interest of the economic well-being of the UK...or in support of the prevention or detection of serious crime.
Or in plain language to: spy on `hostile' foreign countries; to subvert and or undermine organisations or political parties opposed to governments the UK supports; to gather economic intelligence in `hostile' and `friendly' countries in order to further the interests of UK businesses and capital; and to act in support of MI 5, the Special Branch and the police in countering terrorism, drugs, money laundering and illegal immigration.
GCHQ role covers exactly the same objectives - national security, economic well-being and serious crime - and its functions are to:
monitor or interfere with electromagnetic, acoustic and other emissions and any equipment producing such emissions and to obtain and provide information derived from or related to such emissions or equipment and from encrypted material (Section 3).
In other words the interception, transcription or interference with the communications of foreign governments, military forces, international companies and private individuals. The actual activities of MI 6 and GCHQ are only set out in regard to the `Authorisation of certain actions' which are defined in Section 5. This says that if the Secretary of State (the Foreign Secretary) issues a warrant: ›No entry on or interference with property or with wireless telegraphy shall be unlawful...‹. The only limit to the issuing of warrants is that actions should be of ›substantial value‹ in MI 5, MI 6 and GCHQ carrying out their defined (vague) functions. MI 5 can execute warrants in the UK on behalf of MI 6 & GCHQ (except in the detection of serious crime which is the preserve of the police).
The Bill also sets out `Authorisation for acts outside the British Islands' (in other countries). Section 7 states that if an agent or official of MI 6 acts, outside the UK, in a way that would normally make then liable to prosecution under the criminal law, they will not

be liable if their actions are authorised by the Secretary of State. The Secretary of State can authorise potentially ›illegal‹ activities if they are in pursuance of the functions of MI 6. The Secretary of State is given a general power to authorise these actions which can include a „particular act or acts, acts of a description specified in the authorisation or acts undertaken in the course of an operation so specified" and these may be limited to a particular person, or persons, or they may not.

After years of speculation about the need for parliamentary oversight of UK security and intelligence agencies (along the lines of the US, Canadian and Australian models) the Bill introduces the Intelligence and Security Committee (Section 10). This committee, on the face of it, will be able to examine ›the expenditure, administration and policy‹ of MI 5, MI 6 and GCHQ. It will comprise six members drawn from either the House of Commons or the House of Lords (excluding government Ministers). They will be appointed by the Prime Minister, after consulting the Leader of the Opposition. In practice the members of the committee are likely to exclude critics and be comprised of trustworthy figures. Moreover, they will all be bound by the Official Secrets Act 1989 and its predecessors. Schedule 3 of the Bill sets limits on the information to be given to the committee: all information passed to the committee will be approved by the Secretary of State and may be refused if it is ›sensitive information‹.

›Sensitive information‹ (Schedule 3, section 4) covers the identification and details of ›sources of information‹, ›operational methods‹, ›particular operations‹ which have been carried out or are being planned by the agencies, and information which another government refuses to disclose. The only information for which it appears there is a positive right is that covered by the Public Records Act 1958 – that is, information that is at least 30 years old. In the run up to the publication of this Bill two official publications have appeared, one on the ›Security Service‹, the other on the ›Central Intelligence Machinery‹. Both provide very basic, state-oriented, information. The head of GCHQ is Sir John Ayde, it has a staff of 9,500 and an estimated budget of Ã550 million. The head of MI 6 is Sir Colin McColl, with a staff of 2,000 and an estimated budget of Ã150 million. The head of MI 5 is Stella Rimmington, with a staff of just over 2,000 and an estimated budget of Ã200 million. (Intelligence Services Bill (H.L.), 23.11.93, 20 pages, HMSO, Ã3.80; The Security Service, 36 pages, HMSO, Ã4.95; Central Intelligence Machinery, 28 pages, HMSO, Ã4.95; Commons Hansard, 30.11.93; Guardian, 25.11.93.

Lady Diana Frances Spencer – Chronik in Stichworten

1. Juli 1961: Geburt von Diana Frances Spencer als dritter Tochter von Lord Edward John Spencer, dem späteren 8. Earl of Spencer und seiner Frau Frances Ruth Burke Roche in Park House auf dem königlichen Gut *Sandringham* (Norfolk, England). Dianas Vater ist Stallmeister bei Königin Elisabeth II. **1966-1974**: Besuch der *Riddlesworth Hall Preparatory School* in Diss, Norfolk. **1969**: Scheidung der Eltern. Der Vater erhält das Sorgerecht für Diana, ihren Bruder Charles und die beiden Schwestern Jane und Sarah. **1974**: Besuch der *West Heath School* in Kent. **1975**: Diana erhält nach dem Tode ihres Großvaters den Titel ›Lady Diana‹. **November 1977**: Diana triff erstmals Prinz Charles, der damals mit ihrer Schwester befreundet ist. **1978**: Diana beendet ihre Schulzeit in Rougemont in der Schweiz. **1979**: Nach ihrer Rückkehr nach London lebt Diana mit drei Freundinnen in einem Apartment am Coleherne Court im Stadtteil South Kensington. **1979–1981**: Diana arbeitet als Kindergärtnerin. **1980**: Die Spencers besuchen die Windsors während der Sommerferien auf Schloß *Balmoral*. Die Romanze zwischen Charles und Diana beginnt. **24. Februar 1981**: Die Verlobung der 19jährigen Lady Diana Frances Spencer mit dem 32jährigen britischen Thronfolger Prinz Charles wird offiziell bekannt gegeben. **29. Juli 1981**: 600.000 Menschen säumen den Weg Dianas vom *Buckingham Palace* zur Londoner St. Pauls Kathedrale, und rund 750 Mio. Fernsehzuschauer verfolgen die Traumhochzeit von Charles und Diana live vor den Fernseh-Geräten. **21. Juni 1982**: Der erste Sohn und Thronfolger, Prinz William Arthur Philip Louis, wird im *St. Mary's Hospital* im Londoner Stadtteil Paddington geboren. **September 1982**: Erster offizieller Auftritt Dianas außerhalb Großbritanniens bei der Beisetzung von Prinzessin Gracia von Monaco. Diana vertritt die Queen. **15. September 1984**: Der zweite Sohn von Prinzessin Diana und Charles, Prinz Henry Charles Albert David, genannt Harry wird ebenfalls im *St. Mary's Hospital* geboren. **1985**: Beim Besuch des britischen Thronfolgerpaares in Italien sind ihre beiden Söhne Prinz William und Henry dabei. Diana und Charles werden auch von Papst Johannes Paul II. zu einer Privataudienz eingeladen. **1985**: Diana reist nach Berlin und wird Ehrenoberst des *Royal Hampshire Regiment*, behält diesen Titel bis 1996. **1985**: Prinzessin Diana besucht Aids-Kranke. Der Hof reagiert empört über ihren Auftritt. **Oktober**

1985: Angeblich aus Verzweiflung über ihre unglückliche Ehe unternimmt Prinzessin Diana einen Selbstmordversuch. **Winter 1985**: Erste offizielle Amerika Reise von Charles und Diana. Präsident Reagan gibt eine große Gala-Party im Weißen Haus. Es ist das gesellschaftliche Ereignis des Jahres. **November 1987**: Diana auf Staatsbesuch in Deutschland. **1989**: Diana wird Schirmherrin der britischen Eheberatungsstellen, das Amt legt sie 1996 nieder. **1990**: Diana bekommt ein einmonatiges Fahrverbot und 150 Pfund Geldstrafe wegen zu schnellen Fahrens. In einem internationalen Magazin wird sie zur ›bestgekleideten Frau des Jahres‹ gewählt. **März 1992**: Earl Spencer, der Vater von Diana stirbt. Sein Tod trifft sie schwer. **Juni 1992**: Das Buch *Diana, ihre wahre Geschichte* von Andrew Morton, wird in der *Sunday Times* vorabgedruckt. Es wird ein Welterfolg. **25. August 1992**: Die britische Boulevardzeitung *The Sun* druckt den angeblichen Wortlaut eines Telefongesprächs zwischen Prinzessin Diana und ihrem Jugendfreund James Gilbey. **Dezember 1992**: Das Magazin *Woman* wählt Diana zur ›Schönsten Frau‹ Großbritanniens. **9. Dezember 1992**: Der britische Premierminister John Major gibt im Parlament offiziell die Trennung von Charles und Diana bekannt. **13. Januar 1993**: In der australischen Frauenzeitschrift *New Idea* wird der volle Wortlaut eines sechsminütigen Telefongesprächs mit sehr intimen Inhalten zwischen Charles und Camilla Parker-Bowles abgedruckt, das er drei Jahre zuvor mit ihr geführt hatte. Der Ehebruch von Charles mit einer verheirateten Frau wird damit offenkundig. Sowohl dieses Geflüster zwischen Prinz Charles und seiner Freundin Camilla Parker als auch das Gespräch von Diana mit ihrem angeblichen Liebhaber James Gilbey sollen schon 1989 stattgefunden haben und angeblich von Funkamateuren mitgeschnitten worden sein. Vermutungen werden laut, daß es sich um systematische Abhöraktivitäten des Geheimdienstes MI 5 handelt. **29. Juni 1994**: Prinz Charles gesteht dem Journalisten Jonathan Dimbleby in einem Fernsehinterview seine Liaison mit Camilla Parker-Bowles und seine Untreue gegenüber seiner Ehefrau Diana. **August 1994**: Zeitungen berichten von weiteren intimen Telefonaten von Prinzessin Diana. **Oktober 1994**: In dem Buch *Princess in Love* von Anna Pasternak schildert der ehemalige Leibwächter und Reitlehrer von Prinzessin Diana, James Hewitt, die Liebesbeziehung zwischen ihm und der Prinzessin. In den folgenden Wochen enthüllt Hewitt mehr und mehr Einzelheiten über die Beziehung und das Liebesleben zwischen den beiden. Er soll sich damit um rund 875.000 Mark reicher gemacht haben. **Februar**

1995: Diana besucht Kaiser Akihito und Kaiserin Michiko in Japan. **1995**: Diana wird in New York mit dem ›Preis der Menschlichkeit‹ der Gesellschaft für Hirnforschung ausgezeichnet. **20. November 1995**: Diana gesteht in einem *BBC*-Fernsehinterview dem Journalisten Martin Bashir ihre Affäre mit James Hewitt. **November 1995**: Dreizehn Jahre nach dem britisch-argentinischen Krieg wird Prinzessin Diana bei ihrem Besuch in Argentinien als Botschafterin des Friedens begeistert empfangen. **1995**: Laut einer Umfrage des *Gallup*-Institutes wird sie zur ›Beauty Queen‹ der letzten 50 Jahre gewählt. **28. Februar 1996**: Prinzessin Diana stimmt dem Wunsch von Prinz Charles und seiner Mutter, Königin Elisabeth II., zu, die Ehe aufzulösen. **15. Juli 1996**: Prinzessin Diana wird nach 15jähriger Ehe mit dem britischen Thronfolger Prinz Charles geschieden. **28. August 1996**: Die Scheidung der Ehe wird nach einer sechswöchigen Widerspruchsfrist rechtskräftig: Diana verliert den Titel ›Königliche Hoheit‹, darf sich aber weiterhin ›Princess of Wales‹ nennen. **1996**: Diana bekommt eine Goldmedaille für einen humanitären Einsatz. **Januar 1997**: Diana demonstriert bei einem Besuch in Angola ihre Abscheu gegen die Verbreitung von Landminen und fordert ein weltweites Verbot dieser Waffen. **1997**: Diana und ihre Söhne fliegen gemeinsam nach St. Tropez, der erste Urlaub mit Dodi al Fayed. **10. August 1997**: Diana besucht Soldaten in Bosnien. **31. August 1997**: Um 03.05 Uhr wird Diana in Paris offiziell für tot erklärt. **6. September 1997**: Der Sarg mit dem Leichnam Dianas wird nach Schloß Althorp überführt, dem Familiensitz der Spencers. Auf einer kleinen Insel inmitten eines Sees auf dem Grundstück wird die Prinzessin bestattet.

Quelle: Verschiedene Seiten im Internet.

Bildzitate

1 Coroner Michael Burgess (Internet)
2 Trevor Rees-Jones, Diana (CNN, *Reuter*, BBC TV-Übertragungen)
3 Rees-Jones, Dodi al Fayed, Henri Paul 22
4 Dodi und Henri Paul
5 Das Begrüßungskomitee
6 Die Villa Windsor in Paris (Internet)
7 Der Ring, den Dodi aussuch(Internet)
8 Diana bei der Abfahrt (CNN-TV)
9 Dodi bei der Abfahrt (ebd.)
10 Diana (ebd.)
11 Dodi (ebd.)
12 Ankunft beim *Ritz* (ebd.)
13 Diana und Dodi im *Ritz* (ebd.)
14 Ebd.
15 Ebd.
16 Ebd.
17 Henri Paul kommt ins *Ritz* (ebd.)
18 Henri Paul im *Ritz* (ebd.)
19 Warten am Hinterausgang des *Ritz* (ebd.)
20 Ebd.
21 Eines der ersten Unfallfotos (*Sky News*)
22 Fotografen am Unfallort (ebd.)
23 Britischer Botschafter (ebd.)
24 Lady Shy (*Bunte* Extra 2/97)
25 Camilla Parker-Bowles (ebd.)
26 Charles und Diana (Internet)
27 James Hewitt (*Bunte* Extra 2/97)
28 Dodi al Fayed (CNN-TV)
29 Dodi und Henri Paul (CNN-TV)
30 Henri Paul privat auf einer Feier (Internet)
31 Trevor Rees-Jones vor dem Unfall (CNN-TV)
32 Rees-Jones und Dodi (CNN-TV)
33 Buchtitel aus der *Amazon*-Seite (Internet)
34 Erste Helfer (*Sky-News*)
35 Helfer, Foto *Reuter*, in mehreren TV-Sendungen
36 Romuald Rat (ARD)
37 Dr. Frédéric Maillez (CNN-TV)
38 Familie Firestone (CNN-TV)
39 Robin Firestone (ebd.)
40 Jack Firestone (ebd.)
41 Nicolas Arsov (ebd.)
42 Unfallwagen (*Sky News*) TV-Sondersendung
43 Die von *Associated Press* verbreitete Version
44 Titelseite *The Mirror*
45 Henri Paul mit Glas, seitenverkehrt zu *Mirror*, hier aus *Bild-Zeitung* vom 4.9.97
46 Angeblich unbekannter Zeuge (CNN-Extra)
47 Ghadafi (Internet)
48 Mohammed al Fayed (*Sky News*)
49 Mercedes S-Klasse 1994
50 Tunnelwand mit Kratzspuren (CNN-TV)
51 (CNN-TV)
52 Ebd.
53 (CNN-Sondersendung)
54 Ebd.
55 Alexander Wingfield (CNN-Extra)
56 John Macnamara (CNN-TV)
57 Der Weg bis zum Unfallort (CNN-TV)
58 Lage Villa Windsor (ebd.)
59 Weg zum Flughafen (ebd.)
60 Hinterausgang *Ritz* (*Sky News*)
61 Place Vendôme aus (CNN-TV)
62 Minicooper (*Sky News*)

63 Motorradkontrolle aus (CNN-TV)
64 Das Autowrack (*Reuters*)
65 Das Autowrack (ebd.)
66 Einblendung (*Sky News*)
67 Einblendung (ebd.)
68 Gulu Lalvani (SAT 1)
69 Barrowgreen Court (*Focus* 37/97)
70 Diana bei Soldaten (AP)
71 Mohammed und Dodi al Fayed (*Focus* 37/97)
72 Schloß Balnagown Castle in Schottland
73 Mohammed al Fayed und Prinzessin Diana Arm in Arm (*Focus* 37/97)
74 Altes GCHQ-Hauptquartier in Cheltenham (Internet)
75 SIS Hauptquartier, 85 Vauxhall Cross, London (Internet)
76 SIS-Kommado beim Training (Internet)
77 Das neue GCHQ Gebäude in Cheltenham (Internet)
78 CIA-Hauptquartier in Langley im Jahr 1968 (Internet)
79 Die Abhöranlage bei Bad Aibling (Internet)
80 Eine von zwei Abhöranlagen im britischen Cornwall (Internet)
81 Titelseite über das Paar
82 Diana und Dodi im Urlaub (Internet)
83 Diana und Dodi im Urlaub Sommer 1997 (CNN-TV)
84 Ebd.
85 Ankunft in Le Bourget (*Sky News*)
86 Ankunft Rue Cambon (CNN-TV)
87 Dodi und Diana im Auto (CNN-TV)
88 Hintereingang *Ritz* (CNN-TV)
89 Die Lockwagen fahren los (ebd.)
90 Fälschung 1 aus dem Internet
91 Fälschung 2 aus dem Internet
92 Gliederung der *Central Intelligence Machinery*

Die unvorstellbare Lüge!

Thierry Meyssan: **11. September 2001: Der inszenierte Terrorismus. Auftakt zum Weltenbrand?**

Hinter den Ereignissen des 11. September 2001 könnte eine unvorstellbare Inszenierung stecken. Meyssan analysiert in seinem Buch (300.000 verkaufte Ex. in Frankreich) das furchtbare Geschehen, und allein anhand nachprüfbarer Dokumente deckt er ein infames Szenario auf, das zum größten weltpolitischen Skandal werden könnte. Kernthese seines nun auch in Deutschland erschienenen Buches ist seine Feststellung, daß am 11. September <u>kein Flugzeug die Explosion im Pentagon verursacht hat</u>. Was aber traf das Pentagon? Und <u>warum</u>? Der Autor führt hier das US-Militär ins Feld. Stecken milliardenschwere Rüstungsinteressen, stecken langfristige geopolitische Zielsetzungen dahinter? 2. erg. Aufl., 240 S., Br., zahlr. Abb., 18 € · ISBN: 3-9808561-0-0

Und die unentbehrliche Ergänzung: Thierry Meyssan: **Pentagate. Foto- und Fragenkatalog zu einer Inszenierung**

<u>Definitiv</u>: Kein Flugzeug traf das Pentagon. <u>Ersichtlich</u>: Es war der US-Auftakt zum Weltenbrand. <u>Offenbar</u>: Es geht um die Inbesitznahme der Ressourcen und die Verwirklichung der US-Weltherrschaft. In *Pentagate* belegen Meyssan und Fachleute, daß es in der Tat ein Missile war. Das Buch enthält außerdem <u>den fehlgeschlagenen Versuch der Universität von Purdue</u> (Kalifornien), die im Auftrag der US-Army und anhand einer Simulation den Absturz der Boeing beweisen wollte. Sie werden über diesen <u>einmaligen</u> Fragenkatalog mit Fotoalbum zu einer unvorstellbaren Lüge nicht wenig staunen! 96 Seiten, Br., davon 16 Seiten mit aufschlußreichen Farbfotos vom Geschehen und seinen Hintergründen, 10 € · ISBN 3-9808561-0-9

Mischen Sie selbst die Karten und klopfen Sie die Bush-Regierung auf den Tisch!

Vom Bestseller-Autor Thierry Meyssan!

Ein Blick hinter die Kulissen der Bush-Administration zeigt ein Team, das eine ‚neokonservative Revolution' im krassem Widerspruch zur Geschichte und zu den Werten des Landes führt. George W. Bush kam im Einverständnis mit dem Obersten Gerichtshof und gegen die Stimmen der Wähler an die Macht. Der ‚USA Patriot Act' hat ein System zur Überwachung jedes Staatsbürgers eingerichtet; das Militär darf in das innenpolitische Leben eingreifen; die US-Regierung negiert das Selbstbestimmungsrecht der Völker und führt Kolonialfeldzüge in Afghanistan und im Irak. Das ist keine politische Kursänderung, es ist eine neue Regierungsform: die Freiheiten in den USA und der Weltfriede sind bedroht.

52 Karten + 2 Joker im Schachtel, Vierfarbig, ISBN 3-9808561-4-3 • 8 Euro

Alle Welt spricht über ihn. Wir lassen ihn selbst zu Wort kommen: Eine äußerst subtile Wanderung auf den Pfaden des Politisch-Philosophischen, verhüllt in ein Liebesmärchen aus 1001 Nacht. Ergreifend. Verblüffend. Urteilen Sie selbst!

Es waren einmal im Irak, dem alten Mesopotamien, ein König und ein Mädchen aus dem Volk, die sich liebten... *Zabiba und der König* ist nicht nur ein philosophisches Märchen, das nach dem Vorbild der *Tausendundeinenacht* verfaßt wurde, es war und ist im gegenwärtigen Kontext des neuen Golfkrieges ein ›Warnbuch‹. »Sein Autor« wollte anonym bleiben; er blieb es nicht lange. Die ihm in Bagdad Nahestehenden und die Geheimdienste des Westens, allen voran CIA und Mossad, erkannten in dieser Erzählung um Abenteuer, Liebe und Politik die Feder Saddam Husseins. Der Mann, der seit Jahrzehnten im Mittelpunkt des Interesses steht, lädt uns zu einer scharfsinnigen Betrachtung über die Ausübung der Macht in einem Reich ein, das von einer Koalition mächtiger Feinde begehrt wird. In den Dialogen zwischen dem König Arab und Zabiba legt der »Autor« seine politischen Ansichten dar – unter anderem über den Beitrag der Frau zur sozialen und nationalen Entwicklung, die Schaffung politisch aktiver Zwischenstellen zur Untermauerung der Glaubwürdigkeit eines Regimes, die Unvermeidlichkeit der Volksregierung – und wagt eine mutige Betrachtung der Sexualität in der arabischen Gesellschaft. Die Lektüre von *Zabiba und der König* bringt die Persönlichkeit Saddam Husseins in ein neues Licht.

272 S., Br., 14,90 € · ISBN 3-9808561-2-7

☞ Erhältlich in jederBuchhandlung oder bei der Verlagsauslieferung:

Ruf-Nr.: 05621 / 9690410
Fax-Nr., 05621 960118

ePost:
editio.defacto@t-online.de
Weltnetz:
www.editio-defacto.de